빅데이터 시대의 중국학

중국 지도자의 시스템 사고와 인과지도 분석

정다훈

서강대학교 중국문화과를 졸업하고 미국 예일대학교에서 동아시아학으로 석사학위를 받았다. 이후 중국 북경대학교 국제관계대학원 외교학과에서 박사학위를 취득했다. 현재는 서강대학교 사회과학연구소에서 빅데이터 시대의 사회과학 연구방법에 관심을 가지고 연구 중이다. 중국학 관련 주요 연구 논문으로는 중국 외교정책에 관한 새로운 연구방법론: 시스템 다이내믹스 방법론에 대한 시론적 탐색", 《현대정치연구》 제13권 3호(2020), "1989년 이후의 중미간 불안정성: 클린턴과 강택민의 인지지도 분석을 중심으로", 《시스템 다이내믹스》 제13호(2012), "중국 지도자의 외교적 수사와 파워", 《한중언어문화연구》 제39호(2015) 등이 있다. 근래는 중국의 대외정책연구에서 지속적으로 변화하는 중미관계, 중국 과학기술정책과 환경정책 등으로 연구영역을 확장해가고 있다.

빅데이터 시대의 중국학
중국 지도자의 시스템 사고와 인과지도 분석

2021년 2월 10일 초판 인쇄
2021년 2월 15일 초판 발행

지은이 | 정다훈
교정교열 | 정난진
펴낸이 | 이찬규
펴낸곳 | 북코리아
등록번호 | 제03-01240호
주소 | 13209 경기도 성남시 중원구 사기막골로 45번길 14
우림2차 A동 1007호
전화 | 02-704-7840
팩스 | 02-704-7848
이메일 | sunhaksa@korea.com
홈페이지 | www.북코리아.kr
ISBN | 978-89-6324-743-4(93340)

값 20,000원

* 이 저서는 2018년 대한민국 교육부와 한국연구재단의 지원을 받아 수행된 연구입니다(NRF-2018S1A5B5A01032531).
이 저서의 주요 내용은 2016년 북경대학교 국제관계대학원의 박사학위논문 내용을 기초로 하여 국문으로 번역하고 수정 · 편집했습니다.

빅데이터 시대의 중국학

중국 지도자의
시스템 사고와 인과지도 분석

정다훈 지음

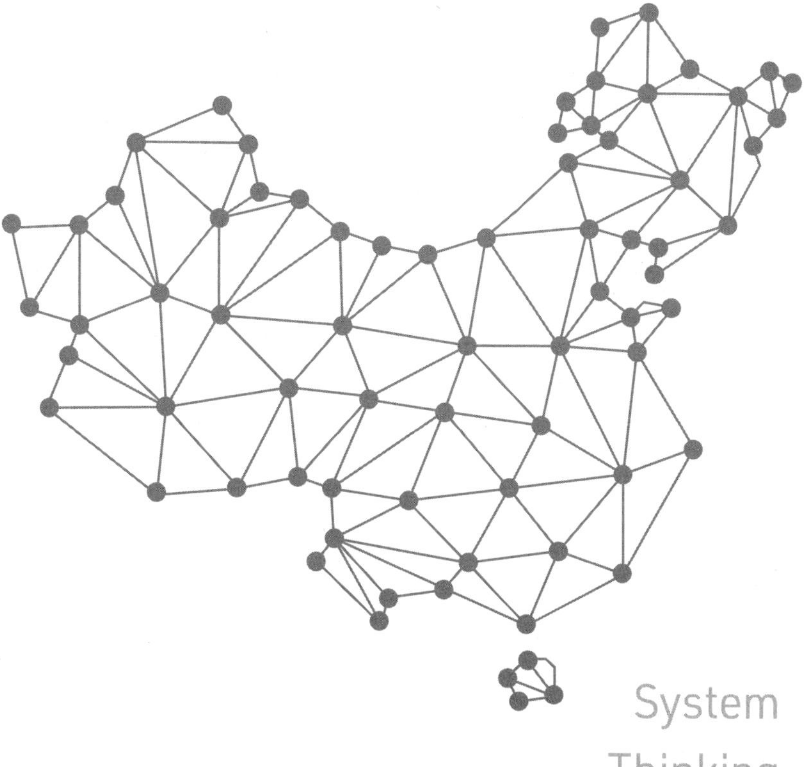

System Thinking in the Era of Big Data

북코리아

서문:
빅데이터 시대의 중국학을 고민하며

많은 학자들은 2018년부터 시작된 미중 분쟁을 세계 패권 확보를 위한 '첨단기술 경쟁'으로 정의한다. 실제로 세계 패권은 첨단기술 경쟁의 승자에 의해 주도된 역사이다. 16세기의 패권전쟁은 항해술이라는 기술을 둘러싼 포르투갈과 스페인의 전쟁이었다. 18세기는 산업혁명을 주도한 영국이 패권국으로 도약했고 20세기 이후에는 정보화 혁명과 글로벌 기술혁신을 이끈 미국이 세계 패권을 장악했다. 그렇다면 21세기 세계 패권을 둘러싼 첨단기술 전쟁은 어떤 형태로 나타날까?

필자는 21세기 미래 기술 경쟁력의 두 축을 환경(Green)과 인공지능(Smart)으로 본다. 만약 향후 중국과 미국이 첨단기술 경쟁을 벌이게 된다면 결국 이 두 가지 분야의 경쟁의 승자에 의해 세계 패권은 결정 나게 될 것이다. 그런데 이 두 가지 접근은 새로운 형태의 기술이라는 층차에서는 비슷할 수 있으나 실상은 매우 다른 접근을 요구한다. 예를 들어, 자동차에 대한 환경적 접근은 하드웨어적으로 수소와 전기라는 주요 동력원으로 나타나지만, 스마트적 접근은 소프트웨어적으로 자율주행 기술력에 근거한다. 환경에 대한 정책적 접근은 정부의 강력한 규제가 핵심이 되지만, 스마트한 정책적 접근은 국가의 데이터 개방정책이 핵심이 된다. 혁신의 주체에 있어서도 환경적 접근은 새로운 과학기술에 기반한 '기술추동형 혁신체제'에 기반하지만 스마트한 접근은 고객과 시장의 요구에 기인한 '수요견인형 혁신체제'에서 형성된다. 이와 같이 비슷한 듯 전혀 다른 두 가지 층차의 경쟁이 현재에도 미국과 중국을 중심으로 진행되고 있다.

지금까지 중국은 권위주의적 정부 모형에 근거하여 규제정책이 효율을 내는 환경정책에 대한 체제적 우월성을 주장해왔다. 물론 이에 대해서도 수많은 논쟁이 여전히 진행 중이지만 적어도 스마트적 접근에 있어서는 대체적으로 많은 학자들이 중국보다는 미국이 더 우월하거나 압도할 것으로 예측하는 듯하다. 스마트적 접근이 전제하는 '데이터의 개방성'이라는 층차에서 일반적으로 중국으로 대표되는 '권위주의 체제'는 부적합한 것으로 인식되기 때문이다. 물론 이와 같은 정치학자들의 논쟁은 실상 매우 거시적이고 추상적 층차에서의 '체제' 논쟁이라 정책적 실효성에 대한 의문은 여전히 남아있고 지속적인 정책학적 접근의 치밀한 접근은 계속되어야 할 것이다. 그러나 체제의 우월성 논쟁의 승자가 누가 될 것인지에 대한 결과론적 예측을 떠나 작금의 중국 연구자에게 미래 기술력 경쟁에서 중국이 가지는 역량이 주요 연구 과제라는 점만은 매우 분명해 보인다. 이에 따라 필자는 '환경'과 '인공지능'을 미래 기술경쟁력으로 두고 이 두 분야에서 중국이 가지는 경쟁력을 연구하고자 애쓰고 있다. 이 책은 데이터에 기반한 스마트 정책에서의 중국의 역량을 고민하기 위한 노력이라 볼 수 있을 것이다.

인공지능의 국가역량은 과학기술 경쟁력, 안전보장, 경제력에 있어 매우 중요하다. 2016년부터 미국, 중국, 영국, 일본 등 주요국들이 국가적 차원의 인공지능 전략계획을 앞다퉈 발표하고, 이 분야에서 글로벌 리더가 되기 위한 국가 간 주도권 경쟁을 치열하게 벌이고 있다. 2015년 시진핑은 중국을 사이버 강국으로 만들겠다는 당의 비전인 '중국몽(Chinese Dream)'을 내세웠다. 이 비전을 실현하기 위해 중국 공산당은 2030년까지 중국을 AI 혁신의 글로벌 허브로 만들겠다고 공언했다. 그러나 AI는 기술력을 기반으로 한 경제적 이득을 가져오기도 하지만 기계로 대체 가능한 일자리에 대한 위협으로 받아들여지기도 한다. AI가 다양한 산업군에서 상용화된다면 50% 퍼센트 이상의 중국 일자리는 자동화될 것으로 추정되는데 이것은 3억 9천만 명 이상의 실업을 의미하기 때문이다. 정책결정 과정에서 중국 정부가 겪는 어려움은 더 커져갈 것이며, 중국의 정책결정자는 AI로 인한 경제적 이득과 일자리 감소 위협 사이의 균형을 잡기 위해 더 많은 시간을 고민해야 할 것이다.

그나마 다행(?)인 것은 중국 정부의 AI 정책에 대해 중국 국민들은 일자리 위협에 대항하는 반정부담론을 형성하기보다 정부 정책에 동의하는 여론을 형성하고 있다는 연구결과이다. 4차 산업혁명이 대두된 이후 많은 국가에서 AI의 개발을 국가정책적으로 강력하게 추진하고 있지만 대부분의 국가에서는 국내 여론이 AI의 개발에 언제나 우호적인 신호를 보내지는 않는다. AI의 발전을 곧 일자리 감소와 동일하게 인식할 경우, 여론은 일반적으로 AI 개발을 위한 정책에 비판적인 담론을 형성하기 때문이다. 그뿐만 아니라, AI 개발의 핵심이 되는 빅데이터의 경우, 개인정보의 유출을 강력하게 제한하는 제도 안에서는 근본적으로 수집이 어렵기 때문에 정책적으로 AI 개발을 지원한다고 해도 실제로 쓸 수 있는 데이터를 구축하는 데 상당히 오랜 시간이 걸릴 수 있다. 그러나 중국은 14억 명이라는 거대한 인구규모를 바탕으로 한 태생적인 '빅'데이터 생산지라는 이점과 개인정보 유출에 대한 관대한 문화환경, 강력한 국가주도형 사업을 추진할 수 있는 정치구조를 바탕으로 내부적으로는 4차 산업혁명에 대응하기 위한 AI 강국의 조건을 갖추고 있는 듯 보인다.

문제는 외부에 있다. AI 강국으로 도약하기 위해 중국이 가지는 어려움은 2020년 코로나19 이후 더욱 거세지는 모양세다. 서구에서는 중국 정부가 코로나 감염을 막는다는 명분하에 국민 개개인의 정보를 취합하여 절대적 감시체계를 가동하고 있다며 비난하고 있다. 중국이 AI 기술을 자동화 무기들을 위해 개발할 것이라는 우려도 여전하다. 미국과의 기술 패권경쟁은 점점 더 치열해지고 있으며 이 과정에서 중국은 미국으로부터 상당한 제재와 압력도 계속 받을 것이다. AI 강국으로의 도약을 선포한 중국이 과연 거세지는 미국의 대중국 압력을 어떻게 이겨내고 성공적인 인공지능 국가로 전환해갈 것인지도 지속적으로 지켜볼 부분이다.

이 책은 '인공지능 시대의 핵심이 되는 '빅데이터'라는 정책결정의 유용한 정보원천과 이를 활용하는 중국 정책결정자들의 사고체제를 어떤 방식으로 분석할 수 있을까'라는 고민에서 시작되었다. 그리하여 새로운 패러다임의 전환시대 앞에서 기존의 중국 외교정책 분석의 틀과 방법론이 가지는 한계를 점검하는 것은 필자의 첫 번째 도전과제가 되었다. 중국학 연구에서 새로운 연구방법론의 전환과 대안을 모색해봐야 하지 않을까 하는 절박함이 쏘아 올린 '창대한 신호탄'에 비해 한없이 '미약한 내용적 마무리'는 전적으로 부족한 저자의 몫이다.

필자의 부족한 연구역량을 잘 알고 있음에도 이 창대한 마음의 포부를 잃지 말고 끝까지 연구자의 길을 걸으라고 응원해주신 여러 선배 연구자분들과 선생님께 지면을 통해 감사인사를 드리고 싶다. 이 연구의 시작과 끝에서 함께 응원하고 좋은 조언을 남겨주신 박정원, 전성홍, 이홍규,

원동욱, 전인갑, 장윤미, 신은영, 김근 교수님과 본 연구가 진행될 수 있도록 2년간 지원해준 한국연구재단에 감사드린다. 또한 빅데이터 시대의 시스템 다이내믹스 연구가 가지는 의미를 끊임없이 주지시켜주신 한국시스템다이내믹스학회의 김동환 교수님과 나의 중국학 연구의 출발이 된 아버지이자 존경하는 정인화 교수님께도 지면을 빌려 감사를 드리고 싶다. 졸고를 출판하기까지 북코리아의 이찬규 사장님, 그리고 여러 차례 자료정리와 오탈자를 확인해준 신동조 님의 배려가 있었다. 이분들이 없었다면 요즘같이 힘든 출판시장에서 이 책은 세상에 나오지도 못했을 것이다. 어려운 상황 속에서도 흔쾌히 출간을 허락해주신 북코리아의 대표님과 이하 편집팀에 무한한 감사인사를 드리고 싶다. 창대한 꿈에 비해 미약한 내용이나마, '시작'의 신호탄을 올린 것에 만족하며 못다한 미련과 아쉬움은 이후 훌륭하신 여러 선배와 후배 연구자님들과의 협업을 통해 조금씩 보완해갈 것을 약속한다.

2021년 2월 2일 서재 시우(時雨)에서

저자 정다훈

CONTENTS

CONTENTS

CONTENTS

정, 행동을 모니터링하고 통제하는 권력이 거주와 이동에 대한 통제를 넘어 궁극적으로 어디까지 나아갈지는 아무도 알 수 없기 때문이다. 여러 가지 우려가 있고 미래가 어떤 방향으로 진행될지는 아무도 모르지만, 어쨌든 중국은 코로나 사태를 겪으면서 공안의 촘촘한 물리적 네트워크보다 핸드폰에서 위챗(Wechat)을 사용하는 이용자의 동선을 스마트폰 위치기반 서비스로 찾아내는 것이 훨씬 더 효율적이라는 것을 알아낸 것만은 분명해 보인다.

중국의 모바일 앱은 언제 어디서든지 주요 철도와 항공기의 모든 출발과 도착에 코로나19 환자의 탑승 여부를 실시간으로 알려준다. 항공기의 경우, 어느 창구에서 발권했고, 몇 번 게이트에서 탑승했고, 짐은 몇 번 창구에서 찾았는지까지 실시간으로 정보를 제공한다. 16억의 거대한 인구는 지역별 · 도시별 출입 기록이 데이터화되어 바이두 사이트에서 실시간으로 확인할 수 있다. 대면 확인이 불가능한 비접촉경제 상황에서 인구이동 경로와 흐름은 매우 중요한 정보인데, 중국은 일반국민도 실시간으로 자기 지역의 인구이동을 볼 수 있다.

비접촉경제의 활성화에서 거의 필연적으로 등장할 수밖에 없는 기계와 로봇도 중국에서는 정부의 R&D 투자 단계를 넘어 이미 실질적 정책 활용 단계에 이르렀다. 지역과 도시 통제에서 심지어 아파트 통제까지 들어간 중국은 드론을 활용하여 사회적 격리 기간 동안 아파트 주민의 마스크 의무 착용, 무단 외출 등을 통제했다. 아파트와 마을에 드론을 띄워 필요한 물자를 공급하고, 마스크 미착용자에게 경고방송을 하고, 무단으로 외출하는 사람을 경고방송으로 통제한 것이다. 드론은 택배기사, 경비원, 안내원의 역할뿐 아니라 아파트, 상가, 공항 등과 같은 감염위험이 높은 공공장소에서 체온측정 업무까지 도맡아 했다. 중국 시민은 앱을 이용해 자신의 건강상태를 측정한다. 예를 들어, 중국 베이징시 주민은 '베이징 젠캉바오(Health Kit)'를 사용하고, 우한시 주민은 '어후이반(鄂匯辦)'을 사용해 자신의 건강 상태를 조회한다. 중국의 열적외선 온도측정 로봇은 공항처럼 마트에 줄 선 소비자를 검색해 발열자를 자동으로 찾아냈고, 대도시의 일부 지역에서는 배달로봇이 택배업무를 대신했다.

중국은 코로나 구호기금 지급 방식도 달랐다. 한국은 지역상품권으로, 서방은 현금 지급으로 한창 정치권이 공방을 하고 있을 때, 중국은 지방에 따라 지원금 액수는 달랐지만 알리페이나 위챗페이 같은 모바일결제시스템으로 전자이체를 끝냈다. 이렇게 지원된 금액은 계속해서 온라인상으로 거래되므로 현금이나 상품권 지급보다 훨씬 더 정확하고 빠르게 소비지원의 효과를 실시간으로 지역별 · 산업별 · 개인별로 추적분석이 가능하다. 누가 언제 어디서 무엇을 샀는지 실시간으로 확인 가능한 전국의 모바일결제 빅데이터는 코로나19로 침체된 경제에 긴급 경기부양효과를 낼 수 있는 매우 유용한 정책 피드백이 될 수 있다. 빅데이터의 자료활용을 넘어 빅데이터 기술력을 활용한 정책 이행까지 중국은 이미 빅데이터를 기반으로 한 정책결정사회에 발빠르게 적응한 것처럼 보인다.

중국의 데이터 기반 디지털 기술과 코로나19 대응

실제로 중국은 빅데이터와 인공지능(AI), 머신러닝 등 디지털 기술에 기반하여 코로나19 방역을 실시했다. 『하버드 비즈니스 리뷰』에서는 2020년 4월 15일 발표한 칼럼을 통해 코로나19 기간 중국의 디지털 기술

이 단지 밀접접촉자 추적에만 국한되지 않았음을 강조했는데, 디지털 기술력의 확장에 중국기업의 역할은 적지 않았다. 코로나19 발생 이후 비접촉 문화가 확산함에 따라 세계적으로 주목하는 분야는 서비스 로봇이다. 서비스 로봇은 배송, 방역 소독, 순찰 등 전 분야에서 높은 활용도를 가지는데 중국은 현재 전 세계 서비스 로봇 시장의 25%(22억 달러 규모)를 차지하고 있다. 현재 중국에서는 '배송', '손님안내', '소독 및 온도 측정', '마스크 착용 여부 감시'와 '산업 현장 모니터링' 등에 서비스 로봇이 활용되고 있는데 이를 기반으로 간편 체크인에서 객실 서비스까지의 임무를 수행하는 호텔리어 로봇까지 등장한 상태다. 코로나19의 대응에서 활약한 또 하나의 중요한 디지털 기술은 안면인식기술이다. 중국 유니콘 기업 센스타임(Sense Time)과 메그비(Megvii)는 안면인식기술을 중심으로 AI 기반 비접촉식 체온 측정 소프트웨어를 개발하여 AI 알고리즘과 적외선 기술을 통합해 0.3℃ 정밀도 내의 발열을 검사하고 마스크를 착용하지 않은 사람도 99% 이상 식별할 수 있는 '스마트 AI 유행병 방역 솔루션'을 개발했다. BBC는 「코로나 바이러스: 중국의 기술 반격」이라는 칼럼에서 코로나19 발발 초기부터 중국은 비접촉식 이송과 소독제 분사, 기본 진단기능 수행에 디지털 기술을 적용해 교차감염의 위험을 최대한 줄였다고 소개했다. 이와 같은 노력의 바탕에서 중국은 2020년 월드AI컨퍼런스(WAIC) 온라인 서밋에서 중국 의료기기 업체 유나이티드 이미징(United imaging)이 개발한 'uAI 코로나19 의학 영상 스마트 진단 풀스택 솔루션'을 포함한 5개 프로젝트가 WAIC 최고 명예상인 SAIL상(Super AI Leader)을 수상했다. 'uAI 코로나19 의학 영상 스마트 진단 풀스택 솔루션'은 현재 중국의 병원 100여 곳을 포함해 미국, 말레이시아, 이탈리아, 북아프리카 등 해외 여러 국가와 지역에서도 도입되어 사용되고 있다. 이렇게 코로나 대응에 활용된 AI

디지털 기술은 당연히 중국이 가지고 있는 '빅데이터'에 기반하고 있으며 여기서 바이두맵(百度地圖)은 중요한 역할을 한 것으로 보인다. 코로나19 확산 초기부터 점진적 확산, 일상의 복귀에 이르기까지 바이두맵 휘이옌(慧眼) 이동 빅데이터는 데이터 이동 방향과 분석 등 루트를 통해 500만 명의 이동 동향을 확정했다. 이 플랫폼은 2020년 1월 22일부터 5월 8일까지 25억 명 이상에게 빅데이터 서비스를 제공했다. 바이두맵은 열 전사도 레이어, 발열 진료소 지도, 후베이 지역에서 온 여행객 지정 병원, 주택단지별 코로나19 상황, 조업 재개 지도 등의 플랫폼을 통해 빅데이터와 AI 기술을 활용하여 중국의 디지털 방역기술을 한 단계 진보시키는 역할을 했다. 국제적인 시장조사기관 IDC가 발표한 「코로나19, AI 시장의 획기적 전진」이라는 보고서는 "코로나19 발발부터 바이두맵은 대중의 니즈 관점에서 출발해 신속하게 방역 정보를 실시간 업데이트했고 새 기능과 서비스를 출시해 특수한 시기의 수요를 만족시켰음"을 강조하고 있다. 바이두맵이 보유한 거대한 코로나 방역 데이터 정보는 실제로 2020년 3월, 이란에서 400여 만 명의 이용자를 확보하고 있는 가장 각광받는 지도 내비게이션 앱 Neshan Maps 개발에도 유용하게 쓰였다. Neshan Maps은 바이두맵이 고위험 지역을 피할 수 있도록 한 점에 집중하여 바이두에 연락해 노하우를 공유해줄 것을 요청했고, 이를 참고하여 인파 밀집 열 전사도 확인 정보를 제공했다. 중국의 방역 데이터 정보가 이란의 과학적인 방역에 참고자료로 쓰일 수 있었던 것이다. Neshan Maps은 실제로 자사의 홈페이지에 바이두 연구팀의 노하우를 공유하고 이를 자세히 소개했다. 영국 옥스퍼드대학과 미국 하버드대학 의과대학, 미국 보스턴 아동병원, 프랑스 소르본대학 등 6개 국가의 연구팀은 세계적인 학술지 「사이언스(Science)」에 게재한 논문을 통해 코로나19 기간 바이러스 전파 연구를 위해 바이두맵 이동 빅데이터 플랫폼의 데이터를 대량 사용했다고 말했다. 일부 디지털 건강 개입 조치가 프라이버시를 침해할 수 있는 등 디지털 방역에 개선할 점이 있기는 하지만 코로나19의 확산이 중국의 데이터에 기반한 정책 수립과 디지털 방역, 디지털 거버넌스 등의 원격진료에 많은 영향을 미친 것은 분명해 보인다. 코로나19 대응으로 더욱 확장된 빅데이터와 5G 기술 도입은 이제 중국의 개별 지방도시에서 자율주행버스와 새로운 인공지능 시스템의 구현으로 점점 구체화되고 있다. 2020년 8월, 정저우(鄭州)시 정둥(鄭東)신구는 자율주행버스의 시범운행을 실시했다. 시범 운행된 자율주행버스는 5G 신호, 차도협력, 인공지능 등 첨단 기술로 스마트 플랫폼, 스마트 스테이션 등 일체화 관리 통제 시스템과 결합해 자율주행 차량의 스마트 통제, 안전 경보를 실현한 것으로 평가되고 있다. 선전은 이번 방역과정에서 도입된 5G 기술로, 5G 원격 의료, 5G 지능 의료 로봇, 5G 인체 열 감지기 등의 5G 신기술, 신제품 확장으로 시장성을 넓히고 있다. 항저우의 저장(浙江)대학은 쥐의 대뇌에 맞먹는 1억 2천 개의 '스파이킹 뉴럴 네트워크(SNN)'와 1천억 개에 가까운 신경 시냅스를 가진 컴퓨터 '다윈 마우스(Darwin Mouse)' 개발을 발표했다. 이 컴퓨터는 대뇌 신경망의 구조와 운영 메커니즘을 시뮬레이션해 새로운 인공지능(AI) 시스템 '뉴로모픽 컴퓨팅(Neuromorphic Computing)'을 구현한 것으로 연구팀은 전통적인 연산 구조가 가지는 한계를 뛰어넘어 AI 분야의 연산 난제를 해결할 수 있을 것으로 기대하고 있다. AI 시대, 데이터는 국가의 새로운 기초 자원으로 데이터에 기반한 컴퓨터의 연산능력은 국가의 정책에 매우 중요한 영향을 미칠 수밖에 없다. 이에 따라 중국은 2017년부터 인공지능의 발전을 지원하기 위한 구체적인 정책을 수립하고 중국 인공지능을 새로운 단계로 발전시키기 위해 노력하고 있다.

그렇다면, 코로나19 같은 예측 불가능한 미래가 점점 더 정책결정자들을 어렵게 하는 오늘날, 정책결정의 불확실성을 가장 현실적으로 줄일 수 있는 합리적 대안은 '데이터 기반의 정책 수립'일까?

빅데이터 시대의 정책 결정은 어디로 가는가

빅데이터 시대의 정책 결정은 데이터를 기반으로 한다. 데이터 기반의 정책 수립이란 사회 문제에 대한 해결책을 찾기 위해 데이터를 수집하고, 수집된 데이터를 분석 평가하는 모든 과정을 의미한다. 디지털 경제와 정보사회의 확산에 따라 규모를 가늠할 수 없을 정도로 쏟아지는 데이터의 홍수는 정책 결정 과정에 큰 영향을 주고 있다(김상배, 2017; 쉰버거, 2013; 정용찬, 2013; 서울대 빅데이터센터, 2014). 비즈니스 부문에서 빅데이터의 활용은 이미 널리 확산했으며(채승병, 2015), 공공행정, 선거전략, 재난관리 부문에서도 빅데이터를 활용하는 사례가 늘고 있다. 예를 들어 전자정부, 복지행정, 의료행정, 교육행정, 조세행정, 경찰행정, 교통행정, 선거 캠페인 등의 분야에서 공공데이터, 특히 오피니언 마이닝, 다양한 웹 문서 분석, 댓글 분석 등의 빅데이터가 활용된다. 이는 경험적 직관에 의존하던 아날로그적 의사결정 시스템이 과학적 예측과 패턴에 대한 분석을 바탕으로 한 디지털 의사결정 시스템으로 전환된 것이라 볼 수 있다(김상배, 2017).

이와 같은 이유로 현재 빅데이터 연구는 매일 쏟아지는 수많은 데이터를 어떻게 효율적으로 활용할 것인가에 초점을 맞추어 데이터 분석기술 중심으로 발전해오고 있다. 사실 정책 분석과 평가를 위한 양적 데이터 분석은 '빅데이터 시대'에만 특별한 것이 아니라 동서고금을 막론하고 정책연구의 중요한 부분이었다. 다만 현재는 정보 데이터의 양이 너무나 방대하여 이를 어떻게 더욱 정교하게 분석하여 미래를 예측하는 데 활용할 것인가라는 문제에 직면해 있다.

정책 결정 과정에서 빅데이터가 가지는 의미

그런데 데이터가 '많아진' 시대, 이른바 '빅데이터' 시대라고 해서 "많은 데이터가 있으면 미래를 정확하게 예측할 수 있다"라고 과연 확언할 수 있을까? 2008년 크리스 앤더슨(Chris Anderson)은 수많은 데이터의 양산과 축적으로 '상관관계'로 충분한, 이론이 필요하지 않은 시대가 찾아온다고 말했다.[1] 이론이나 과학 없이도 빅데이터가 알아서 무언가를 알려줄 것이며, 미래는 데이터만으로 충분히 예측 가능하다는 것이다. 앤더슨은 자신의 글에서 빅데이터로는 인과관계를 모른 채 결론만 도출할 수 있지만, 상관관계가 인과관계보다 우수하므로 이것은 큰 문제가 되지 않는다고 주장한다. 그런데 이 주장은 상관관계와 인과관계를 혼동했을 경우에 생기는 수많은 문제점을 완전히 간과하고 있다. 이에 대해서는 좋은 예(이지훈, 2019)[2]가 있어 여기에 전문을 인용한다.

---

1) Chris, Anderson "The End of Theory: The Data Deluge Makes The Scientific Method Obsolete," *Wired*, 2008.

2) 김동환, 『빅데이터는 거품이다』, 페이퍼로드, 2016, 150쪽; 이지훈, 농민신문 사외칼럼, 「이지훈의 경제이야기: 상관관계와 인과관계」, https://www.nongmin.com/opinion/OPP/SWE/ESY/317018/view

어느 학자가 범죄문제에 대해 연구과제를 수행했다. 주요 도시의 인구 1천 명당 경찰관 숫자와 강력범죄 발생 빈도를 비교했는데, 두 데이터 사이에 밀접한 관계가 있음을 발견했다. 즉, 경찰관 숫자가 많은 도시일수록 강력범죄 발생 빈도가 높았다. 학자는 이 결과를 토대로 경찰관 수를 줄여야 한다고 주장했다. 그런데 경찰관이 많아서 강력범죄가 늘어난 것이 아니라 강력범죄가 많은 도시에서 경찰관을 많이 뽑은 것일 수도 있지 않겠는가. 이것은 결과를 가능하게 한 다른 요인에 대한 충분하고 다양한 검토 없이 상관관계를 인과관계로 단정해서 낳은 치명적인 오류다.

비슷한 예가 또 있다. 1999년 미국 펜실베이니아대학 연구팀은 2세 이하 아동을 대상으로 수면 중에 불을 켜고 잔 횟수와 근시 여부에 대한 데이터를 수집했다. 그 결과 수면 중에 불이 켜져 있었던 아이일수록 근시가 되는 비율이 높았다. 연구팀은 "연구 결과는 불을 켜고 자는 것과 아동 근시 사이의 상관관계를 나타낼 뿐 인과관계를 드러내지는 않는다"라고 밝혔지만, 언론들은 "불을 켠 채 재우면 아이가 근시가 된다"라고 대대적으로 보도했다. 나중에 다른 대학교 연구팀은 이것이 인과관계가 아닌 단순한 상관관계임을 밝혀냈다. 그들의 연구에 따르면 부모가 근시일수록 아이가 자는 시간에도 불을 켜놓는 일이 많았고, 부모가 근시일수록 아이가 유전적으로 근시가 되기 쉽다는 것이었다. 즉, 수면 중에 불을 켜놓은 것이 아이를 근시로 만든 것이 아니라 부모가 근시인 것이 수면 중에 불을 켜놓은 것과 아이가 근시가 된 것 둘 다에 영향을 미쳤던 것이다. 이렇게 상관관계에 의거한 판단은 결과적으로 많은 사람들의 잘못된 판단을 유도할 수 있다.

빅데이터 시대, '인과관계'를 놓치는 오류는 치명적

이와 같이 '상관관계'가 강조되는 빅데이터 시대는 자칫 '인과관계'가 가지는 중요성을 간과할 위험성이 존재한다. 빅데이터는 정책결정에서 미래의 결과에 영향을 미치는 모든 요소의 정보를 제공해주는 만능신이 아니다. 빅데이터는 내용과 형식이 정리되지 않은 '비정형 데이터'에 초점을 두는 '과거의 기록'이 담긴 '데이터'다. 따라서 정책결정자는 빅데이터 분석이 미래를 완벽하게 예측하게 하며, 정책 결정 이후에 발생할 모든 결과를 미리 알 수 있게 한다는 허상에서 벗어나야 한다. 데이터가 중요하지 않다는 말이 아니라 데이터는 아무리 많아도 인과관계를 통해 도출된 이론과 같은 통시적 원리, 지적 고민에서 만들어진 깨달음이나 지혜가 없다는 오류를 인식하는 것이 중요하다(김동환, 2016). 데이터는 과거를 이해하고 평가하는 차원에서는 매우 중요한 의미를 지닌다. 그런데 미래를 예측하여 이에 대응하기 위해서는 데이터가 아니라 이론이 필요하다. 행정학자 사이먼은 타계하기 몇 년 전에 펴낸 책에서 이렇게 말했다.

> "인류가 등장한 이후 밤하늘에 원시인의 머리 위로 무수히 많은 별들이 떠 있었다. 하지만 케플러의 이론이 나오기 전까지 사람들은 별들의 운행을 이해할 수 없었다."[3)]

아무리 많은 데이터가 있어도 그것을 이해하고 설명할 이론이 없으면 소용이 없듯이, 아무리 많은 데이터가 무수히 많은 별들 간의 상관관

3) H. A. Simon, "Administrative Behavior: A study of Decision-making Processes in Administrative Organizations," The Free Press, 1997.

계를 발견한다고 해도 그것은 과학이 되지 못한다는 것이다. 빅데이터 시대, 데이터가 가지는 중요한 의미를 간과하면 안 되지만 데이터가 만능이라는 생각은 많은 심각한 위험성을 내포하고 있다. 분명한 것은 빅데이터 분석을 통해 알 수 있는 '상관관계'에 대한 지나친 강조는 정책결정 과정에서 올바른 해법을 전달하지 못한다는 것이다. 이런 점에서 빅데이터 분석은 상관관계를 중시하는 행태주의 접근과 같은 맥락을 가진다. 행태주의는 겉으로 보여지는 행태를 가능하게 하는 내부 구조의 인과관계에 초점을 두고 분석하기보다 표면적으로 드러난 행태의 상관관계에 비중을 둔다. 따라서 빅데이터 분석기술은 정책 결정의 보조수단으로서의 역할은 할 수 있지만, 정책목표와 정책수단을 판단하고 정책 실행과정 전반의 인과성을 총체적이고 구조적으로 이해할 시각을 제공하지는 못한다.

빅데이터 기술의 발전을 보면서 우리가 놓쳐서는 안 되는 중요한 포인트는 정책결정자가 미시적 분석에 갇혀 간과할 수 있는 입체적이고 거시적인 정책구조다. 정책결정자는 데이터의 홍수 시대에 자칫 데이터 분석기술이라는 '나무'에만 매몰되어 입체적이고 구조적인 전략이라는 '숲'을 놓칠 수 있기 때문이다. 미래의 정책 결정은 이미 알고 있는 정보에서 얼마나 적합한 정보를 도출하여 전략의 필요지점에 개입할 수 있는지가 관건이다. 따라서 정책의 본질적인 구조와 전략적 개입 지점에 대한 이해는 데이터 중심의 정책 수립이 핵심이 되는 빅데이터 시대의 정책결정자에게 무엇보다 중요한 능력이다. 그러나 이 부분은 데이터 기술분석에 비해 그 중요성이 많이 간과되어왔다. 그렇다면, 데이터가 홍수처럼 쏟아지는 21세기, 정책결정자는 다양한 이해관계자의 서로 다른 관점을 어떻게 이해하고, 복잡한 사회 문제의 특성과 구조를 파악하여 정책을 집행할 수 있을까? 빅데이터 시대, 정책결정자에게 필요한 능력은 무엇인가?

빅데이터 시대, 시스템 사고의 필요성

정보화가 정책의 화두였던 20세기, 각국의 정부 기관들은 '통계국'을 중심으로 정책 결정에 자문을 받았다. 정보화 시대의 핵심은 얼마나 빠르게 대량의 정보를 수집하고 흡수할 것인가에 있었다. 이 관점에서 공공데이터 분석기술은 계속해서 발전해왔고, 통계국은 중요한 역할을 했다. 21세기, 우리는 더는 빠르게 대량의 정보를 수집할 방법에 관하여 묻지 않는다. 이제 핵심은 이 방대한 지식을 '어떻게' 학습할 것인가에 있다. 학자들은 이와 같은 변화를 데이터의 '정보화'에서 '지식화' 단계로의 전환으로 설명한다(Senge, 1990; Lee, Courtney O'Keefe, 1992).

그렇다면 데이터 '지식화'의 핵심은 무엇인가? 피터 센지(Peter Senge)는 데이터 지식화 단계의 핵심은 '시스템 사고'라고 말한다. 그가 말하는 시스템 사고는 행위분석과 행위변화를 설명할 수 있는 시스템의 구조에 집중하면서 변화를 만드는 구조적 개입 지점을 찾아내는 능력이다. 데이터의 수집과 양적으로 분석하는 차원에서 나아가 데이터를 지식으로 관리하는 차원으로 넘어가고 있는 이 시대, 정책결정자의 '시스템 사고'는 시스템 다이내믹스 학자들에 의해 논의돼왔다(김동환, 2008; Bougon, Weick, Binkhorst, 1977). 무수히 쏟아지는 정보의 홍수 속에서 얼마나 적합한 정보를 도출하여 전략의 필요지점에 개입할 것인가는 모든 정책결정자가 고민하는 핵심 화두가 아닐 수 없다.

본문은 빅데이터 시대 '시스템 사고'가 가지는 의의를 재조명하고 이 개념을 중국 외교정책 결정 과정의 연구방법에 적용해보고자 한다. 정책의 '인과성'과 '연결성'에 집중하는 정책결정자의 시스템 사고적 접근이 중국학 연구의 새로운 지평을 여는 의미 있는 출발점이 될 수 있기를 기대한다.

중국 외교정책 연구는 어디로 가는가

빅데이터 시대를 살아가는 오늘날 현대 중국 연구는 주변국이나 지역학 연구자들만의 '특수한' 연구대상이 아니다. 국제사회에서 중국의 정치·경제·군사적 영향력이 지속적으로 증가함에 따라 이제 중국 연구는 학계나 정계를 막론하고 모든 영역의 주요 관심대상으로 인식되고 있다. 국내 중국학 연구는 중국의 발전과 함께 비교정치학의 한 사례에서 중국의 특수성을 어떻게 이해할 것인가에 대한 논쟁이 중국학 모델론의 연구와 함께 촉발되었으며,[4] 이에 따른 다양한 담론과 분석이 정치, 경제, 사회 등 여러 방면에서 지역학 연구로 진행되었다. 비교정치학의 하위 분야로서 '중국'이 '중국학'이라는 담론으로 연구영역을 확장함에 따라 중국 외교정책 연구의 비중도 점차 확장되었다.

그러나 중국의 외교행위와 현상에 대한 담론 분석이 지속해서 확장되고 풍부한 연구성과가 도출되고 있음에도 '중국 외교학'이라는 학문 영역에서 방법론에 대한 논의는 답보상태에 머물러 있는 것이 현실이다. 국내 학계에서는 중국 외교정책에 대한 이론적 평가를 시도한 차창훈의 논문(2003),[5] 중국 정치방법론에 대한 총체적인 점검 측면에서 정재호 등의 학자를 중심으로 한 성찰적 논문(2005),[6] 그리고 중국 외교정책 접근방법

4) '중국모델론'에 대한 주요 연구는 장윤미, 「중국 모델에 관한 담론 연구」, 『현대중국연구』 제13권 1호, 2011; 전성흥, 「중국 모델의 '부상': 배경, 특징 및 의미」, 『중소연구』 31(4) 2008; 이경희, 「중국 모델의 가능성과 한계」, 『동북아연구(구 통일문제연구)』 26(2) 2011; 이정구, 「중국모델에 대한 비판적 고찰」, 『사회과학연구』 31, 2013; 박병석, 「21세기 초 중국 신좌파의 중국정치모델 담론과 중화성(中華性)」, 『한국동양정치사상사연구』 17(2) 2018.

5) 차창훈, 「중국외교정책 연구에 대한 이론적 평가」, 『한국정치학회보』 37(1) 2003, 243-265쪽.

6) 정재호 · 안치영 · 박만준 · 장윤미 · 차창훈 · 박병광, 「한국에서의 중국정치 연구의 재고찰: 자료, 방법론 및 담론을 중심으로」, 『국제정치논총』 45(2), 2005, 103-129쪽.

에 대한 김옥준의 이론적 정리 논문(2010)[7]을 제외하면 시진핑이 집권한 2012년 이후 현재까지 국내 중국학 연구의 핵심이 되는 저널에서 중국 외교학 방법론에 대한 의미 있는 논의는 이루어지지 않았다.[8] 이는 현재 국내 중국학 연구가 쏟아지는 연구수요에 따라 현상분석과 해석에 많은 시간을 할애한 나머지 좀 더 근원적으로 학문적 차원에서 논의해야 할 중국 대외정책에 대한 방법론적 담론과 그 논의는 상대적으로 우선순위에서 배제되고 있음을 의미한다.

이와 같은 문제의식에서 출발하여 본 연구는 우선, 기존 중국 외교정책 연구의 접근방법(방법론)을 살펴보고, 현재 변화된 시대적 프레임과 국제관계학 연구에서 중국 외교정책에 대한 연구가 나아갈 방향을 모색해 본다. 이어, 중국학 연구의 새로운 연구방법으로 '시스템 다이내믹스'의 적용을 검토하고 실질적인 사례분석을 통해 이 방법론을 적용해보고자 한다.

---

7) 김옥준, 「중국외교정책연구 접근방법에 관한 고찰」, 『한국사회과학연구』 29(1), 2010, 89-108쪽.

8) 대외정책 일반에 대한 연구방법론을 분석한 주요 논문으로는 조동준, 「대외정책연구 현황과 평가」. 『국제정치논총』 46(S), 2007, 183-195쪽; 은용수, 「심리/인지적 연구와 국제관계학」, 『국제정치논총』 53(4), 2013, 79-111쪽이 있다.

I

중국 외교정책 연구방법론*

1. 거시적 접근방법
2. 미시적 접근방법
3. 미시-거시 차원의 연계접근
4. 시스템 다이내믹스 연구방법론의 적용 가능성
5. 시스템 사고의 제안

* 본 장의 내용은 수정 편집하여 "중국 외교정책에 관한 새로운 연구방법론: 시스템 다이내믹스 방법론에 대한 시론적 탐색"이란 이름으로 현대정치연구(ISSN: 1976-9466), 13권 3호, 2020년 12월호에 게재되었습니다.

중국학자들의 자국 외교에 대한 분석은 주로 '외교사'적인 영역에서 '역사적' 접근에 집중해왔지만, 근래에는 중국 연구자들에 의해 연구방법론에 대한 연구도 활발하게 진행되고 있다.[1] 그동안의 저술들과 연구 성과들을 토대로 중국 외교정책을 정리하면, 크게 국제체제와 환경적 요인에 초점을 맞추는 거시적 접근과 국내와 개인에게 초점을 맞추는 미시적 연구로 나누어진다.

1) 王鸣鸣,「国际政治研究中的外交决策理论」, 载于李慎明, 王逸舟主编,『2003年: 全球政治与安全报告』, 北京: 社会科学文献出版社(2003年), 第244-270页; 李志永,「外交政策分析的路径与模式」,『外交评论』, 第6期(2011年), 第108-109页; 尹继武,「认知心理学在国际关系研究中的应用: 进步及其问题」,『外交评论』, 第4期(2006年), 第101-108页.

1.
거시적 접근방법

국제환경과 체제적 요인에 초점을 맞추는 거시적 접근방법은 중국의 외교정책이 국제체제의 구조적 영향을 받고 있다는 전제에서 출발한다.[2] 구조적 접근방식을 가진 이 방법은 국제체제 차원의 요인을 중국 외교정책 연구에 중요한 변수로 보므로 중국 외교정책의 행위 역시 주어진 국제체제의 적응과 변화, 대응 과정으로 인식한다. 이처럼 거시적 요인에 초점을 맞추는 분석은 국가이익 차원의 접근방법과 전략적 삼각관계 차원의 분석으로 나눌 수 있다.

---

2) 이러한 틀에서 연구하는 대표적인 학자들로는 마이클 엔지퀸(Michael Ng-Quinn), 존 기팅(John Gittings), 조너선 폴락(Jonathan D. Pollack), 에드워드 프리드먼(Edward Friedman) 등이 있다. 대표적인 저작은 아래 참조: Michael Ng-Quinn, John Gittings, The World and China, 1922-1972 (New York: Harper&Row, 1974); Jonathan D. Pollack, China in the Evolving International System, in Norton Ginsburg, (ed.), China: The '80s Era (Boulder, Colo.: Weatview Press, 1984), pp. 353-374; Edward Friedman, "On Maoist Conceptualizations of the Capitalisist World Systems," China Quarterly, No.80 (December 1979), pp. 806-837 등.

1) 국가행위자 차원: 국익 차원의 연구방법

국가이익 차원의 접근방법은 중국 역시 다른 서방국가들과 마찬가지로 적대세력이나 동맹, 우방세력의 경제력과 군사력을 고려하여 국익에 부합하는 외교정책을 결정한다는 전제를 내포한다. 현실주의의 영향을 받은 이 접근방법은 중국을 국제사회의 한 구성원으로 보고 중국 내부의 '특수성'보다는 '일반적'인 국제관계 연구의 틀 안에서 중국을 하나의 사례로 분석한다. 이 방법론은 중국 외교정책 결정을 역사, 이데올로기, 정치문화라는 특수한 조건 안에서 인식하는 것이 아니라 이성적이고 합리적인 결정 과정이라는 틀에서 바라본다. 이 접근방법은 근본적으로 중국 외교정책을 정책학의 하위 분야로 인식하므로 중국만이 가지는 특수성보다는 정책학의 보편 전제인 '합리적 차원을 전제로 한 의사결정 과정'이라는 차원에서 분석한다.

이와 같은 접근법은 다수의 서양학자를 통해 지속해서 발전되어 현재까지 많은 영향을 주고 있다. 대표적인 서양학자로는 앨런 화이팅(Allen Whiting), 도널드 자고리아(Donald Zagoria), 토머스 로빈슨(Thomas W. Robinson), 피터 반 네스(Peter Van Ness), 마이클 야후다(Michael Yahuda), 멜빈 거토프(Melvin Gurtov), 황병무 등이 있다.[3] 중국학자로는 왕이조우,[4] 자오취엔

---

3) Allen Whiting, China Cross the Yalu: The Decision to the Korean War (Stanford, California: Stanford University Press, 1960); Donald Zagoria, Vietnam Triangle (New York: Pegasus, 1967); Thomas W. Robinson, "The View from Peking: China's Policies Toward the United States, the Soviet Union and Japan," Pacific Affairs, Vol.45 No.3(Fall 1972); Peter Van Ness, Revolution and Chinese Foreign Policy (Berkeley: University of California Press, 1970); Michael Yahuda, China's Role in World Affairs (New York: St. Martin's Press, 1978); Melvin Gurtov & Byong-Moo Hwang, China Under Threat: The Politics of Strategy and Diplomacy (Baltimore: John Hopkins University Press, 1980) 등 참조.

4) 王逸舟, 『全球政治和中国外交』(北京: 世界知识出版社, 2003), 第26-52页.

셩[5]의 연구가 유명하다. 이 방법론은 냉전 시대의 중국 외교정책을 이데올로기적 관점에서 접근하려고 한 데서 벗어나 중국 외교 연구의 학술성을 향상했다는 점에서 매우 유의미한 결과를 도출한다. 그러나 중국 외교정책 연구의 객관성과 학술성을 제고시킨 만큼 역설적으로 중국 외교정책만이 가지고 있는 특수성을 상대적으로 약화할 수밖에 없는 한계를 가진다. 비용편익 분석 결과에 따라 국익이 극대화되는 최적의 대안을 외교정책으로 결정한다는 기준은 이미 정책학의 오랜 논쟁인 합리성 모델이 가지는 본질적 한계를 벗어나지 못하기 때문이다. 또한 이 연구방법론은 변화하는 중국 내부의 조직, 기구, 정치 세력들 간의 견해차와 지도자들 간의 '차이'를 간과한다는 약점에서 벗어날 수 없다.

2) 구조적 차원: 국제관계 차원의 연구방법

'전략적 삼각관계'라는 구조적 차원에서의 접근은 냉전이 한창 진행 중이던 1970년대에 많은 학자가 주목한 방법론이다. 이 접근방법은 중국 · 소련 · 미국을 세계 3대 강대국으로 보고 전략적 삼각관계 안에서 이 세 강대국의 이해관계 변화를 중국 외교정책의 주요 원인으로 파악한다. 전략적 삼각관계의 틀 속에서 중국 외교정책을 연구한 주요 학자로는 김일평, 제럴드 시걸(Gerald Segal), 더글러스 스튜어트(Douglas T. Stuart), 로웰 디트머(Lowell Dittmer), 케네스 리버설(Kenneth G. Lieberthal) 등이 있다.[6] 그런

5) Quanshen Zhao, Interpreting Chinese Forein Policy (London: Oxford University, 1996).

6) Ilpyong Kim, (ed.) The Strategic Triangle: China, the United States, and Soviet Union (New

데 이 접근법은 냉전 시기, 중소분쟁 상황에서 '연미반소(聯美反蘇)' 같은 중국의 외교적 행보를 설명하는 유용한 도구로 사용되었으나 다양한 요인이 영향을 미치고 있는 현재의 다각화된 국제질서 안에서는 한계를 보여서 냉전 이후 중국 외교정책 연구방법론으로 지속해서 발전하지는 못했다. 중국의 경우, 이러한 거시적 접근이 가지는 한계점을 체제적 차원에서 분석한다고 해도 하나의 일괄적인 체제적 차원으로 단순화시키기 어렵다는 데 있다. 중국은 여전히 책임대국과 개발도상국가라는 '이중적 정체성(dual identity)'을 가지고 있어서 지역 강대국으로서의 아시아적 차원과 국제체제적 차원이 다를 수 있다. 그런데 하나의 단일화된 체제적 수준을 중국에 적용할 경우에는 국내정치적 특수성과 경제적 요인을 간과할 가능성이 커진다. 이렇게 되면 지속해서 확장하는 중국의 국력에 대한 분석, 예를 들어 중국이 기존의 국제체제를 타파하고 새로운 국제정치, 경제체제 구축을 시도하려는 외교적 행위 등을 분석하는 데는 한계를 가질 수밖에 없다.

York: Paragon House, 1987); Gerald Segal, The Great Power Triangle (London: MacMillan Press, 1982); Douglas T. Stuart, (ed.) China Factor (Englewood Cliffs, N. J.: Prectice Hall, 1981); Lowell Dittmer, "The Strategic Triangle: An Elementary Game-Theoretical Analysis," World Politics Vol.33 No.4(July 1981), pp. 485-515; Kenneth G. Lieberthal, Sino-Soviet Conflict in the 1970's: Its Evolution and Implications for the Strategic Triangle (Santa Monica, California: Rand Corporation, 1978) 등 참조.

2.
미시적 접근방법

중국 대외정책 연구에서 미시적 접근방법은 중국의 국내정치적 특수성과 중국의 지도자 개인에게 초점을 맞추는 방식이다. 여기서 중국의 국내정치적 특수성을 강조하는 연구방법은 다시 두 가지 층차로 관념적 차원과 구조적 차원으로 나누어진다. 관념적 층차에 대한 연구로는 중국 내 학자들에 의해 발전해온 역사문화적 · 이데올로기적 접근방식이 있다. 중국 국내정치의 구조적 층차는 중국의 정책 결정 체제와 파벌정치에 초점을 맞춘 연구방법으로 나누어진다. 이 밖에 정책결정자 개인 차원에서의 분석방법을 포괄하여 본문에서는 미시적 접근방법으로 분류했다.

1) 관념적 차원: 역사문화와 이데올로기적 접근

역사문화적 접근방법은 기본적으로 역사와 철학 자료를 바탕으로 중국의 역사문화적 전통이 중국 외교정책에 영향을 미친다고 보는 관점이다. 과거 관념적 차원에서의 연구는 중국 외교가 유가와 법가 사상의 영향을 받아 이상주의와 현실주의적 성향을 모두 가지고 있기에 이러한 철학적 바탕이 개혁개방 이후 중국의 외교정책에서 분명히 나타난다고 설명되었다.[7] 그런데 최근 이 연구방법론은 중국만의 독특하고 독자적이며 차별화된 외교 이념을 강화하여 설명하는 방식으로 발전하여 중국 국제정치학자들을 중심으로 활발한 연구가 진행 중이다. 이 연구는 칭화대학교와 북경대학교를 두 축으로 하여 각각 옌쉐퉁(阎学通)과 예쯔청(叶自成)이 중심이 되어 더욱 발전하고 있다.[8] 중국의 전통문화 안에서 현대 외교 행위를 설명하려는 시도는 서양 학자들을 통해 학제 간 연구로 발전했다. 이러한 접근방법으로 중국 외교정책을 분석한 학자들로는 존 페어뱅크(John K. Fairbank), 마크 맨콜(Mark Mancall), 앨버트 포이어워커(Albert Feuerwerker), 모리스 로사비(Morris Rossabi) 등이 있다.[9]

---

7) 楚樹龍 · 金威,『中国外交战略和政策』(北京: 时事出版社, 2008), 第 38页.

8) Xuetong, Yan. "Xun Zi's thoughts on international politics and their implications." Chinese Journal of International Politics 2.1 (2008) pp. 135-165; Paltiel, Jeremy T. "Constructing global order with Chinese characteristics: Yan Xuetong and the Pre-Qin response to international anarchy." Chinese Journal of International Politics, 4.4 (2011) pp. 375-403; Xuetong, Yan. "The rise of China and its power status." The Chinese journal of international politics 11 (2006) pp. 5-33; Xuetong, Yan. "The rise of China in Chinese eyes." Journal of Contemporary China 10.26 (2001) pp. 33-39; 叶自成.「中国春秋战国时期的外交思想流派及其与西方的比较」.『世界经济与政治』12 (2001), 第 24-29页; 叶自成.「中国春秋战国时期的外交思想流派及其与西方的比较」,『世界经济与政治』12 (2001), 第 24-29页; 叶自成.「中国外交的起源—试论春秋时期周王室和诸侯国的性质」,『国际政治研究』1 (2005), 第 9-22页; 叶自成.「中国实行大国外交战略势在必行: 关于中国外交战略的几点思考」,『世界经济与政治』1 (2000), 第 5-10页.

9) John K. Fairbank (eds.), The Chinese World Order (Cambridge: Harvard University Press, 1968), "China's Foreign Policy in Historical Perspective," Foreign Affairs No.47(April 1969); Mark Mancall, "The Persistence of Tradition in Foreign Policy," Annals of the American Academy of Political and Social Science, No.349 (September 1963); Albert Feuerwerker, "Chinese History and Foreign Relations of Contemporary China," Annals of the American Academy of Political and Social

현대 중국을 설명하는 또 하나의 관념적 차원으로 이데올로기적 접근을 빼놓을 수 없다. 이 접근방법은 중국이 제시하고 있는 마르크스 · 레닌주의와 마오쩌둥(毛澤東) 사상 등의 이데올로기적 맥락에서 중국 외교정책과 행위를 분석한다. 이 연구방법은 건국 초기부터 1960년대까지 중국의 외교정책과 그 행위자인 마오쩌둥의 '모순론'에 근거한 중간지대론, 제1, 2 중간지대론, 제3세계론 등을 분석하는 데 상당히 유용한 틀을 제공했다. 이러한 관점에서 중국 외교정책을 연구한 학자로는 벤저민 슈와르츠(Benjamin I. Schwartz), 해럴드 힌튼(Harold C. Hinton), 암스트롱(J. D. Armstrong), 도널드 자고리아(Donald S. Zagoria) 등이 있다.[10)]

이와 같은 접근방법이 중국 외교정책 연구에서 가지는 가장 큰 의의는 서구의 논리와 연구방식에서 탈피하여 중국 외교정책이 가지는 특수성을 연구에 접목했다는 데 있다. 물론 탈냉전 이후 '화이부동(和而不同: 서로 상이한 속에서 화합)', '조화세계(和諧世界)' 등의 유교적 이념은 여전히 역사문화적 접근이 중국 외교정책 해석에 필요한 방식임을 증명하고 있다. 또한 현대 중국의 제3세계 외교, 반제국주의 외교 등은 이데올로기적 접근이 여전히 설득력 있는 해석요건을 갖춘 연구방법임을 보여준다. 그러나 개혁개방을 거친 현대 중국의 외교정책은 너무도 복잡한 요소가 많이 개입되어 역사문화나 이데올로기적 접근만으로 단순히 해석하기에는 어려움이

Science, No.402 (july 1972); Morris Rossabi, China among Equals: The Middle Kingdom and Its Neighbors (Berkeley: University of California Press, 1983) 등 참조.

10) Benjamin I. Schwartz, Communism and China: Ideology in Flux (Cambridge: Harvard University Press, 1968); Harold C. Hinton, China's Turbulent Quest (Bloomington: Indiana University Press, 1972); J. D. Armstrong, Revolutionary Diplomacy: Chinese Foreign Policy and the United Front Doctrine (Berkeley: University of California Press, 1977); Donald S. Zagoria, "Ideology and Chinese Foreign Policy," in G. Schwab(eds.), Ideology and Foreign Policy: A Global Perspective (NewYork: Cyrco, 1978) 등 참조.

따른다. 중국의 대내외 정책에는 중국의 역사나 문화와 연계되어 있지 않은 이데올로기적인 색채가 있을 수 있으며, 전통문화와 역사적인 경험 역시 정책결정자의 가치관에 따라 시대별로 다르게 해석될 수도 있기 때문이다.

2) 구조적 차원: 정책결정기구와 파벌정치에 대한 접근

내부 구조적 차원에서 중국 권력 '파벌' 간의 역학관계와 상호작용을 중국 외교정책의 중요한 요소로 인식하는 연구방법은 앨런 화이팅(Allen S. Whiting), 마이클 옥센버그(Michael Oksenberg), 스티븐 골드스타인(Steven Goldstein), 멜빈 거토프(Melvin Gurtov), 해리 하딩(Harry Harding), 로저 브라운(Roger Brown), 존 게이버(John Gaver) 등에 의해 발전해왔다.[11] 파벌정치 접근방법은 중국 외교정책을 자국 내부에서 전개되는 권력투쟁의 결과로 인식한다. 이 접근방법은 일반 외교정책 결정 모델로 익히 알려진 '관료정치 모델(the bureaucratic politics model)'과 유사한 접근을 시도하고 있는데,[12] '파벌주의 모델(factionalism model)'이라는 하나의 분석틀을 가질 만큼 중국 외교정책 연구

11) Allen S. Whiting, Chinese Domestic Politics and Foreign Policy in the 1970's (Ann Arbor, Mich: Center for Chinese Studies, 1979); Michael Oksenberg & Steven Goldstein, "The Chinese Political Spectrum," Problems of Communism Vol.23 No.2(March-April 1974); Melvin Gurtov & Harry Harding, The Purge of Luo Jui-ching: The Politics of Chinese Strategic Planning (Santa Monica, California: Rand Corporation, Report R-548-PR, 1971); Roger Brown, "Chinese Politics and American Policy," Foreign Policy, No.23(Summer 1976), pp. 3-23; John Gaver, "Chinese Foreign Policy in 1970: The Tilt toward the Soviet Union," China Quarterly, No.82(June 1980) 등 참조.

12) Barry B. Hughes, The Domestic Context of American Foreign Policy (San Francisco: W. H. Freeman & Company 1978).

에서 중요한 학파를 형성하고 있다.[13)]

이 접근방법은 정책결정자 개인 차원을 넘어 중국의 특수성을 '파벌정치'라는 개념으로 규정하고 이를 중국 외교정책 연구에 적용하여 분석했다는 데 의의가 있다. 그러나 이 접근방법은 파벌투쟁이 외교정책에 실제로 얼마나 영향을 미치고 있는지를 검증할 방법이 없으며, 어떤 파벌에도 속하지 않는 중립적인 세력은 처음부터 배제될 수밖에 없다는 한계를 가지고 있다. 파벌정치 같은 내부의 구조적 접근과 더불어 개혁개방 이후 중국 사회조직이 제도화 과정(institutionalization)을 거침에 따라 정책결정기구(apparatus)와 기제(mechanism) 연구가 강화되었다.[14)] 이와 같은 연구는 중국 외사영도소조 같은 중요한 외교정책 결정기구에 대한 분석으로 확대되

13) 관련 참고문헌으로는 Lowell Dittmer and Yu-Shan Wu, "The Modernization of Factionalism in Chinese Politics," World Politics, Vol.47, No.4(July 1995); Lowell Dittmer, "The Strategic Triangle: An Elementary Game-Theoretical Analysis," World Politics, Vol.33 No.4(July, 1981). 국내에서 파벌정치에 대한 연구는 주장환, 「2012년 중국 권력 투쟁의 전개와 그 특징」, 『대한정치학회보』 20(2), 2012, 243-262쪽; 주장환, 「중국 파벌정치의 변화: '동기'와 '동학'의 측면에서」, 『아세아연구』 55(1), 2012, 231-263쪽; 주장환, 「중국식 과두 체제의 변화?: 엘리트 정치 측면에서의 시진핑 집권 초기 평가」, 『유라시아연구』 11(2), 2014, 123-138쪽; 주장환, 「중국 세대별 정치 엘리트 유형 변화에 관한 연구: 제1세대에서 제5세대를 중심으로」, 『국제정치논총』 52(1), 2012, 191-215쪽; 주장환, 「2012년 중국 권력 투쟁의 전개와 그 특징」, 『대한정치학회보』 20(2), 2012, 243-262쪽; 주장환, 이동영, 「중국 신지도부의 구성과 특성: 제18기 중국 공산당 중앙위원회 정치국 상무위원회를 중심으로」, 『대한정치학회보』 22(2), 2014, 143-165쪽; 최지영, 「개혁개방 이후 중국의 집단지도체제와 파벌 연구: 시진핑 시기 변화와 함의를 중심으로」, 『한국동북아논총』 82, 2017, 5-27쪽; 양갑용, 「중국의 최고 정치엘리트 변화 연구: 18차 당대회 전망과 함의」, 『중국학연구』 59, 2012, 127-157쪽.

14) 이와 관련된 연구로는 Lu Ning, The Dynamics of Foreign Policy Decision making in China, 2nd edition, (Boulder: Westview Press, 2000); Carol Lee Hamrin and Suisheng Zhao, eds., Decision-making in Deng's China: Perspectives from Insiders (Armonk: M. E. Sharpe, 1995); He Li, "The Role of Think Tanks in Chinese Foreign Policy," Problems of Post-Communism, Vol.49, No.2, March/April, 2002, pp. 33-43; David Shambaugh, "China's International Relations Think Tanks: Evolving Structure and Process," The China Quarterly, Vol.171, 2002, pp. 575-596; Bonnie S. Glaser and Phillp C. Saunders, "Chinese Civilian Forein Policy Research Institutes: Evolving Rules and Increasing Influence," The China Quarterly, Vol.171, 2002, pp. 591-616.

었으며, 대표적인 연구자로는 루닝(魯宁), 캐럴 리 함린(Carol Lee Hamrin), 수이셩 자오(Suisheng Zhao), 데이비드 샴보(David Shambaugh), 김태호 등의 연구가 있다.[15)]

3) 개인적 차원: 정책결정자 개인에 대한 접근

정책결정자 개인적 차원의 접근방법은 권력이 고도로 집중된 사회주의 국가에서는 외교정책 결정자 개인의 세계관, 가치관, 이념 등이 정책결정의 핵심요소라는 전제에서 출발한다. 마오쩌둥 시기의 경우, 모든 정책결정에서 마오 개인의 역할이 매우 절대적이었다는 데는 학자들 간의 이견이 존재하지 않는다. 비단 마오 시기뿐 아니라 이 방법은 덩샤오핑 시기의 중국 외교정책을 설명하는 데도 매우 유용한 방법이었다.[16)] 이와 같이 중국 외교정책 분석에서 개인 요소에 집중하여 분석을 시도한 대표 학자들로는 새뮤얼 킴(Samuel Kim), 마이클 옥센버그(Michael Oksenberg), 루시안 파이(Lucian Pye), 존 기팅스(John Gittings) 등이 있다.[17)]

---

15) Taeho Kim, Leading "Small Groups: Managing All Under Heaven," in Dvid M. Finkelstein and Maryanne Kivlehan, eds., China's Leadership in the 21st Century: The Rise of Fourth Generation, (Armonk: M. E. Sharpe, 2003), pp. 121-139.

16) Doak A. Barnett, The Making of Foreign Policy in China: Structure and Process (London: Westview Press, 1985).

17) Samuel S. Kim, "The Maoist Image of World Order," World Order Studies Program Paper (Prinston University, 1977); Michael Oksenberg, "Mao's Policy Commitments, 1921-1976," Problems of Communism, Vol.25, No.6(Nov.-Dec. 1976), pp. 1-26; Lucian W. Pye, "Mao Tse-tung's Leadership Style," Political Science Quarterly, Vol.91 No.2(Summer 1976), pp. 219-235; John Gittings, The World and China, 1922-1972 (New York: Harper and Row, 1974) 등 참조.

권력이 고도로 집중된 중국의 정치 과정에서 정책결정자 개인을 중국 외교정책의 핵심으로 해석하는 시도는 매우 의미 있는 접근이지만, 정책결정자 한 사람에게만 지나치게 집중함으로써 복잡한 외교정책의 다양한 요소를 단순화시킨다는 비판도 있다.

3. 미시-거시 차원의 연계접근

이처럼 중국 외교정책을 분석하는 다양한 접근방법 각각이 가진 한계를 노출함에 따라 미시-거시 모든 차원에서 '연계적 접근방법'이 제시되었다.[18] 거시적 연계접근은 '국제적 제약요인'과 '국내적 결정요인'을 통합하는 방식이다. 이 방식은 중국이 마주한 국제적 상황과 중국 지도부 내부의 상황을 모두 고려함으로써 자본주의 국제경제체제로의 전환과정에서 실용적이고 개방적인 대외정책으로의 변환을 설명하는 유용한 틀이 되었다. 대표적인 학자로는 제임스 로제나우(James Rosenau), 로버트 퍼트넘(Robert Putnam), 새뮤얼 킴(Samuel Kim), 토머스 핑거(Thomas Finger), 해리 하딩(Harry Harding), 앨런 화이팅(Allen Whiting), 조지 리처(George Ritzer), 제프리 알렉산더(Jeffrey Alexander), 리처드 먼치(Richard Munch), 닐 스멜서(Neil Smelser), 베른하르트 기센(Bernhard Giesen) 등이 있다.[19]

---

18) Robert Putnam, "Diplomacy and Domestic Politics: The Logic of Tow-Level Games," in Evans Peter, Harold Jacobson and Robert Putnam (ed.), Double-Edged Diplomacy: International Bargaining and Domestic Politics (Berkeley: University of California Press, 1993).

19) James Rosenau, Linkage Politics: Essays on the Convergence of National and International

이 접근방법을 실제로 중국 외교정책 연구에 적용한 중국학자로는 자오췐성(趙全勝)이 있다.[20] 그가 규정한 거시적 차원은 국제적 제약요인과 국내적 결정요인을 포괄하며, 미시적 수준은 정책결정자에게 초점을 맞추고 있다. 자오췐성을 비롯한 많은 학자의 연계접근은 기본적으로 미시와 거시라는 단일 층차에서 가지는 단점을 보완하기 위한 접근이라는 점에서 큰 의미를 가지지만, 이 방법론은 어느 한 수준에서 거시적인 것이 다른 수준에서는 미시수준이 될 수 있으므로 개념 정의에 어려움을 배제할 수 없으며,[21] 근본적으로 지도자의 합리성에 기초한 행태주의적 접근방법론을 전제한다. 합리성에 근거한 접근법이라는 데서 시스템 사고와는 본질적으로 다른데, 이 부분은 뒤에서 좀 더 자세하게 살펴보도록 한다.

그러나 이와 같은 기존 연구를 살펴봄으로써 우리가 얻을 수 있는 한 가지 중요한 시사점은 어떤 차원이든지 모두 개별행위자와 구조라는 두 층차에 대한 접근을 시도하고 있다는 것이다. 사실 개별행위자와 구조에

System (New York: The Free Press, 1969); Robert Putnam, "Diplomacy and Domestic Politics: The Logic of Tow-Level Games," in Evans Peter, Harold Jacobson and Robert Putnam (ed.), Double-Edged Diplomacy: International Bargaining and Domestic Politics (Berkeley: University of California Press, 1993); Samuel Kim, "New Directions and Old Puzzles in Chinese Foreign Policy," in Samuel Kim, (ed.), China and the World: New Directions in Chinese Foreign Relations (Boulder, Colo.: Westview Press, 1989), pp. 3-30; Thomas Finger, "Domestic Policy and the Quest for Independence," in Thomas Finger (ed.), China's Quest for Independence (Boulder, Colo.: Westview Press, 1980); Allen Whiting, "Foreign Policy of Communist China," in R. C. Macrids (ed.), Foreign Policy in World Politics, 8th ed. (Englewood Cliffs: Prentice-Hall, 1992), pp. 222-267; George Ritzer, "Micro-Macro Linkage in Sociological Theory: Applying a Metatheoretical Tool," in George Ritzer (ed.), Frontiers of Social Theory (New York: Columbia University Press, 1990) 등 참조.

20) 자오췐성(趙全勝) 저, 김태완 역, 『중국외교정책: 거시-미시 연계접근분석』(서울: 오름, 2001).

21) Jeffrey Alexander, "Action and Its Environments," in Jeffrey Alexander (ed.), The Micro-Macro Link (Berkeley: University of California Press. 1987). 이러한 측면에서 알렉산더(Jeffrey Alexander)는 거시적 결정주의(macro-determinism)나 미시적 결정주의(micro-determinism)를 거부하고 거시수준이나 미시수준의 일방적 의존을 반대한다.

대한 접근은 국제관계학(international relations)을 관통하는 방법론의 본질이기도 하다. 다수의 정치외교학자가 증명했듯[22] 사실 국제체제에서 발생하는 모든 현상과 사건들은 구조와 행위자의 상호작용 혹은 충돌의 결과라고 할 수 있다(은용수, 2013 재인용).

22) Roy Bhaskar, The Possibility of Naturalism (Brighton, U. K.: Harvester Press, 1979); Alexander E. Wendt, "The Agent-Structure Problem in International Relations Theory," International Organization 41-3 (1987), pp. 335-370; Walter Carlsnaes, "The Agency-Structure Problem in Foreign Policy Analysis," International Studies Quarterly 36-3 (1992), pp. 245-270.

4.
시스템 다이내믹스 연구방법론의 적용 가능성

여기서는 앞서 검토한 중국 외교정책 연구방법론의 핵심인 구조와 행위에 대한 연계접근, 그리고 좀 더 넓은 관점에서 정책학의 '합리성'에 대한 재검토 필요성을 중심으로 시스템 다이내믹스(systems dynamics) 연구방법론의 적용 가능성을 모색해본다.

1) 구조와 행위에 대한 연계접근의 필요성

현대 국제관계학의 중심축은 행위자보다는 구조적 접근(structural approach) 또는 구조중심적 이론(structure-oriented theory)에 있다.[23] 비판이 없는

23) 국제정치의 속성을 둘러싼 현실주의, 이상주의, 마르크스주의의 인식론적 패러다임 논쟁과 관련된 주요 연구로는 Martin Hollis and Steve Smith, Explaining and understanding in International

것은 아니지만,[24] 냉전 시기 국제정치 연구는 신현실주의에 의해 지배되어왔으며, 냉전체제가 무너진 뒤에도 신현실주의는 여전히 국제정치 연구의 주류 이론으로 남아 있다.[25] 신현실주의에 대한 비판적 이론인 국제기구, 제도, 국가 간 경제적 상호의존성과 역할을 강조하는 신자유주의도 신현실주의가 가지는 구조적 접근을 거부하지 않는다. 강조점이 달라져 있기는 하지만 인간 행위보다는 외부의 물질적 조건과 구조를 독립변수로 여기는 측면에서 '방법론적 구조주의'에 속하기 때문이다(은용수, 2013).[26]

구성주의 역시 물질의 '구조'에서 관념의 구조로 변화했을 뿐 본질적으로 구조적 접근을 거부하지 않는다. 이와 같은 맥락에서 로버트 잭슨(Robert Jackson)과 조지 소렌센(George Sorensen)은 구성주의를 "국제체제에서 국가 간의 상호관계를 중시하는 대신 국내적 요인의 역할을 경시하는 시스템적 분석"이라고 정의한다.[27] 다시 말해, 국제정치적 속성을 어떻게 볼 것인가 하는 인식론적 패러다임은 상호 비판적 논점을 가진 듯 보이지만, 결과적으로 국제정치체제를 '구조적' 층차에서 접근한다는 공통점이

Relations (Oxford: Oxford University Press, 1990); Ole Wæver, "The Rise and Fall of the Inter-paradigm Debate," in Steve Smith, Ken Booth, and Marysia Zalewski (eds.), International Theory: Positivism and Beyond (Cambridge: Cambridge University Press, 1996), pp. 149-185 참조.

24) 국제정치학의 구조중심적 접근에 대한 비판은 Mark Schafer and Stephen G. Walker (eds.), Beliefs and Leadership in World Politics: Methods and Applications of Operational Code Analysis (New York: Palgrave, 2006), pp. 3-25 참조.

25) Steve Smith, "Diversity and Disciplinarity in International Relations Theory," in Tim Dunne, Milja Kurki, and Steve Smith (eds.), International Relations Theories: Discipline and Diversity (Oxford University Press, 2007), pp. 4-9.

26) Robert Keohane, "International Institutions: Can Interdependence Work?," Foreign Policy 110, Special Edition (1998), pp. 82-96; Marc Genest, Conflict and Cooperation: Evolving Theories of International Relations (New York: Thomson/Wadsworth, 2004), pp. 124-132; Colin Hay, Political Analysis: A Critical. Introduction (New York: Palgrave, 2002), pp. 13-28.

27) Robert Jackson and George Sorensen, Introduction to International Relations (Oxford: Oxford University Press, 2012), p. 169.

있다.

그런데 문제는 "국가와 기구 및 제도는 정신(psyche)이나 감정(emotion)이 없지만, 그 국가와 기구 및 제도를 운영하는 인간은 생각(정신)과 감정을 가지고 있으며 자신의 정신적 필요나 욕구를 정치적 단위에 투사"한다는 것이다.[28] 예를 들어, "대북제재에 대해 중국이 개입하여"라고 할 때, 여기서 반대를 표명한 대상은 구체적으로 중국을 대표하는 '인간'(개별 행위자)이다. 그런데 중국을 집합적인 하나의 행위체로 인식하는 구조중심적 접근에서는 정책결정자(개별행위자)의 '차이'는 고려대상이 되지 않는다. '국가'로 대표되어 집합적으로 인지하는 그 어떤 정책도 사실은 특정 개별행위자의 선택과 결정이며, 정책결정자의 '인식'과 '가치관'의 반영임에도 말이다.

이와 같은 관점에서 2010년 리처드 네드 리보(Ricarhd Ned Lebow)의 전쟁 원인에 대한 연구[29]와 2013년 발표된 에밀리 하프너 버튼(Emile Hafner-Burton)과 알렉스 휴스(Alex Huges), 데이비드 빅터(David Victor)의 연구[30]는 매우

28) 이에 대한 논의는 네드 리보(Richard Ned Lebow)와 제렐 로사티(Jerel A. Rosati)의 연구에서 찾아볼 수 있다. Richard Ned Lebow, "The Past and Future of War," International Relations, 24-3 (2010), p. 243; Jerel A. Rosati, "The Power of Human Cognition in the study of World Politics," International Studies Review 2-3 (2000), p. 47.

29) 그는 개별행위자의 층차에 집중한 연구를 통해 '국가 간의 전쟁이 인간의 정신적인 감정, 자존감이나 자부심을 지키거나 얻기 위한 감정적 동기에서 비롯됨'을 입증했다. 그는 1648년부터 2003년까지 발생한 다양한 형태의 전쟁 관련 데이터 분석과 가설검증을 통해 감정적 · 심리적 요소를 간과한 기존의 전쟁 이론들(힘의 균형론, 합리주의 이론, 세력전 이론 등)의 예측이 관측된 데이터 및 역사적 사실과 부합하지 않음을 입증했다. Richard Ned Lebow, "The Past and Future of War," International Relations 24-3 (2010), pp. 243-245 참조.

30) 이 연구는 2002년부터 2006년까지 미국과 북한 사이의 핵무기 관련 협상에서 미국의 정책결정자들(조지 부시, 리처드 체니, 도널드 럼스펠드, 콘돌리자 라이스, 콜린 파월)의 개인적인 외교 경험과 정치신념이 실제 정책 결정과 협상 과정에서 어떻게 작용했는지를 보여주고 있다. 특히, 북미 협상을 설명할 수도 있을 것으로 예상되는 여타의 잠재적 설명이론들, 예컨대 합리적 선택론이나 '이라크 피로(Irag Fatigue)' 가설 등을 점검하고 심리인지적 접근법과 비교하면서 심리인지적 이론의 설명적 우위를 입증하고 있다. Emile Hafner-Burton et al., "The Cognitive Revolution and the Political Psychology of Elite Decision Making," Perspectives on Politics 11-2

주목할 만하다. 최근 국제정치학계의 주목을 받는 이들의 연구성과[31]가 공통적으로 보여주고 있는 것은 외교정책 결정이 정책결정자 개인의 인지심리학적 렌즈를 통해 좀 더 정밀하게 이해될 수 있다는 것이다.

여기서 필자가 강조하고자 하는 것은 구조적 접근이 한계가 있으며, 개인층차의 심리 또는 인지적 연구방법이 더 우월하다는 것이 아니다. "구조와 구조적 속성은 원천적으로 인간의 행위에서 발생하며, 또 개인의 행위도 구조에 상호 영향을 받으며 상호작용"[32]하므로 구조와 행위자 간의 상관관계나 인과관계가 중요하다는 것이다. 그렇다면, 구조와 행위자 간의 '관계성'을 어떻게 과학적으로 접근하여 연구에 적용할 수 있을까? 이와 같은 문제의식에서 출발한 학문이 바로 시스템 다이내믹스(systems dynamics)다.

2) 구조와 행위에 대한 시스템 사고적 접근

시스템 다이내믹스는 이미 발생한 결과적 '행태(행위)'를 구조적 연계작용 안에서 분석하는 방법론이다. 이 연구방법은 행태주의 연구에 대한

(2013), pp. 368-386 참조.

31) 마이클 새든(Michael N. Shadeen)과 조슈아 골드(Joshua L. Gold)는 2004년 연구를 통해 신경생리학(neurophysiology)이 정책 결정에서 "인지의 창(window on cognition)"으로 작동할 수 있음을 시뮬레이션 방식으로 보여준다. Michael N. Shadeen and Joshua L. Gold Shadeen, "The Neurophysiology of Decision Making as a Window on Cognition,"in Michael S. Gazzaniga (ed.), The Cognitive Neurosciences (Cambridge: MIT Press, 2004), pp. 1229-1241.

32) Colin Wight, Agents, Structures and International Relations (Cambridge: Cambridge University Press, 2006), pp. 98-126.

비판에서 시작하여 행위와 구조 간의 밀접한 관계, 그 행태의 변화를 만드는 인과관계에 초점을 맞추므로 '구조주의 연구'의 일종으로 불린다. 시스템 다이내믹스 학자들은 정책결정자의 행위 원인을 특정 사건이나 수량적 통계 정보로 보지 않고 시스템의 구조로 본다. 따라서 시스템 다이내믹스학에서 강조하는 개념은 행위 내부의 '동태적 구조'를 관찰하는 것이다. 아래 〈그림 1-1〉에서 보는 바와 같이 행태주의에서는 관찰의 세계에서 보인 '행위'가 연구대상이 된다. 그 행위를 가능하게 하는 이면의 '동태적 행태 유형(dynamic pattern of behavior)'은 연구대상이 되지 않는다. 그러나 시스템 다이내믹스학에서는 관찰의 세계에 드러나는 '행위'는 반드시 그 행위를 가능하게 하는 구조적 패턴과 함께 이해되어야 한다고 주장한다. 구조와 행위는 상호 연계 작용하고 있기 때문이다.

이렇게 구조와 행위가 서로 분리된 것이 아니라 상호 연계 작용한다는 전제 하에서는 연구방식이 행태주의에서 익숙한 '다중회귀 방정식' 모델이 아니라 '상호 관계성'에 초점을 맞춘 상호 순환적 인과관계가 된다. 이와 관련해서는 한국 시스템 다이내믹스 학자들의 잘 정리된 논의가 있

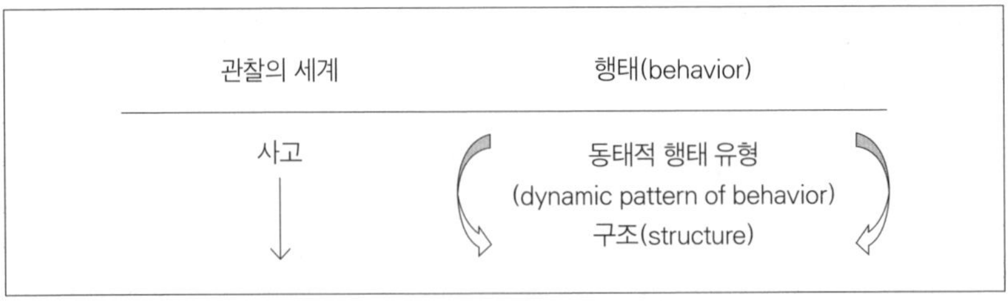

〈그림 1-1〉 시스템 다이내믹스[33]

33) 김도훈 · 문태훈 · 김동환, 『시스템 다이내믹스』(대영문화사, 1994), 39쪽.

다.[34] 예를 들어, 어떤 국가의 국방비가 갑자기 증가했을 때, 그 원인이 무엇인가를 찾기 위해 행태주의로 접근하는 방식은 종속변수를 국방비로 두고 나머지 관련 독립변수를 통제하여 원인을 찾아내려고 한다. 다중회귀 분석방법(multiple regression equation)으로 인과관계를 정리하면 아래와 같은 〈그림 1-2〉가 가능할 것이다.

그런데 이러한 사고체계는 다음과 같은 전제를 가정한다. 첫째, 인과관계는 단일 방향으로만 흐른다. 즉, 독립변수가 종속변수(국방비)에만 영향을 준다는 것이다. 둘째, 요인(독립변수)들이 상호 간에 독립적이라고 가정한다. 셋째, 종속변수에 대한 요인들 간의 상대적 중요성이 고정되어 있다. 넷째, 요인들이 어떻게 종속변수에 영향을 주는지에 관한 메커니즘은 중요하지 않다. 그런데 사실상 이러한 가정들은 현실을 정확하게 반영하지 못한다. 현실적으로 볼 때 인과관계는 단일 방향으로만 흐르는 것이 아니라 쌍방향으로 흐르며, 독립변수들은 상호 독립적이 아니라 상호 의존적이다. 요인들 간의 상대적 중요성도 고정된 것이라기보다는 시간이 흐름에 따라 변화된다. 문제 해결을 위해서는 문제의 요인을 찾아내는 것 외

국방비 = b0 + b1(적대국 국방비) + b2(정치 요인) + b3(경제 요인) + b4(외교 요인)
종속변수: 국방비
독립변수: 적대국 국방비, 정치 요인, 경제 요인, 외교 요인
bi = 계수(독립변수 간의 상대적 중요성을 나타냄)

〈그림 1-2〉 국방비 증가 원인 – 다중회귀 분석방법[35]

---

34) 김도훈 · 문태훈 · 김동환, 위의 책(1994), 29-31쪽.

35) 김도훈 · 문태훈 · 김동환, 위의 책(1994), 39쪽; G. P. Richardson, Feedback Thought in Social Science and Systems Theory (Philadelphia: University of Pennsylvania Press, 1991).

에도 요인들이 어떻게 문제를 일으켰는지에 대한 이해가 필요하다. 왜냐하면 현대사회에서는 문제를 일으키는 요인들 혹은 문제와 관련된 이해당사자들 사이의 상호 연관성이 점점 강화되고 있기 때문이다. 과거에도 환경문제는 존재했다. 그때는 환경문제를 일으키는 요인 간의 상호 의존성 및 환경문제와 관련된 주요 행위자들 간의 이익에 연관성이 적어 가볍게 여겨졌다. 그러나 지금은 그것들 간의 상호 연관성 및 의존성이 매우 커져서 환경문제의 심각성이 진지하게 논의되고 있다. 이와 같은 사고는 하나의 '행태'를 분석하면서 그 행태를 가능하게 하는 구조적 요인의 중요성을 인식하고 구조-행위체 간의 상호작용을 분석해야 함을 강조한다. 따라서 위의 국방비 증가 원인에 대해 시스템 다이내믹스 방법론을 적용하여 인과관계를 도식화하면 다음 그림과 같다.

시스템 다이내믹스 학자들은 국방비 증가 원인을 다양한 순환적 피드백 루프로 이해한다. 이것은 단일 방향적 인과관계에서 순환적 인과관계로, 문제요인 간의 독립성에서 상호 의존성을 강조하는 것이다. 아래 〈그림 1-3〉을 보면, 처음에는 국방비를 결정하는 요인으로 적대국 국방

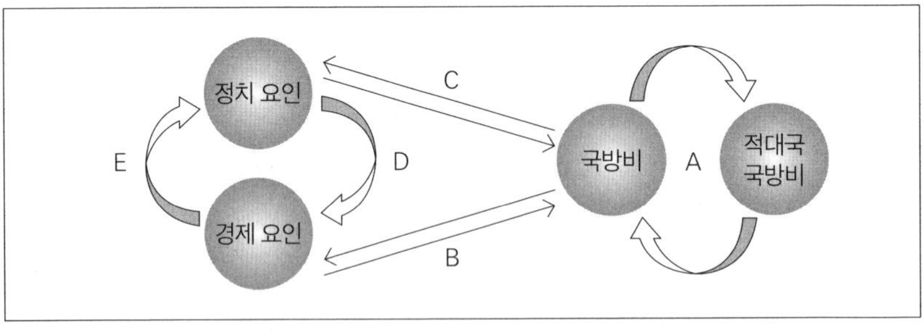

〈그림 1-3〉 국방비 증가 원인 – 시스템 다이내믹스[36]

36) 김도훈 · 문태훈 · 김동환, 위의 책(1994), 39쪽; G. P. Richardson, Feedback Thought in Social Science and Systems Theory (Philadelphia: University of Pennsylvania Press, 1991).

비(피드백 루프 A)가 중요하다. 그러나 국방비가 증가함에 따라 경제 요인(피드백 루프 B)이 더 중요해질 수도 있다. 다시 말해, 아무리 적대국이 위협을 가중해도 경제적 부의 뒷받침 없이는 무기의 개발이나 생산, 구매가 어려워질 수도 있다. 또한 상황 변화에 따라 피드백 루프 D, E가 더 중요한 요인이 될 수도 있다. 예를 들면, 국내의 정치적 불안을 밖으로 돌리기 위해 국제 간의 위협이나 전쟁을 조장하는 일처럼 말이다. 이처럼 시스템 다이내믹스는 시간과 상황의 변화에 따라 독립변수 간의 상대적 중요성도 달라질 수 있다고 본다. 그래서 이 사고방식은 문제를 한 장의 사진과 같이 정태적으로 파악하려 하지 않고 지속해서 상호 영향을 주고받는 동태적 관계로 이해한다. 즉, 행위를 설명하기 위해 그 행위를 가능하게 한 행위 이면의 동태적 구조와 패턴을 알아야 한다는 것이다. '행위'를 설명하기 위해 행위 내면의 시스템 구조(dynamic pattern of behavior)를 함께 사유하는 이러한 방식은 중국 고대 『주역』의 사상이나 중의학의 침술과 매우 비슷하다. 시스템적 접근이 이미 행위와 구조에 대한 연계접근 방식을 가지고 있다는 점에서 외교정책학 연구에도 매우 유의미한 시사점을 던지고 있다. 이 연구방법이 중국 외교정책 방법론 연구에 던지는 또 하나의 시사점은 시스템 다이내믹스학의 핵심개념인 '시스템 사고'에 있다. 이 개념은 정책학과 국제관계학의 핵심 전제인 '합리성'에 대한 재검토에서 시작된다.

3) 정책결정자의 합리성에 대한 재탐색의 필요성

현대 국제관계학은 국제체제의 속성을 어떻게 인식할 것인가 하는 인식론과 더불어 과학적인 연구방법에 대한 지속적인 논쟁을 통해 발전해왔다.[37] 그런데 무엇이 더 '과학적'인 분석방법인가에 대한 논쟁은 있지만, 체제적 분석 수준에서 행위체(국가)의 선택이 합리적이라는 공통의 전제를 부정하지는 않는다.[38] 국제관계에서의 최상은 반드시 '국익'을 극대화하는 결정이며, 국익의 극대화는 곧 비용편익 분석을 통해 도달한 '최적(optimal)'의 결과인 합리적 결정이다.[39] 여기서 강조하고 싶은 것은 그것이 개별행위자의 분석 수준이든 국가적 분석 수준이든 정책학적 접근의 기본 전제가 되는 '합리성(rationality)'에 대한 의문이다. 사실 합리성은 정책결정 연구에서 매우 보편적인 개념이다. 이 개념을 중국 외교정책에 도입한 대표적인 학자는 베네딕트 호위디스(Benedikt Höwedes), 해리 하딩(Harry Harding), 도크 바넷(A. Doak Barnett)이다.[40] 합리성을 전제로 한 중국의 정책 연

37) 국제정치학 방법론에 대한 주요 연구로는 Hedley Bull, "International Theory: The Case for a Classical Approach," in Klaus Knorr and James Rosenau (ed.), Contending Approaches to International Politics (Princeton: Princeton University Press, 1969), pp. 20-38; Thomas J. Biersteker, "Critical Reflections on Post-Positivism in International Relations," International Studies Quarterly 33 (1989), pp. 263-267; Yosef Lapid, "The Third Debate: On the Prospects of International Theory in a Post-Positivist Era," International Studies Quarterly 33-22 (1989), pp. 235-254 등이 있다.

38) Nata C. Crawford, "The Passion of World Politics Propositions on Emotion and Emotional Relationships," International Security 24-4 (2000), pp. 160-165.

39) Jon Elster, "Emotions and Rationality," in Antony S. R. Manstead, Nico Frijda, and Agneta Fischer (eds.), Feelings and Emotions: The Amsterdam Symposium (Cambridge, UK: Cambridge University Press, 2004), pp. 30-48; Janice Gross Stein, "Foreign policy decision-making: rational, psychological, and neurological models," in Steve Smith, Amelia Hadfield, and Tim Dunne (eds.), Foreign Policy: Theories, Actors, Cases, Second Edition (Oxford: Oxford University Press, 2012), p. 102.

40) 합리성에 기초한 중국의 연구로는 베네딕트 호위디스의 『중국 농업기계화의 정치』, 해리 하딩의 『조직중국: 1949-1976년 관료의 문제』, 도크 바넷의 『불확실성의 과정: 중국 마오시대 전환을 향해 뒤로 돌아가다』, 도로시 솔링거(Dorothy J. Solinger)의 『1949-1980년 사회주의 제도하의 중국상업: 국내상업의 정치』 등이 있다.

구[41]에서 대외정책이란 '이익 최대화' 원칙이라는 명확한 대외정책 목표에 근거하여 최소의 대가로 최대 효율을 만들어내는 선택 과정이다. 이와 같은 접근은 다음과 같은 중요한 이론적 가설을 전제한다. 첫째, 정부는 하나의 통일체로, "정부는 인격화된 하나의 주체로서 국가의 이익을 추구하는 합리적 행위자"로 상정된다. 이들에게 한 국가의 외교정책이란 "통일된 국가 정부가 채택한 목표가 있는 행동"이다. 하지만 실제로 한 국가 내부는 복잡한 정치 시스템을 가지며, 다양한 요소가 국가의 대외정책에 영향을 줄 수 있다. 따라서 정책결정자가 다른 요인에 영향을 받지 않는 것은 불가능하다. 둘째, 정책 결정 과정은 정보의 완전무결성과 정보에 대한 완전한 의존성을 전제로 한다. 그런데 정책결정자는 어떤 문제에 대한 전면적인 정보를 가질 수 없을 뿐 아니라 다양한 방안을 고려할 수 있다. 실질적으로는 적지 않은 불완전한 정보들이 존재하며, 정보를 제공하는 사람은 자신의 목적에 부합하게 하기 위해 정보를 고의로 삭제하거나 수정할 가능성도 존재한다. 또 다른 측면에서 정보를 받아들이는 사람이 정보에 대한 선입견을 가지고 있을 가능성도 존재한다. 다시 말하면, 정책결정자의 행위방식에 대한 평가는 객관적이지만 구체적인 정책 결정 과정에서 시간의 긴박성, 정책 결정 환경의 압력이 종종 이와 같은 상황을 불가능하게 만들 수 있다는 것이다. 그 밖에 정책결정자가 반드시 국가이익만을 정책 목표로 하지 않을 상황은 원천적으로 배제된다. 이렇게 만약 모든 국가의 결정

41) Lampton, David M., "Chinese politics: the bargaining treadmill," Changes And Continuities In Chinese Communism (Routledge, 2019), pp. 186-210. 데이비드 램턴은 관료제도 하에서 협상제도가 도입된 이유는 합리성에 가까이 다가가기 위한 방법을 통해 균등분배에 도달할 수 있으며, 최소한 어떤 사람이라도 이 같은 하나의 신념은 있다고 주장한다. A. Doak Barnett, China's economy in global perspective (Washington, D. C.: Brookings institution, 1974). 도크 바넷은 중국 대외경제 정책결정 과정 중 지도자의 합리성 인식과 대응방식은 정책결정 과정과 정책 실행에 관건이 되는 요소라고 말했다.

을 '합리적'이라고 전제한다면, 현실에서 종종 나타나는 경제적 이익과 무관한 '비합리적' 외교 행위는 어떻게 설명해야 하는가? '합리성'이라는 개념의 한계는 이미 정책학 내에서도 '제한적 합리성(bounded rationality)'을 주장하는 허버트 사이먼(Herbert A. Simon)과 아론 윌다브스키(Aaron Wildavsky) 등 학자들을 통해 비판돼왔다.[42] 외교정책학에서는 올레 홀스티(Ole R. Holsti) 등의 학자가 합리성 인지의 한계(cognitive constraints on rationality)를 제시했으며, 이는 외교학에서의 심리인지 연구로 발전했다. 대표적인 학자로는 마거릿 허먼(Margaret G. Hermann), 올레 홀스티, 로버트 저비스(Robert Jervis), 알렉산더 조지(Alexander George), 야코프 베르츠베르거(Yaacov Y. I. Vertzberger), 데이비드 액셀로드(David Axelod), 로즈 맥더모트(Rose McDermott) 등이 있다. 심리인지 모델의 연구자들은 정책결정자의 "권력, 이익 같은 핵심개념에 대한 인지가 관건"이라고 말한다. 왜냐하면 그들이 말하는 모든 것은 기본적으로 "권력과 이익에 대한 개인의 인식"에서 만들어질 수밖에 없기 때문이다.[43] 인지 분석은 미시외교 정책결정 과정 분석에서 오퍼레이셔널 코드(operational code), 인지지도, 이미지 등의 개념을 좀 더 구체화하면서 전개되었으며,[44] 그중에서도 액셀로드가 1976년 발표한 『정책 결정의 구조』라는 책은 앞서 시스템 다이내믹스학이 강조하는 '순환적 인과관계', 즉 피드백 루프(feedback loop) 개념을 제시했다는 점에서 중요한 의미를 가진다.

---

42) Simon, H. A., "From Substantive to procedural rationality," in S. J. Latsis (ed.), Method and Appraisal in Economists (London: Cambridge University Press, 1976), pp. 130-131; Simon, H. A., "Decision-making and administrative organization," Public Administration Review, 4, 1945, pp. 16-31.

43) 李志永, 「外交政策分析的路径与模式」, 『外交评论』 第6期(2011年), 第108-109页.

44) 알렉산더 조지에 따르면, 다른 개인의 신념을 결정하는 방법은 주로 10가지 다른 질문, 즉 5개의 '철학적 신념'과 5개의 '기능적 신념'으로 나누어진다. 분석가는 이 10가지 질문에 대한 답을 연구함으로써 연구대상의 핵심 신념을 파악하여 연산부호(opcode)를 분석할 수 있다고 본다.

4) 합리성에 대한 시스템 사고적 접근

시스템 다이내믹스 학자들은 합리성이란 절대적일 수 없으며, 합리성의 가정 또한 중요한 의미를 지닐 수 없다고 지적한다. 따라서 정책연구에서는 합리성의 절대적 지위가 중요한 것이 아니라 합리성과 관련 있는 변수를 연구하는 것이 더 의미 있다고 주장한다. 정보, 시간, 비용 등 정책 결정에 영향을 주는 수많은 다양한 변수가 정책결정자의 결정에 영향을 주기 때문이다. 시스템 다이내믹스 학자들은 합리성의 절대성을 강조하기보다는 시스템의 구조를 더욱 강조하는데, 이런 의미에서 시스템 다이내믹스 학자들은 '합리적 사고'라는 용어보다 '시스템 사고'라는 표현을 즐겨 사용한다. 이 같은 개념의 분석은 한국 시스템 다이내믹스 학자인 김동환의 논문에서 자세하게 설명되어 있는데,[45] 그는 사고방식을 구별하는 각도에서 합리적 사고와 시스템 사고의 차이점을 설명한다. 수많은 자료를 수집한 후 논리적 분석을 통해 정책을 결정한 정책결정자는 아마도 자기 자신을 매우 합리적이라고 생각하겠지만, 그가 시스템 사고를 한다고 단정할 수는 없다. 반대로 정책운용 구조와 작동 메커니즘을 이해하고 정책을 결정한 정책결정자는 시스템 사고를 한다고 간주할 수 있지만, 합리적 사고를 하지 못 할 수도 있다. 합리적 사고와 시스템 사고를 독립적인 차원으로 간주할 수 있다면, 합리적 사고를 하나의 차원으로 하고, 시스템 사고를 다른 하나의 차원으로 하여 정책결정자의 사고방식을 구분할 수 있을 것이다. 즉 한편으로는 합리적 사고의 강하고 약한 정도에 따라, 그리고 다른 한편으로는 시스템 사고에 충실한 정책결정자와 단선적 사

45) 김동환, 『시스템 사고』(선학사, 2004), 93쪽.

고에 치중하는 정책결정자를 구분할 수 있다. 합리적 사고가 약한 사고방식을 '제한된(limited)' 사고라고 부르는 이유는 전통적으로 학자들이 '제한된' 혹은 '제약된(bounded)' 합리성이라는 용어를 사용했기 때문이다. 시스템 사고가 강한 것을 '시스템 사고'라고 부르고 약한 것을 '단선적 사고'라고 부르는 이유 역시 시스템 다이내믹스 학자들의 관례에 따른 것이다. 여기서 가장 바람직한 사고방식은 합리적 시스템 사고이며, 가장 우려할 만한 사고방식은 제한된 단선적 사고다. 그런데 제한적인 시스템 사고와 합리적 · 단선적 사고 중에 어떤 것이 더 바람직한가는 여전히 토론거리다. 시스템 다이내믹스 학자들은 제한된 합리성을 지니더라도 시스템 사고를 수행하는 것이 아무리 합리적으로 사고하더라도 단선적으로 사고하는 것보다는 낫다고 주장한다. 아마도 행태론에 입각한 학자들은 단선적으로 사고하더라도 시스템 사고를 비합리적으로 하는 것보다 낫다고 주장할 것이다.

행태주의가 사회과학의 과학화에 지대하게 공헌한 것을 부정하는 것은 아니지만, 정책결정자의 행태(행동/행위)를 완전한 피동으로 봄으로

합리적 사고 정도 ⇩ / 시스템 사고 정도	시스템 사고	단선적 사고
강한 합리성	합리적 / 시스템 사고	합리적 / 단선적 사고
약한 합리성	제한된 / 시스템 사고	제한된 / 단선적 사고

〈그림 1-4〉 합리적 사고와 시스템 사고[46]

46) 김동환, 『김대중 대통령의 시스템 사고』(선학사, 2004), 93쪽.

써 인간의 행태가 가진 주동성, 동태성 등의 특징을 소홀히 했다는 비판에서 자유롭지는 못하다. 이것은 행태주의가 가진 본질적 한계이기도 하다. 사실 인간 행위의 피동성과 그 한계를 극복하고자 탄생한 학문이 시스템 다이내믹스이며, 이 관점에서 '합리성'의 가정은 절대적 지위를 상실한다. 김동환은 주식시장의 예를 통해 왜 합리성이라는 가정이 시스템 다이내믹스 학자들에게 절대적이지 않은지를 설명한다. 예를 들어 다음의 세 사람 ― ① 복잡한 투자 알고리즘을 공부한 후 투자한 사람, ② 단순하게 투자한 사람, ③ 다른 사람의 투자방식을 그대로 모방하여 투자한 사람 ― 이 똑같이 투자에 성공하여 큰 이익을 얻었다고 하자. 그렇다면, 우리는 이들 중에서 누구를 가장 합리적인 투자자라고 할 수 있는가? 복잡한 투자 알고리즘을 알고 판단하여 최대 이익을 얻은 투자자와 단순히 다른 사람의 투자방식을 모방하여 손쉽게 이익을 얻은 투자자의 이윤이 같다면 가장 현명한 투자자는 누구인가? 여기서 시스템 다이내믹스 학자들은 과연 인간의 합리성이 정책 연구의 유효한 판단기준이 되는지를 다시 질문한다. 결론은 합리성이란 결과의 도출 이전에 판단할 수 없다는 것이다. 그러므로 정책 결정 과정 연구에서 합리성의 존재 여부를 판단하는 것만이 반드시 의미가 있는 것이 아니며, 오히려 합리성과 상관 있는 변수들을 연구하는 것이 더 도움이 될 수 있다는 결론에 도달한다. 여기서 시스템 다이내믹스 학자들이 말하는 변수란 정책결정자가 시간과 비용 같은 정책결정에 영향을 미치는 서로 다른 유형의 정보로 이러한 다양한 정보를 통해 가설에 대해 추론하거나 예측해볼 수 있게 된다. 시스템 다이내믹스 학자들은 이러한 가설이 합리적인지 아닌지를 따지는 것은 무의미하다고 본다. 문제는 가설의 합리성이 아니라 현실에 만족할 만한 결과를 도출해내는지를 판단하는 것이다. 이렇게 합리성이 가지는 절대적 지위를 부정하고 시스템의 구조성을 강조하는 사고를 '시스템 사고(system thinking)'라고 하며, 이는 '합리성 사고'의 절대적 지위를 강조하지 않는 시스템 다이내믹스의 핵심개념이다. 따라서 결론적으로 대다수의 시스템 사고 학자들(Forrester, 1993; Rechardson, 1991; Richmond, 1993; Senge & Sterman, 1992)이 주장하는 시스템 사고의 특징은 다음과 같다.[47] 첫째, 시스템 사고는 문제요인들의 순환적 인과관계(circular causality)와 피드백 루프(feedback loop)를 주장하는 행위와 구조의 연계접근을 강조한다. 종속변수와 독립변수의 구분은 더 이상 유지될 수 없으며, 결국 모든 인과관계가 순환적인 관계로 귀결된다. 시스템 다이내믹스 연구자들은 이를 '피드백 루프에 의한 순환적 과정(circular process as feedback loop)'이라 부른다. 둘째, 시스템 사고는 문제를 유발하는 원인이 고정된 것이 아니라 시간의 흐름에 따라 변하는 것이라고 보므로 절대적 합리성을 전제하지 않는다.

47) 시스템 다이내믹스 연구방법에 기반을 둔 주요 논문과 저서로는 Barlas, Yaman, "System dynamics: systemic feedback modeling for policy analysis," System 1.59 (2007); Xu, Z. X., et al., "Sustainability analysis for Yellow River water resources using the system dynamics approach," Water Resources Management 16.3 (2002), pp. 239-261; Morecroft, John D. W., "System dynamics: Portraying bounded rationality," Omega 11.2 (1983), pp. 131-142 등이 있다.

5.
시스템 사고의 제안

'시스템 사고'라는 개념은 20세기 초인 1970년대에 서양 사회과학의 정량적 분석의 한계를 제시하며 나타난 개념이다. 이 개념 이전에 다수의 사회과학 연구는 종속변수와 독립변수 2개만으로 변수를 통제하여 문제를 해결하고 분석하려고 한 나머지 변수와 변수 간에 발생할 수 있는 모든 상관관계에 대해서는 소홀할 수밖에 없었다. 하지만 중국의 고대 주역 사상은 이미 변수 간의 상호관계와 영향에 대해 인식하고 있었다. 시스템 다이내믹스에서 강조하는 개념의 바탕이 이미 중국 고대 주역 사상 속에 내재하고 있었다. 주역은 이 세상을 생성과 변화를 반복하는 변동의 세계로 보고, 존재의 세계로 한정하지 않는다. 따라서 인간의 행위 역시 존재로서 고정된 실체가 아니라 변동할 가능성을 내포하고 있다고 본다. 이러한 개념은 시스템 사고의 개념 도출과 매우 유사하다. 고대에서 근대까지 서양의 연구가 단선 사유 구조에 기초하고 있다고 한다면, 중국의 사유방식은 고대로부터 이미 순환적 피드백 루프(시스템 사고)를 가지고 있다고 볼 수 있을 것이다. 결론적으로 시스템 사고는 수많은 인과관계를 가진 변수 간의 조합을 통해 인과지도를 도출하고 그 안에서 피드백 루프를 찾아낸다. 인과지도 안에 피드백 루프 유무는 정책결정자의 '시스템 사고'를 판단하는 주요 기준이 된다. 중국학자 왕판은 『새로운 방향: 복잡시스템 사고와 중국외교정책규칙』이라는 책에서 최초로 복잡시스템 사고를 중국 외교전략 연구에 활용하려고 노력했으며, 이것은 중국 외교정책 연구에 하나의 새로운 장을 열었다.[48)]

세계화가 심화하고 국제경제의 상호 의존성이 지속해서 강화되고 있는 오늘날, 국제 상호 합작의 필요성과 국가 이익 간의 딜레마적 상황은 각국이 신중하게 생각하고 대응해야 할 중요할 문제다. 현재 중국은 외부세계의 중국에 대한 위협론과 경제붕괴론 등의 부정적 견해를 극복하고 부패와 빈부격차 등 국내 사회문제에도 대응해야 하는 이중적 부담을 가지고 있다. 이런 상황에서 중국 정책결정자가 처리해야 할 문제는 점점 더 복잡해지고, 반드시 고려해야 할 관련 요소들도 더욱 많아지고 있다. 현대 연구자들도 복잡성, 조직성, 전체성이라는 새로운 연구과제에서 결코 자유롭지 못함은 자명하다. 그러나 현재까지 중국 정책연구 중에서 시스템 사고분석을 이용하여 정책결정 과정을 분석한 사례는 찾기 어렵다.

1) 중국 대외정책 분석의 새로운 방법론 적용

외교정책 결정 과정은 본래 매우 다양한 요소가 서로 영향을 미칠 수

48) 王帆, 『新开局: 复杂系统思维与中国外交战略规划』(北京: 世界知识出版社, 2014年), 第221页.

밖에 없는 구조이므로 단일 변수 분석으로는 행위의 명확한 의미를 결코 파악할 수 없다. 도크 바넷(A. Doak Barnett)은 과거에 이렇게 말했다. "중국 외교정책 결정 과정 중 각종 결정요인 간의 상호 연계성과 우선순위는 평가하기가 매우 어렵다. 관련 요소들의 중요성도 당시의 상황에 근거하여 매 순간 변화한다."[49] 그러므로 필자는 단일 변수는 한 국가의 외교정책이나 정책 결정 과정을 충분히 설명할 수 없다고 본다. 서방 학자들은 중국 외교정책 결정 과정 연구와 외교정책 연구에 대한 기본 방법에서 중국 특색의 사회주의체제 등의 요소를 더욱 고려해야 한다고 주장한다. 제임스 로즈노(James N. Roseneau)는 이러한 단일 변수의 한계를 극복하기 위해 외교정책을 이론화하고, 외교정책결정과정 중의 수많은 관련 요소들을 연계하여 정책을 분석하고자 했다. 그의 연구에서 최대 공헌은 외교정책 연구의 이론화에 있다. 동시에 그는 외교정책 결정 과정 중의 수많은 관련 요소들과 연계하여 정책을 분석하려고 시도했다. 그는 한 국가의 외교정책을 설명하기 위해 국내외 정책 간의 관계를 종합 분석하는 5개의 핵심변수를 제시했다. 개인변수(individual variable), 역할변수(role variable), 정부변수(governmental variable), 사회변수(social variable), 체제변수(system variable)가 그 구체적인 내용이다.[50] 첫째, 개인변수는 국가의 외교정책을 결정하고 집행하는 과정에서 정책결정자의 특정 성격, 가치관, 사상체계, 경험과 인지 등을 의미한다. 둘째, 역할변수는 개인 요소와 무관한 정책결정자의 지위와 역할을 의미한다. 셋째, 정부변수는 정책결정자 개인이 결정한 정책이 제

49) A. Doak Barnett, China and the Major Powers in East Asia (Washington D. C. The Brookings. 1977), p. 7.

50) James N. Roseneau, Pre-Theoreis and Theories of Forein Policy in Barry, Farell, ed., Approaches to Comprative and International Politics (Evanston: Northwestern University Press), 1966, pp. 43-44.

한하거나 강화할 수 있는 일종의 정부조직체제를 말한다. 넷째, 사회변수는 사회여론의 추세, 산업화 정도, 민족단결 등 외교정책의 비정부 요인을 의미한다. 다섯째, 체제변수는 국외에서 발생하는 상황, 행위, 이데올로기상의 서로 다른 견해 등을 포함한다. 그는 또한 한 국가의 외교정책을 분석하기 위해 다섯 가지 변수의 상대적 잠재성(relative potency), 국가영토의 크기(size), 경제발전의 정도(state of the economy), 정치체제의 특징(state of the polity) 등도 주요 변수로 고려했다. 그는 다섯 가지 변수와 세 가지 분석기준에 기초하여 8개 국가를 예시로 제시하고 외교정책 결정 과정을 분석했다. 제임스 로즈노가 제작한 외교정책 변수와 예시는 아래와 같다. 그중 역할 변수는 개인변수 안에 포함된다.

그의 분석방법에 따르면, 중국 외교정책 분석에서 가장 주요한 변수는 개인변수다. 현재 중국 외교정책 연구 중에서 중국 지도자에 대한 연구는 있지만, 다수의 연구가 개별 지도자의 정책 결정 과정 중의 복잡성과

〈표 1-1〉 제임스 로즈노의 외교정책 분석[51]

영토 크기	대국				소국			
경제발전 정도	선진국		개발도상국		선진국		개발도상국	
정치체제	개방	폐쇄	개방	폐쇄	개방	폐쇄	개방	폐쇄
외교정책에 영향을 주는 우선순위	사회 정부 체제 개인	개인 정부 체제 사회	개인 사회 체제 정부	개인 정부 체제 사회	체제 사회 정부 개인	체제 개인 정부 사회	개인 체제 사회 정부	개인 체제 정부 사회
예시	미국	소련	인도	중국	네덜란드	그리스	잠비아	태국

51) James N. Roseneau, Comparing Foreign Policy: Why, What, How in Janmes N. Roseneau, ed., Comparing Foreign policies: Theoreis Finding and Methods, p. 29.

연계성 부분에 대한 연구까지는 진행되고 있지 못하다.

중국학자 왕판은 『새로운 방향: 복잡시스템 사고와 중국외교정책규칙』이라는 책에서 복잡한 '시스템 사고'라는 개념을 중국 외교전략 결정과정에 소개하여 중국 외교정책 결정에서 시스템 사고를 활용하려는 첫 시도를 했다. 저자는 '시스템 사고'라는 개념 설명에 거의 80% 이상을 할애하여 비교적 자세하게 서술하려고 노력했으며, 현재 중국의 외교형세와 전략규칙에서 시스템 사고의 필요성을 역설했다. 이 책은 중국 외교정책 결정 과정에 새로운 개념을 도입하여 분석했다는 면에서 충분한 의의가 있다고 판단되지만, 행태주의에 대한 대안으로서의 시스템 사고 개념과 '시스템 다이내믹스'라는 학문 안에서 핵심개념으로서의 시스템 사고에 대한 깊이 있는 이해와 분석에는 이르지 못했다는 한계가 있다. 또한 시스템 사고가 무엇인지를 개념적으로 서술하려고 하는 시도는 좋았으나 이를 바탕으로 한 실증분석을 해 보이지 않음으로써 분석상의 한계를 노출했다. 본 연구는 왕판의 『새로운 방향: 복잡시스템 사고와 중국외교정책규칙』에 기초하여 시스템 사고에 대한 개념을 좀 더 깊이 있게 분석하고 구체적인 사례를 통해 이를 실증 분석하고자 한다.

본 연구가 시스템 사고의 중요성을 강조하는 이유는 이 분석이 여타의 분석모델과는 확연하게 다른 특징을 가지고 있기 때문이다. 시스템 사고를 확인하기 위해서는 정책변수 간의 상호 연결관계 인식을 보여주는 인과지도가 필요한데, 이는 정보의 모형화와 종합화를 구축하는 방법이다. 이를 통해 연구자는 연구대상의 개방성, 조직성, 복잡성 등의 인지를 확인할 수 있다. 인과관계 중 '피드백 루프'는 정책결정자의 시스템 사고를 판단하는 중요한 기준이다. 필자는 정책결정자의 사상체계를 분석하기 위해 시스템 다이내믹스학의 인과지도 분석방법을 채용하여 정책결정자의 연설문을 분석하고자 한다. 인과지도는 정책결정자의 정책 언어에서 인과관계를 보이는 정책변수들을 추출하여 만들어진 사고체계지도다. 이 방법론의 중요한 의의는 중국 외교정책 결정 과정 분석에 새로운 시각을 첨부했다는 것이다. 과거에 시스템 사고 분석은 미국의 정책연구에서만 주로 쓰였으나 본 연구를 통해 중국 대외정책 연구의 영역을 확장할 수 있을 것이다.

2) 중국 외교정책 연구에서 개인요소

지금까지 서양은 대체로 중국의 정책 결정 과정을 제도의 변화로 이해했는데, 그러한 인식의 밑바탕에는 사회계약론이 있다. 서양의 정치사상은 사회계약론과 함께 발전했으며, 이는 서양 정치학 연구의 진전에 지대한 공헌을 했다. 전통적으로 사회계약론은 정책결정자보다는 상대적으로 제도와 법률 작용을 더욱 중시했다. 이러한 철학적 배경의 영향으로 서양학계는 정부 제도의 건립과 변천, 헌법 및 법률 변화 등의 분석을 통해 중국 정치를 이해하려는 시도를 해왔다. 그러나 중국은 오래전부터 인간을 중심으로 한 정치를 해왔다. 중국 고대 사상가 중의 하나인 유가 경전은 거의 모든 부분에서 인간의 도리와 정치 영역에서 덕성의 작용을 강조하고 있다. 『논어』의 「위령공」 편에는 "사람이 도를 넓히는 것이지 도가 사람을 넓히는 것이 아니다(人能弘道, 非道弘人)"[52]라는 말이 있다. 『순자』의

52) http://hanyu.iciba.com/a/20090805/1738.html

「군자」 편에도 "어지러운 군주는 있어도 어지러운 나라는 없다(有乱君, 无乱国)"[53]라는 말이 있다. 중국의 고대 전통 사상에서 법률의 주체는 사람이며 제도 역시 사람이 제정하는 것임을 강조했다. 제임스 로즈노가 제기한 pre-theory 역시 중국 외교정책 분석의 가장 중요한 변수는 개인변수라고 지적하고 있다. 서양학자인 로버트 저비스는 심리학을 이용하여 정책결정자 분석의 이론적 구조를 확립했다. 그러나 중국의 외교정책 결정 과정 연구에서 지도자의 인지 차이나 사상체계를 분석한 연구는 찾아보기 어렵다. 있다고 해도 모두 행태주의 연구에 바탕을 둔 합리성 모델을 넘어서지는 않는 실정이다. 세계의 정치지도자들은 경제의 세계화와 정치의 본토화 그리고 국제협력과 국가이익 간의 딜레마 상황에 직면하여 점점 더 복잡한 정책 문제와 종합적 분석능력을 요구받고 있다. 이러한 질문에 대해 본 연구는 시스템 다이내믹스 이론의 핵심개념인 '시스템 사고'를 통해 이를 설명해보자 한다.

53) http://www.zhlzw.com/Mind/201003/110182.html

II

시스템 사고란 무엇인가*

* 제2장의 주요 내용은 김동환, 『시스템 사고: 시스템으로 생각하기』(선학사, 2004)의 내용에서 주로 발췌하여 정리했다.

본 연구에서 사용한 시스템 다이내믹스(system dynamics)의 방법론은 시스템 다이내믹스의 핵심개념인 '시스템 사고(system thinking)'를 통해 정책결정자의 외교정책 결정 과정을 분석하는 것이다. 시스템 사고는 "나무를 보면서 동시에 숲을 보는," 즉 부분의 문제로부터 전체의 문제를 보는 시각으로 사물의 표면뿐 아니라 변화의 원리와 구조(피드백 루프)를 이해하고자 하는 것으로 단순한 정태적 분석방식이 아니라 각종 변수 간의 상호영향과 관계를 인식하는 종합적인 사고체계를 말한다.

1.
시스템 사고:
중국 외교정책 결정 과정의 새로운 시각

외교정책 결정 과정 연구에서 정책결정자의 사고체계를 확인하기 위해 로버트 액셀로드(Robert Axelord), 올레 홀스티(Ole Holsti), 매튜 본햄(G. Matthew Bonham) 등의 학자들은 인과지도(cognitive map) 분석방법을 이용한 연구를 진행했다. 로버트 액셀로드는 『정책 결정의 구조(Structure of Decision)』라는 책에서, 인과지도 분석에서 인과관계의 중요성과 그중에서도 특히 피드백 루프의 작용을 강조한다. 현존하는 외교정책 결정 과정 연구에서의 인과지도 분석은 시스템 다이내믹스 학자들의 인과지도 분석방법과 매우 비슷하다. 인과관계에서 '피드백 루프(feedback loop)'의 유무는 정책결정자가 시스템 사고를 하는지 여부를 판단하는 주요 기준이다. 필자는 정책결정자의 사고체계를 분석하기 위해 시스템 다이내믹스학에서 인과지도 분석방법을 빌려 정책결정자의 정책 언어를 분석하고자 한다. 인과지도는 정책결정자의 정책 언어 중에서 인과관계를 가진 변수들을 찾아내어 변수 간에 피드백 루프 구조로 되어 있는 것만 추출하여 보여준다. 본문에서 사용하는 인과지도는 모두 시스템 다이내믹스에서 사용하는 Vesim PLE[1]라는 컴퓨터 프로그램으로 작성했다.

1) Vensim PLE의 전체 명칭은 Ventana Simulation Environment Personal Learning Edition이며, 개인적인 학습 용도로 사용하는 사람들을 위해 프로그램을 무료로 배포하고 있다.

2.
외교정책 결정 연구와 인과관계

홀스티 등의 학자가 이미 합리성 인지의 한계(cognitive constrains on rationality)[2]를 제시했지만, 정책결정자의 합리성 작용은 현재까지도 많은 학자의 연구대상이다. 그중에서도 가장 주목받는 연구는 액셀로드가 1976년 발표한 『정책 결정의 구조』[3]라는 책이다. 그는 인지지도 분석방법을 외교정책 결정에 활용했는데, 인지지도(cognitive map)에서도 피드백 루프(feedback loop)[4] 개념의 중요성을 강조했다. 시스템 사고의 핵심도 피드백 루프에 있다. 많은 정책 결정 시스템에는 피드백 루프가 존재한다. 정책결정자는 환경을 자세히 관찰하고 나서 자신의 행위를 결정한다. 이러한 행위는 크건 작건 모두 환경에 영향을 받아 변화를 가져온다. 정책 결정은 환경에 대한 정보에 기초하지만, 동시에 정책 결정이라는 행위 자체가 환

---

2) Ole Holsti, Foreign Policy Formation Viewed Ognitively (Princeton University Press, 1976), p. 19.

3) Robert Axelrod, Stucture of Decision: The Congnitive Maps of Political Elites (Princeton University Press, 1976).

4) Robert Axelrod, Stucture of Decision: The Congnitive Maps of Political Elites, chapter 3: Theanalysis of cognitive maps (Princeton University Press, 1976), p. 58.

경 변화에 영향을 주기도 한다. 이렇게 함으로써 정책결정자와 환경은 계속해서 상호 영향을 주고받게 된다. 우리는 하루에도 여러 번 컵에 물을 따르는 행위를 하지만, 그 행위 속에 얼마나 다양한 피드백 루프가 통제하고 있는지 인식하지 못하고 있다. 이 행위는 단순하게 표현하면 목마름 → 수도꼭지를 틂 → 물컵에 물을 채움 → 물을 마심이다. 이렇게 자극과 반응의 1차원적 도식으로 단순하게 생각하는 것이 행태주의적 관점이다. 이 경우에 물을 마시는 것은 단순한 일회성 사건에 불과하며 어떤 시스템도 존재하지 않는다. 그러나 이러한 관점은 순환적인 피드백 루프를 빠뜨릴 수 있다. 컵에 물을 담는 행위 또한 결정을 수반한 행동으로 피드백 루프의 통제를 받는다. 컵 안에 물을 담기 전에 물을 얼마만큼 담을지 결정한다. 만약 목이 마르면 물을 많이 담겠지만 그렇지 않다면 적게 담을 것이다. 다음은 컵에 물을 따르는 단계다. 이 과정은 전형적인 피드백 루프다. 컵 안의 물의 양에 대한 정보는 행위결정자의 피드백 루프다. 이 정보에 따라 물의 양을 조절하기 때문이다. 피드백 루프의 존재를 더욱 분명하게 알고 싶다면 눈을 가리고 물을 따라보면 된다. 이 경우에는 피드백 루프가 차단되어 너무 많이 붓거나 너무 모자라게 붓는 상황이 발생한다. 이것이 바로 피드백 루프가 작용하지 않는 상황이다. 처음 시스템 사고를 접하는 사람들은 피드백 루프를 특수하거나 매우 익숙하지 않은 것으로 오해한다. 그러나 피드백 루프는 일상생활의 수많은 부분에서 존재한다. 피드백 루프가 적은 것은 문제되지 않는다. 문제는 대부분의 경우 피드백 루프가 존재한다는 사실 자체를 인식하지 못하는 데 있다. 피드백 루프가 시스템 사고의 핵심인 이유는 수많은 시스템이 다수의 피드백 루프를 가지고 있기 때문이다. 피드백 루프가 적어서 시스템 사고가 필요한 것이 아니라 피드백 루프가 너무 많아서 시스템 사고가 필요하다.

그러나 피드백 루프를 인식하고 사용하는 것은 극소수 사람들의 전유물로 알려져왔다. 1976년 액셀로드는 『정책 결정의 구조』라는 책에서 정책결정자의 인지지도를 연구했다. 인지지도는 정책결정자의 언어에서 정책들 간의 인과관계를 찾아서 분석하는 방법인데, 그는 대부분의 정책결정자에게서 '피드백 루프'를 발견하지 못했다고 서술하고 있다.[5]

액셀로드의 연구는 대부분의 정책결정자가 피드백 루프를 인지하지 못하는 것으로 밝혀졌지만, 이후 후속 연구인 마오즈(Zeev Maoz)의 인지지도 연구는 정책결정자가 피드백 루프를 인지하고 있음을 확인했다. 이와 관련하여 마오즈는 다음과 같이 말했다.

> "이 순환은 다음과 같이 설명될 수 있다. 원자폭탄의 재앙으로부터 두려움이 클수록 미국-소련 간의 관계는 더욱 건설적이 될 것이다. 이들의 관계가 건설적이 될수록 평화에 대한 희망은 더욱 커질 것이다. 그리고 이는 원자폭탄의 재앙에 대한 두려움을 감소시킬 것이다. 비록 이러한 순환적 주장이 키신저(Kissinger)의 연설에서 명백하게 드러나는 것은 아니지만, 이러한 인과관계의 경로는 키신저의 명백한 주장들로부터 논리적으로 도출되는 결과다."[6]

사람들은 일반적으로 최고지도자가 모든 업무에 대해 전략을 수립할 필요는 없다고 여긴다. 단지 각 부문에 우수한 전문가를 배치하여 그들이 그 영역에서 책임지고 업무를 담당하고, 지도자는 그것을 관리하기만 하

---

5) Axelrod. R. ed., Structure of Decision: The Cognitive Maps of Political Elites (Princeton University Press, 1976), p. 232.

6) Zeev Maoz, National Choice and International Processes (Cambridge University Press, 1990), pp. 132-133.

면 된다고 생각한다. 그러나 사실 각 부문 간에는 서로 밀접한 관계가 있으며, 부서 간 업무에도 피드백 루프 구조가 존재한다. 만약 정책결정자가 충분한 인식을 하지 못한다면 부서 간 업무 사이에 존재하는 피드백 루프를 인식하기는 매우 어려울 것이다. 실질적으로 경제 부문, 정치 부문, 외교 부문 간의 밀접한 피드백 루프가 있다. 만약 경제 부문에만 관심을 가진 총리라면 이러한 피드백 루프를 인식하지 못할 가능성이 높다. 다시 말해 사회 전체를 하나의 연결망 안에서 보면서 각 구조 간의 피드백 루프를 인식하는 것이 국무총리와 대통령의 역할이다. 만약 그들이 다양한 부서의 개별 정책 간에 충분한 피드백 루프를 인식하지 못한다면 그들의 정책은 실패하는 방향으로 갈 수 있다. 수많은 정책결정자는 피드백 루프를 이해하는 과정에서 어려움에 직면한다. 피드백 루프를 인식할 수 없다는 것은 시스템의 메커니즘을 이해할 수 없다는 것을 의미하며, 결과적으로 착오에 따른 판단으로 정책을 결정하여 정책 실행 과정에 어려움을 겪을 수 있다는 의미가 된다. '시스템 다이내믹스'라는 학문이 태동한 1960년대부터 시스템 다이내믹스 학자들은 경험적으로 기업가나 정책결정자들이 피드백 사고를 충분히 이해하지 못한다는 것을 알고 있었다. 1980년대 존 스터먼(John D. Sterman) 교수를 중심으로 실증연구를 통해 정책결정자가 피드백 루프를 인식하는지의 여부를 밝혀내려고 했다. 스터먼의 실험[7]이라고 불리는 연구를 통해 도출한 결론은 피실험자가 피드백 루프의 동태적 작용을 이해하지 못하며, 그 결과 잘못된 의사결정을 수행한다는 것이다. 스터먼은 이 실험 후에 피실험자들에게 잘못된 의사결정을 내린 원인을 물어보았는데, 피실험자들은 대부분 부족한 정보와 불안정한 외부환

7) Sterman, John D., "Testing Behavioral Simulation Models by Direct Experiment," Management Science, Vol.33. No.12, 1987.

경 때문이라고 대답했다. 그러나 실험에서는 이미 모두에게 충분한 정보를 주었으며, '고정된 값의 상품주문'이라는 매우 안정적인 환경에서 이루어졌다. 위 실험에서 보여주듯 이들의 의사결정 실패의 원인은 부족한 정보나 불안정한 외부환경 때문이 아니라 피드백 루프의 작용을 이해하지 못해서 생긴 것이다. 스터먼의 실험은 시스템 다이내믹스학에서 제기하는 시스템의 구조가 왜 중요한지를 증명한 연구였다.

3.
시스템 사고의 주요 개념

1) 인과관계(causal relation)

시스템 사고의 구성에서 '음과 양의 인과구조(causal relations)'는 필수적인 구성요소이자 시스템 사고를 판별하는 주요 수단이다. 인과관계는 상호 연결되어 있을 수 있으며, 반드시 단일 방향으로만 진행되는 것은 아니다. 원인이 결과이고 결과가 곧 원인이 될 수도 있는데, 이 경우에는 인과관계의 순환이 발생한다. 인과관계 중에는 명확한 인과의 계단식 형태를 가진 것도 존재할 수 있다. 첫 번째 단계의 결과가 두 번째 단계의 원인이 되어 다른 단계의 결과를 만드는 새로운 인과관계가 형성될 수도 있다.[8)]시스템 다이내믹스에서 활용하는 인과관계의 방법은 로버트 액셀로드의 인과지도 분석에서 사용한 방법과 매우 유사하다.[9)] 문제의 다양한 원인과

8) 王帆, 『新开局: 复杂系统思维与中国外交战略规划』(北京: 世界知识出版社, 2014年), 第28页.

9) Robert Axelrod, Stucture of Decision: The Congnitive Maps of Political Elites (Princeton University Press, 1976).

결과의 관계를 이해하고 찾아내는 과정에서 문제의 본질적 핵심과 그 해결방법 역시 찾아낼 수 있다. 이 과정에서 필요한 방식이 인과적 사고다. 인과적 사고는 결과를 예측하는 것이 아니라 문제의 핵심을 이해하는 데 있다. 많은 사람들은 시스템을 통해 예측하는 것이 시스템을 개선하고 관리하는 데 도움을 준다고 생각하지만, 그것은 잘못된 생각이다. 우리는 태양이 아침에 뜨고 저녁에 지는 것을 예측할 수 있고, 나이가 들면 서서히 기력이 감소하고 결국은 죽게 된다는 것도 예측할 수 있는 부분이다. 이런 문제들의 경우 모든 사람이 정확하게 예측은 할 수 있지만, 사람들의 생각대로 개선하거나 관리할 방법이 없다. 이러한 예측은 단지 일단의 문제를 회피하는 데 도움을 줄 뿐이다. 날씨를 예측할 수 있다면 최대한 비 오는 날을 피할 수 있다. 하지만 비가 오는 메커니즘을 이해하는 사람은 인공비를 만들 수 있다. 상사가 언제 화를 내는지 정확하게 예측할 수 있는 직원은 상사가 화내는 상황을 최대한 피할 수 있다. 하지만 상사가 왜 화를 내는지 이해하는 직원은 상황을 개선하고 조직을 좀 더 나은 방향으로 발전시켜나갈 수 있다. 시스템 사고는 예측보다는 이해를 중시하며, 인과관계의 중요성을 강조한다. 예측은 시스템의 표면적 현상에 주목하지만, 이해를 위해서는 시스템 구조가 더 중요하다. 환자에게 약을 처방하는 것 역시 인체의 시스템을 확인하는 구조다. 만약 점점 기력이 약해지고 설사를 계속하는 환자가 있다고 할 때 의사는 검사를 통해 위벽에 소화되지 않은 음식물이 있음을 찾게 되는데, 이것이 바로 '인체'라는 시스템 구조를 알고 이해하여 처방을 내리는 방법이다.

시스템은 요소와 요소 간의 관계로 구성된다. 기업은 사람, 자원, 건축 등의 요소와 요소 관계로 구성된다. 여기서 각 요소는 다양한 속성을 지니고 있다. 사람이라는 요소는 재산, 재능, 인성 등의 다양한 속성으로 측정될 수 있다. 시스템의 형태 변화는 시스템의 주요 속성이 변화함을 의미한다. 시스템 속의 요소와 요소 간에는 다양한 관계가 존재한다. 다양한 종류의 관계 중 시스템 사고의 핵심은 원인과 결과의 인과관계에 있다. 예측의 핵심은 요소가 어떻게 변화하는지를 예상하는 것이고, 이해의 핵심은 시스템의 구조, 즉 요소와 요소 간의 관계를 이해하는 데 있다. 전자를 '행태주의'라 하고, 후자를 '구조주의'라 한다. 행태주의는 시스템의 형태를 예측하고, 구조주의는 시스템의 구조를 이해한다. 행태주의에서는 환자가 언제 통증을 느끼는지에 대한 예측으로 만족하지만, 구조주의에서는 환자의 어떤 부분이 문제를 일으켜 통증이 생기는지를 알아내려고 한다. 시스템 사고에서 말하는 구조는 관계를 의미하지 요소 자체를 의미하지 않는다. 왜냐하면 요소는 시스템의 구조를 구성할 뿐 다른 큰 작용을 하지 않기 때문이다. 탄소를 구성하는 요소와 다이아몬드를 구성하는 요소는 같지만, 각각은 그 요소를 구성하는 관계가 다르다. 모래는 수많은 요소로 구성되지만, 이러한 요소 간에는 어떤 관계가 규정되어 있지 않다. 모래의 구성 관계를 이해한 후에야 비로소 고층 건축물을 형성할 수 있을지, 반도체를 만들 수 있을지, 광섬유를 만들 수 있을지 알 수 있다. 개개인의 역량이 뛰어난 군인들의 합인 군대도 마찬가지다. 만약 그들 사이에 어떤 관계나 질서가 존재하지 않는다면 단체로 모여 있다고 해도 그들은 오합지졸일 뿐 조직이라고 할 수 없다. 다시 말해 시스템의 특성을 결정하는 핵심은 관계에 있지 요소에 있는 것이 아니다.

"구조가 행태를 결정한다"라는 말의 핵심은 반복적인 행동유형을 말한다. 행태는 일시적 사건과 반복적인 패턴으로 나눌 수 있다. 술에 취해 저지른 일시적인 실수는 일회적인 사건이다. 그러나 만약 술을 마실 때마다 같은 실수를 반복한다면 그것은 반복적인 행태, 즉 구조적인 메커니즘이 발생해서 생긴 현상이다. 전자의 실수는 우연적이지만 후자는 구조적인 실수다. 시스템 사고가 중시하는 것은 구조적인 문제이지 단순한 표면적인 현상이 아니다. 그중에서도 가장 중요한 것은 반복적으로 발생하는 현상과 그 배후에 있는 원인의 구조적 요인이다. 우리가 일반적으로 관심을 가지는 것은 시스템 사고와는 상반되는 영역, 즉 자주 발생하지 않는 사건이다. 왜냐하면 매일 발생하는 사건은 특수성이 없기 때문이다. 우연히 발생한 큰 사건은 많은 사람의 관심을 끈다. 예를 들어, 가난한 사람의 자살은 사회에서 자주 일어나는 사건으로 많은 사람의 관심을 끌지 못한다. 그러나 어떤 부자가 갑작스럽게 자살했다면 그것은 자주 발생하는 사건이 아니므로 많은 대중이 쉽게 관심을 가질 수 있다. 사람들이 더 많이 관심을 둔다는 것은 그 사회에서 발생하는 중요한 사건이지만, 그들은 이러한 사건을 발생하게 한 배후의 원인, 즉 시스템의 구조적 요소에 관해서는 관심을 갖지 않는다. 여론을 이용하여 통제 가능한 방식으로 정치적 여론을 형성하는 방법도 시스템 사고와 완전히 상반된다. 자극적인 '사건'과 구설수에 오를 수 있는 대상인 '요소'는 우리의 사고를 통제한다. 시스템 사고는 사건보다는 패턴을, 요소보다는 요소 간의 인과관계를 더 중시하여 문제의 원인을 더욱 정확하게 이해할 수 있도록 한다. 시스템 사고는 나무를 보는 동시에 숲을 보는 사고로, 나무의 형태와 숲의 구조에 집중한다. 이를 '구조화'하면 다음 〈그림 2-1〉과 같다.

인과관계를 강조하는 시스템 사고는 문제의 핵심원인을 행태를 만드는 구조에 두지 행태 자체에 두지 않는다. 단순한 구조 안에서도 복잡하고 다양한 행태가 발생할 수 있다. 바둑은 19개의 선으로 구성된 361개의 점 상에 검은 돌과 흰 돌의 조합으로 이루어지는 매우 간단한 구조로 보이지만, 이 단순한 바둑판에서 만들어낼 수 있는 변화는 무한하다. 바둑을 모

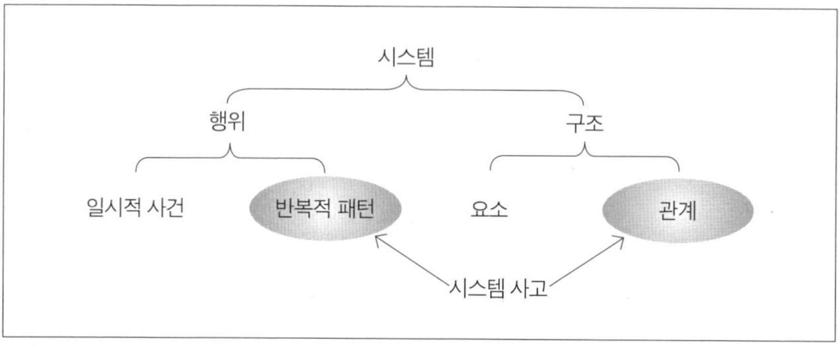

〈그림 2-1〉 시스템 사고의 핵심[10)]

르는 사람은 바둑돌의 조합 형태를 관찰함으로써 바둑을 이해하려고 하는데, 이것은 불가능에 가깝다. 그러나 원리와 규칙을 알면 바둑의 형태를 이해할 수 있다. 원하는 방향으로 정책을 변화시키기 위해서도 변화를 만드는 구조를 파악해야 한다. 변화를 만드는 핵심은 다양하고 복잡한 행태 자체에 있는 것이 아니라 단순한 구조와 원리에서 발견할 수 있다. 즉 구조를 인지하는 사람은 정책의 변화를 만들 수 있고, 효과적인 정책 전략을 세울 수 있다. 시스템을 이해하는 가장 중요한 핵심은 '인과관계'다. 왜냐하면 인과관계를 이해해야 변화를 만드는 근원을 이해할 수 있기 때문이다. 그러나 시스템 다이내믹스에서의 인과관계와 통계학에서 말하는 인과관계는 완전히 다른 개념이다.

시스템 다이내믹스의 인과관계는 두 가지로 나뉜다. 첫째, 원인과 결과가 같은 방향으로 변화하는 양의 인과관계(positive), 둘째, 원인과 결과가 반대 방향으로 변화하는 음의 인과관계(negative)다. 출생아 수가 많아지면 총인구 수는 증가한다. 출생아 수와 총인구 수라는 두 가지 변수는 둘

10) 김동환, 『시스템 사고: 시스템으로 생각하기』, 선학사, 2004, 66쪽.

다 동일하게 '증가'라는 같은 방향으로 변화한다. 이를 '양의 인과관계'라고 부른다. 그러나 만약 사망자 수가 많아진다고 하면 반대로 총인구 수는 줄어든다. 사망자 수와 총인구 수라는 두 가지 변수 간에는 상반된 변화가 존재하는데, 이를 '음의 인과관계'라고 한다. 이렇게 원인과 결과 간의 구조는 음과 양의 인과관계로 다시 분류될 수 있다. 그런데 원인변수와 결과변수가 같은 방향으로 변화한다면 양, 반대는 음이라고 하면 일반적으로 이것을 분석할 때 결과변수의 증가는 모두 양으로, 결과변수의 감소는 모두 음으로 판단하는 오류가 생긴다. 예를 들어, 시장 중개 거래가격이 낮아지면 수요가 증가한다고 하자. 그렇다면 가격과 수요 간에는 어떤 인과관계가 존재하는가? 원인변수인 가격은 감소하고 있지만, 결과변수인 수요는 반대 방향으로 증가하고 있으므로 가격과 수요 변수 간은 마이너스 인과관계가 만들어진다. 따라서 인과관계는 한 변수의 성장 또는 감소와는 아무런 관련이 없으며, 단지 두 변수 간에 변화하는 방향이 같은지 여부에 따라 인과관계의 기호가 결정된다. 인과관계는 화살표로 표시된다. 양의 인과관계의 경우 화살표의 지향점에 (+) 기호를 더하여 표시하고, 음의 인과관계의 경우 화살표의 지향점에 (-) 기호를 더하여 표시한다. 주의할 것은 '인과관계'는 '상관관계'와 다르다는 것이다. 상관관계는 A와 B의 변화 사이에 연관성이 있다는 것을 말한다. 그러나 상관관계는 A가 B에 영향을 주었는지 또는 B가 A에 영향을 주었는지를 설명할 수 없다. 반면, 인과관계는 변수가 어떤 방식으로 서로 영향을 미치는지 그 '구조'에 초점을 맞춘다. 그러므로 인과관계를 설명하기 위해서는 구조적인 지식이 필요하다. 상관관계는 자료에 대한 수집 정리를 통해 분석할 수 있지만, 사물 간의 인과관계를 연구할 때는 데이터 자료가 보조적인 수단으로만 활용될 수 있을 뿐이다. 인과관계 설정은 데이터에 의존하기보다는

〈표 2-1〉 행태주의와 구조주의 비교[11)]

행태주의	구조주의
상관관계(correlation)	인과관계(causal relation)
통계학(statistics)	시스템 사고(system thinking/system dynamics)
행위(behavior)	구조(structure)
데이터(data)	이론(theory)
귀납법(induction)	연역법(deduction)

상식과 지식에 의해 이루어질 수 있다. 데이터를 수집하고 추론을 분석하는 것을 '귀납'이라 한다. 상관관계가 귀납법에 해당한다면 인과관계는 연역법에 해당한다. 통계학은 자료를 수집하여 분석하는 학문이고, 시스템의 인과관계를 분석의 기초단위로 삼는 것에 충실한 것은 시스템 사고의 영역이다.

우리는 일상생활에서 언어를 통해 인과관계에 대한 생각을 표현한다. 언어생활에 숨겨진 인과관계를 찾아내는 것은 우리가 일상에서 얼마나 많은 인과관계를 사용했는지 이해하는 바탕이 된다. 인과관계의 핵심적인 구성요소는 원인변수, 결과변수 그리고 그사이의 관계 세 가지다. 이 세 가지 구성요소는 언어로 표현할 때 일정한 규칙이 있다. 첫째, 원인과 결과라는 변수는 명사로 표현된다. 둘째, 인과관계 간의 기호는 변수관계를 설명하는 동사를 '기호화'한 것이다. 앞서 설명한 도식에서 인과관계의 방향은 화살표로 표시되고, 인과관계의 기호는 더하기(+)와 빼기(-)로 표시한다. 언어에서 인과관계의 기호는 동사로 표시하고, 인과관계의 방향

11) 김동환(2004), 위의 책, 23쪽.

은 주어와 목적어로 표현한다. 그러나 시스템 다이내믹스에서 인과관계를 찾아내는 궁극적인 목적은 시스템 구조를 추진하는 자각적인 내부 추진력, 즉 피드백 루프를 알아내기 위한 것이다. 따라서 시스템 사고를 이해하는 핵심개념은 '피드백 루프'에 있다.

2) 피드백 루프(feedback loop)

시스템 다이내믹스 학자들은 시스템 사고를 통해 얻을 수 있는 시스템 전체에 영향을 미치는 효과적인 전략 포인트를 '지렛대 지점'이라고 표현한다. 지렛대 지점이란 매우 작은 힘으로 시스템을 변화시킬 수 있는 포인트다. 시스템 사고에서 피드백 루프를 통해 지렛대 지점을 찾을 수 있다면 시스템의 힘을 증폭시키거나 약화하는 지점을 정확하게 알 수 있을 것이다.[12)]

임금과 물가의 관계를 생각해보자. 임금이 오르면 상품을 생산하는 요소비용의 증가로 인해 상품가격도 상승하게 되고, 결과적으로 물가가 오를 것이다.

임금 ⟶ (+)상품의 요소비용 ⟶ (+)물가

[임금 상승의 영향]

12) 김동환(2004), 위의 책, 30-35쪽.

물가가 오르면 임금으로 먹고사는 근로자의 생활이 어려워지고, 임금 인상 압력을 받는 노조로 인해 전반적으로 근로자의 임금 수준이 상승한다.

물가 ⟶ (+)임금 인상 압력 ⟶ (+)임금

[물가 상승의 영향]

위의 3개 변수는 2개의 인과관계로 구성되어 있다. 개별적으로 보면 더 많은 관계가 펼쳐지지 않는다. 단순히 임금이 오르면 물가가 오르는 데 그치지만, 물가가 오르면 임금을 올릴 수밖에 없다. 그러나 상호 연결로 이루어진 피드백 루프는 완전히 다른 구조와 속성을 보여줄 수 있다.

임금과 물가의 피드백 루프는 지속적인 임금 상승과 물가 상승의 동태적 변화를 보여준다. 임금을 올려도 결과적으로 물가가 오르게 되면 임금을 더 높은 수준으로 올려야 한다. 이렇게 되면 임금 인상은 계속 반복

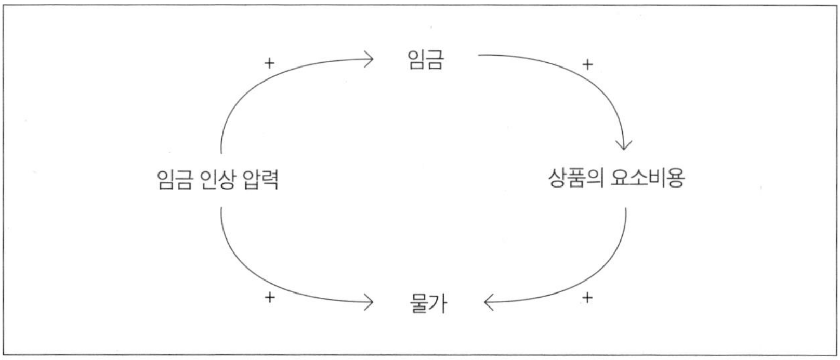

〈그림 2-2〉 임금과 물가의 피드백 루프[13]

13) 김동환(2004), 위의 책, 33쪽.

될 수밖에 없다. 주목할 점은 이러한 순환에서 임금 인상의 결과를 한 부분으로만 판단하면 인플레이션 같은 돌발적인 현상을 예측하지 못할 수 있다는 점이다. 인플레이션의 발생은 경제의 흐름을 왜곡시켜 장기적인 경기 침체를 가져올 수 있고, 경기 침체로 가장 먼저 피해를 보는 것은 임금 근로자다. 근로자의 복지를 향상시키려는 임금 인상 노력이 인플레이션으로 인해 반대로 근로자의 복지수준을 저하시키는 예상치 못한 결과를 낳은 것이다.

피드백 루프는 플러스로 표현되는 양의 피드백 루프와 마이너스로 표시되는 음의 피드백 루프가 있다. 마이너스 피드백 루프는 변화를 억제하고, 플러스 피드백 루프는 변화를 촉진한다. 두 변수는 같은 방향으로 변화하면 플러스 인과관계, 반대 방향으로 변화하면 마이너스 인과관계가 된다. 피드백 루프의 극성도 마찬가지이며, 이는 피드백 루프에 따라 특정 변수의 변화가 자신에게 플러스 또는 마이너스 영향을 미친다. 양의 피드백 루프와 음의 피드백 루프를 구별하는 방법은 간단하다. 피드백 루프 내 모든 인과관계의 극성(+-)을 곱한다. 곱한 후에 극성이 플러스 기호이면 양의 피드백 루프이고, 마이너스 기호이면 음의 피드백 루프다. 더 간단한 방법은 피드백 루프에서 마이너스 인과관계가 홀수인지 짝수인지를 살펴보는 것이다. 짝수인 경우는 양의 피드백 루프, 홀수인 경우는 음의 피드백 루프로 본다. 아무리 복잡한 인과지도라도 먼저 피드백 루프의 극성을 살펴보면 시스템의 전반적인 메커니즘을 직관적으로 파악할 수 있다.

양의 피드백 루프는 '자기강화(self-reinforcing) 회로'라고 한다. 한 변수가 변화하면 변화의 방향에 따라 영향을 받는다. 다른 말로 '확산 강화(decision amplifying) 회로'라고도 불린다. 이는 균형을 벗어나면 변화가 점점 더 강해지기 때문이다. 즉 플러스 피드백 루프가 있는 시스템은 일단 성장하기 시작하면 계속 성장할 수 있고 성장의 힘이 계속 증가하지만, 반대로 한번 쇠약해지기 시작하면 무한히 쇠약해질 수 있으며 그 힘은 플러스 피드백에 의해 강화될 수 있다.

음의 피드백 루프는 '자기균형(self-balancing) 회로' 또는 '확산 억제(decision counteracting) 회로'라고 불린다. 피드백 루프 내 하나의 변수값이 증가하면 또 다른 변수값은 감소한다. 음의 피드백 루프는 각 변수가 균형 상태를 유지하도록 하는 성질이 있다. 따라서 시스템 구조를 이해하는 첫 번째 단계는 어떤 피드백 루프가 존재하는지 이해하고 피드백 루프의 속성을 판단하는 것이다. 양의 피드백 루프와 음의 피드백 루프의 특징을 정리하면 다음과 같다.

음의 피드백 루프를 가진 시스템의 경우 시스템은 균형을 유지하거나 정체 상태에 머물러 있지만, 양의 피드백 루프가 시스템을 제어하면 시

〈표 2-2〉 양의 피드백 루프와 음의 피드백 루프의 특징[14)]

양의 피드백 루프 (양의 인과관계는 짝수)	음의 피드백 루프 (음의 인과관계는 홀수)
촉진 변화	변화 억제
변화 증가	변화 저항
확산 강화	확산 억제
자기강화	자기균형
성장과 쇠락	균형 유지
불안정	안정화

14) 김동환(2004), 위의 책, 30쪽.

스템은 계속 성장하거나 쇠퇴하게 된다. 이와 같이 특정 피드백 루프가 전체 시스템의 특성을 제어하는 경우 이를 '지배적인 피드백 루프(dominant feedback loop)'라고 한다. 지배적인 피드백 루프는 플러스 및 마이너스로만 구분되지 않으며, 2개의 피드백 루프로 구성된 시스템은 예측할 수 없는 결과를 가져올 수 있다.

시스템 사고의 궁극적인 목적은 어떻게 정책의 목표를 달성할 수 있는지 그 전략지점을 찾아내는 것이다. 이를 위해서는 전체 구조에 영향을 주는 정책 변수를 변화시키는 메커니즘에 대한 충분한 이해가 필요하다. 그런 의미에서 작용 메커니즘은 동아시아의 침술과 유사하다. 정책결정자가 시스템 사고를 구사하고 정책 구상 시 다양한 변수에 대한 피드백 루프를 이해한다면 정책 목적을 어떻게 달성해야 하는지에 대한 전략을 터득한 것이다. 시스템 사고의 전략이란 지렛대처럼 작은 힘으로 양의 피드백 루프를 보강하고, 변화를 거부하는 음의 피드백 루프를 피하는 것이다. 피드백 루프의 특성을 정확하게 이해하는 것만으로도 정책이 개입해야 할 타이밍(timing)을 정확히 이해할 수 있다. 양의 피드백 루프를 가진 시스템은 초기에 정책에 집중하여 정책의 변수값을 임계값 이상으로 높여야 하지만, 음의 피드백 루프 시스템은 선부른 개입 정책보다 시스템이 균형 잡힌 상태로 돌아올 때까지 기다려야 한다. 양과 음의 피드백 루프가 혼합된 시스템은 지배적인 피드백 루프가 전환되는 시점에 해당 정책을 실행하는 것이 좋을 수 있다. 〈표 2-3〉은 다양한 피드백 루프가 가지는 특성과 정책 개입 타이밍을 정리한 것이다.

만약 정책결정자가 최소의 힘으로 최대의 효율을 달성하는 전략지점을 인지하고 있다면 시스템 사고를 한다고 볼 수 있다. 그렇다면 시스템 사고는 어떻게 분석할 수 있는가?

〈표 2-3〉 전략형 사고의 출발점: 피드백 루프의 특성과 정책의 개입점[15]

피드백 루프의 특성	시스템의 특징	정책문제와 목표	정책 개입 시기
양의 피드백 루프	성장 또는 쇠락	성장	초치(임계치)
음의 피드백 루프	파동	균형	대기
양과 음의 피드백 구조의 전환	반복적 성장과 쇠락	과도한 성장과 쇠락의 억제	지배적 피드백 루프의 전환시점

15) 김동환(2004), 위의 책, 33쪽.

4.
시스템 사고의 분석방법

시스템 사고는 인과지도와 인지지도를 통해 분석할 수 있다. 인지지도가 인과관계로 연결된 변수들의 집합이라면, 인과지도는 인과관계 중에서도 피드백 루프를 지니는 지점을 추출하여 그 부분을 더욱 자세하게 보는 것이다. 따라서 인지지도는 인과지도를 확대한 형태로 이해하면 된다. 엑셀로드는 정책 언어의 인과성에 주목하여 정책결정자의 인과지도를 만들고, 이 중요성을 1976년 발간된 자신의 저서 『의사결정의 구조(Structure of Decision)』라는 책에서 자세히 서술했다. 인과지도 분석은 이후 대외정책 연구 분야에서 주요 분석 도구로 광범위하게 활용되었다(Hart, 1977). 일반적으로 인과관계에 관한 어구는 주어, 목적어 그리고 동사로 구성된다. 이러한 어구는 인과지도에서 원인, 결과 및 화살표로 변환할 수 있다. 예를 들어 "공부는 성적을 향상시킬 수 있다"라고 할 때, 여기에서 '공부'는 원인이고, '성적'은 결과이며, '향상'이라는 동사는 플러스 기호가 있는 화살표로 표현할 수 있다. 여기서 중요한 원칙은 인과관계를 분석할 때 변수가 반드시 명사여야 한다는 것이다. 동사를 변수로 설정하는 경우가 종종 있는데, 이 경우는 변수의 혼란을 가져온다. 예컨대 '인구 증가'와 '소득 증가' 같은 변수를 보자. 이 경우는 플러스와 마이너스로 표현할 수 있는 '화살표'의 역할에 모호함이 발생한다. 그러므로 인과관계를 분석할 때는 모든 변수를 명사로 설정하고, 연결명사의 동사를 화살표와 기호로 표시한다. 정책 언어에서 인과관계를 정확하게 이해하는 것은 정책결정자의 생각을 파악하는 기초가 된다. 이와 관련된 자세한 내용은 3장에서 구체적으로 설명하도록 한다.

1) 타당성 논증

언어는 사유의 표현방식인 동시에 사람들이 생각을 교류하고 정보를 전달하는 사회활동의 도구다. 정책결정자에게 '언어'는 특히 중요한 매개체로서 업무 전반에 걸쳐 매일 생성된다. 복잡하고 경쟁이 심화되는 지식경제 시대에 지도자가 성공적으로 리더십을 실현하려면 의사결정력, 통찰력은 물론 광범위한 인적 네트워크 능력도 갖춰야 한다. 지도자의 '언어'는 그 정부의 정책방향을 설정하고 이해하는 가장 기본이 되는 분석자료다. 정책 언어를 통해 의사결정자의 사유를 분석하는 방법은 언어학과 심리학에서 그 근거를 찾을 수 있다. 의사결정자가 사용하는 특정 용어의 빈도나 특정 용어에 내포된 의미에 대한 분석은 언어학에서 흔히 사용되는 분석적 차원이다. 반면, 의사결정자가 사용하는 특정 용어에 주목하는 것은 심리적인 측면에서 분석을 전개하는 것이다. 이는 여론매체의 기사에서 흔히 사용되는 기법이기도 하다. 예를 들어 정책결정자들이 정치 개혁에 대해 이야기하고 젊은 피를 주입해야 한다고 할 때, '젊은 피'가 무엇인지에 대해 다차원적으로 해석할 수 있다. 또 언론은 지도자의 언어를 해석함으로써 건강 상태를 분석하기도 한다. 예를 들어, 한국 언론은 북한의 최고지도자인 김일성의 신년사 녹음을 통해 김일성이 어떤 음을 잘못 보냈는지 분석하고, 어떤 문구를 생략하고 강조했는지를 분석하기도 했다. 또 대통령의 TV 연설에서 표정이나 특정 단어 발음에 대한 고저장단을 분석해 정책의 우선순위를 분석하기도 한다. 이와 같은 방법은 정책의 내용보다는 정책의 형식이나 의사결정자의 개성에 초점을 맞추고 있다고 볼 수 있다. 다시 말해 이러한 분석방법의 목적은 체계에 대한 이해보다는 숨겨진 의미를 찾는 것이다. 이것은 언론이 매우 주목하는 언어 분석방법이다. 언론은 정책 언어 뒤에 숨은 의미를 발굴해야 독자에게 매력적인 기사를 쓸 수 있다고 생각한다. 그런데 이것이 실제 정책결정자의 사유방식인지를 확정하기는 매우 어렵다. 때때로 이러한 언론 논평은 종종 의사결정자의 의도와 반대되는 경우도 있을 수 있다. 언어의 '숨은 의미'라는 것은 해석하기 나름일 수 있기 때문이다. 따라서 이러한 언론의 숨은 언어 찾아내기는 지도자가 추구하고자 하는 특정 정책을 체계적으로 이해하는데 효과적이지 않을 수 있다. 아이러니한 것은 오히려 사람들은 정책 언어의 명확한 전달에는 그다지 주목하지 않는다는 것이다. 예를 들어, 사람들은 '정리해고 조정' 같은 분명한 의미의 정책 언어에 관심을 갖지 않는다. 정책 언어가 분명하게 표현됐기 때문에 관심의 초점은 정책이 어떤 효과를 낼지, 정책이 제대로 집행될지에 대한 분석으로 옮겨간다. 그러나 시스템 사고를 확인하고자 하는 정책결정자의 언어 분석은 '명확한 정책 언어'에 초점을 맞추고 있다. 그렇다면 왜 '명확한 정책 언어' 분석은 의미를 가지는가?

(1) 부분과 전체의 상이성

첫째, 명확한 의미를 가진 정책 언어 자체를 분석하는 것은 새로운 것을 발견하지 못하지만, 분산된 명확한 정책 언어를 통합하면 정책에 대한 새로운 이해를 갖게 할 수 있다. 단 하나의 의미가 명확한 정책은 운전자들에게 전혀 새로운 것이 아니다. 그러나 개별 도로를 통합하여 하나의 종합적인 '지도(map)'를 형성하면, 도로와 도로 간의 연결 그리고 도시 전체의 구조가 보인다. 이것은 부분으로 봤을 때는 찾을 수 없는 새로운 사실을 찾을 수 있는 실마리가 된다. 그러나 '부분'에 익숙한 사람들이 쉽게 '종합적인 지도'를 얻을 수 있는 것은 아니다. 예를 들어 대부분의 사람은 자신이 속해 있는 회사의 각 직능 부서를 쉽게 말할 수 있지만, 회사의 전반적인 관리 구조를 파악하여 도표화 · 지도화하는 능력은 다른 차원이다. 각 부서의 관계를 통합적으로 파악할 수 있는 거시적 시야가 부족한 탓이다. 이것은 부분과 전체의 차이를 반영한다. 같은 맥락에서 의사결정자에게 다른 의사결정자나 타 부서의 업무와 관련된 그림을 작성하도록 하는 것은 어려운 일이며, 그가 소속한 분야의 업무와 정책에 정통하더라도 완전히 종합적인 전체의 관점을 얻기는 어렵다고 볼 수 있다. 즉 사람들이 각각의 부분에 익숙하고 관련 분야, 정책을 잘 알고 있다고 하더라도 여전히 전체적인 발상을 쉽게 얻기는 어렵다. 시스템 사고란 이렇게 '부분적' 지식을 '종합적' · '통합적' 사고로 바꾸는 방식이다. '지도'는 시스템 사고의 개념 도구이면서 시스템 다이내믹스에서 강조하는 인과지도를 거꾸로 이해하는 핵심이다.

(2) 경제정책의 명확한 인과성

둘째, 명확한 정책 언어인 인과관계를 도식화할 때 중요한 것은 문장 간의 인과성이다. 그런데 이런 인과성은 경제정책에서 가장 뚜렷하게 나타난다. 정부가 정책을 수립할 때 그 자체로 다양한 변수를 고려해야 하므로 대부분의 정책은 하나의 명확한 목표를 정하기 어렵다. 예를 들어 환경오염을 해결하고자 할 때 시민의 건강과 안전이 우선인가, 환경을 악화시키는 기업을 규제하는 것이 우선인가라는 문제는 명확한 인과성을 가지기 어렵다. 그런데 여러 가지 정책 중에서도 경제정책은 기업이 명확한 이익목표를 추구하는 것처럼 정책목표인 경제성장, 즉 거시경제학적 관점에서 비교적 쉽게 목표와 수단 변수 간의 상호 인과성을 도출할 수 있는 장점이 있다. 따라서 경제정책은 다른 가치가 개입된 정책 이슈에 비해 인과성을 도출하기 쉽다.

(3) 중국어의 언어적 특성

명확한 정책 언어를 분석하는 데 중국어 특유의 함축성 때문에 명확한 인과성을 찾기 어렵다는 회의적인 의견이 있을 수 있다. 또 중국의 정치문화에서는 정책결정자의 언어에서 명확한 인과관계를 찾기 어렵다는 반론도 가능하다. 본 연구에서 진행한 중국 정책결정자의 언어 분석 역시 이와 같은 관점에 일부 동의한다. 그러나 필자는 중국어의 언어구조가 가지는 함축성이 인과성을 찾는 데 적합하지 않다는 의견에는 동의하지 않는다. 중국어는 한글에 비해 어순과 구조가 복잡하지 않다. 한국어는 동사가 긴 문장의 끝에 올 수 있어 정확한 맥락을 이해하기 어려울 때가 종종 있다. 긴 문장에서는 종종 많은 동사가 함께 사용되는데, 끝까지 읽지 않으면 문장이 궁극적으로 말하고 싶은 핵심 '술어'와 주어를 찾기 쉽지 않을 때가 있다. 또 같은 문장이라도 읽는 사람에 따라 강조점을 각각 다르게 판단할 수 있다. 하지만 중국어 연설문의 경우, 문장구조가 지나치게 길거나 서술적이기보다는 함축적이면서도 분명하고 간결한 언어로 전달하는 경우가 많다. 또, 전치사로 '~로 인해 ~하다(由于~因此)' 등 의미가 분명한 구조가 많아 인과성을 분석하는 데 큰 어려움이 없다.

2) 정책 언어 분석 및 인과지도 분석방법

인지지도와 인과지도 분석은 모두 의사결정자의 정책 언어 분석에 기초한다. 정책 언어란 정책목적, 문제인식, 계획, 결정, 집행, 감사 등 정책의 전 과정을 언어로 해석하는 것이다. 따라서 정책 언어 분석은 정책

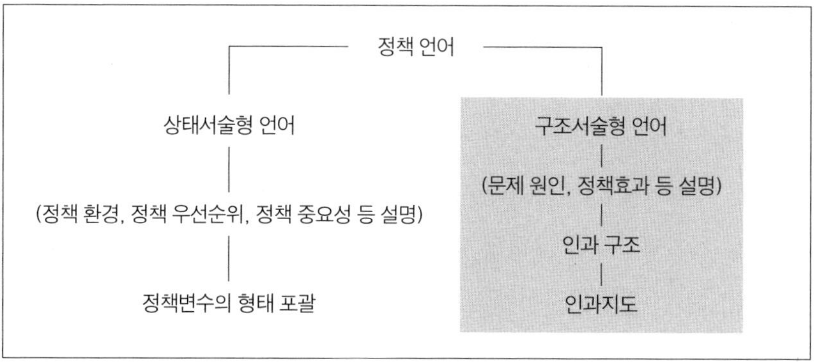

〈그림 2-3〉 정책 언어와 인과관계[16)]

16) 김동환, 『김대중 대통령의 시스템 사고』, 선학사, 2004, 33쪽.

분석의 시작점이라고 할 수 있다.

첫째, 정책 언어는 정책에 대한 의사결정자의 생각을 최대한 반영하는 도구다. 비록 연설 원고가 의사결정자 자신이 쓴 것이 아니더라도 그 연설의 내용이 나타내는 의미는 의사결정자의 실제 생각과 크게 다르지 않아야 한다.

둘째, 신문 기사의 정책해석을 의사결정자의 사상과 동일시해서는 안 된다. 예를 들어, 정책결정자들은 부정부패로 인해 경쟁력이 저하되었고, 경쟁력의 저하로 인한 수출률 하락으로 외환위기가 발생했다고 말한다. 이것은 외환위기 발생의 여러 원인 중 하나를 이야기한 것일 수 있는데, 이런 말 한마디가 언론 보도에서는 '부정부패 척결이 만병통치약'이라는 형태로 보도될 수 있다. 언론에 보도된 내용이 실제 정책결정자의 발언 내용과 다를 수 있다는 것이다. 왜냐하면 지도자의 발언 내용에 대해 기자가 그 내용을 요약하면서 의도적으로 사실을 왜곡할 수도 있기 때문이다. 따라서 시스템 사고의 인과지도 분석의 대상은 의사결정자 본인의 발언으로만 한정한다. 관련 정책 언어 자료를 준비한 후에는 정책 언어에 포함된 인과관계를 추출한다. 정책 언어는 두 부분으로 나눌 수 있다. 상태서술형 정책 언어와 구조서술형 정책 언어다. 대부분의 정책 언어는 정책의 중요성을 형용하기 위한 수식어이며, 정책 결정의 배경이나 환경을 설명하는 정책 언어도 대부분 형용사다. 따라서 이러한 상태서술형 정책 언어는 정책의 인과관계를 포함하지 않는다. 3장에서는 이와 같은 시스템 다이내믹스의 연구방법을 실제로 활용하여 중국의 WTO 가입 과정을 분석해보고자 한다.

III

분석내용과 분석구조*

1. 사례 선택과 시스템 사고
2. 장쩌민 집권시기의 WTO 정책 결정 배경
3. 대외경제정책 총책임자의 역할과 WTO 가입
4. WTO 가입에 대한 경제정책 총책임자의 견해
5. 연구내용과 방법의 창의성
6. 정책결정자의 인과지도 도출방법

* 3장부터 6장까지의 주요 내용은 2016년도 북경대학교 국제관계대학원 외교학과 정다훈의 박사학위논문 내용을 국문으로 번역하고 수정한 것이다.

1978년 제11차 3중전회의 중요한 역사적 결의와 함께 개혁개방의 길을 걸어온 중국은 급속한 경제발전을 이루며 '중국 굴기(rising China)'를 만들어왔다. '중국 굴기'는 국제정치학에서 매우 주목하는 현상으로 그 원인은 매우 다양하겠지만, 수많은 원인 중에서도 반드시 짚고 넘어가야 하는 것은 정책결정자의 역할이다. 여러 가지 비판이 있겠지만 중국공산당 지도부는 수많은 국내외 복잡한 환경 속에서도 직면한 문제를 대담하게 헤쳐나가며 전 세계에 놀라운 경제성장을 보여주고 있다. 현재 중국공산당 지도부는 국내적으로는 소강사회의 이상을, 그리고 국제적으로는 신대국 시대를 열어가기 위해 고군분투 중이다.

중국은 1992년 중국공산당 14차 전국대표대회에서 사회주의 시장경제체제를 명확히 선언했다. 1993년 1월, 중국공산당 14차 중앙위원회 제3차 전체회의에서는 "사회주의 시장경제체제는 사회주의의 기본 제도와 결합 가능하며, 시장은 국가 거시경제조절정책 하에서 자원 분배의 기초 작용을 한다"라고 강조했다. 하지만 시장경제는 개인 사유재산 권리의 기초에서 '경쟁'과 '이윤'에, 사회주의는 공유제 기초에서 '평등'과 '정의'에 그 바탕을 둔다. 사실, 시장경제와 사회주의 이념은 상호 모순이다. 형평과 효율은 트레이드 오프(trade off) 관계다. 그런데도 중국 지도층은 경제발전과 사회문제라는 두 가지 딜레마 상황을 개혁개방정책의 지속과 확대로 해결하려 하고 있다. 중국은 사회주의 시장경제라는 딜레마 체제를 안고도 2001년 WTO 가입이라는 세계 경제체계에 성공적으로 편입하여 비약적인 경제발전을 이룩했다.

중국의 성장을 바라보는 시각은 다양하다. 중앙집권체제 속 성장의 한계와 '중진국 함정론'으로 중국의 경제를 부정적으로 보며, 중국의 군사대국화는 결국 주변국에 위협을 줄 것이라는 중국 위협론이 한 축을 이룬다. 다른 한편, 중국의 국가 주도형 통치체제는 정책 문제를 효율적으로 대처하는 현실적 정치체제이고, 중국의 경제 규모는 미국을 앞질러 세계 1위가 될 것이며, 중국 경제의 성장은 주변국에도 동반성장을 일으키고, 중국 주도하의 평화, 즉 팍스 시니카(Pax Sinica) 시대를 열 것이라는 긍정적 분석이 한 축을 이룬다. 모든 국가는 밝은 면과 어두운 면이 공존한다. 중국의 경제성장 이면에는 빈부격차, 지역갈등 등 어두운 면이 존재한다. 그럼에도 중국의 경제성장은 자본주의 국가의 성장을 넘어서서 유례없는 성공을 이룩했음을 부인하기 어렵다.

그렇다면 중국 경제성장의 성공 요인은 무엇인가? 서구 학자들은 미국식 자유민주주의 체제와 다른 중국식 사회주의 모델을 그 요인으로 꼽는다. 1997년 금융위기에도 경제성장을 지속한 중국식 성장모델을 워싱턴 컨센서스와 대비하여 '베이징 컨센서스' 또는 '중국 모델'이라 명명했다. 중국 모델의 특징은 한마디로 당 우위의 정부 운용방식이다. 특히 중국 지도부의 집단지도체제 모델은 한국 등 신흥국가에서 찾아볼 수 없는 독특한 정치 모델이다. 국가 주도형 경제성장의 효율성, 공산당 중심의 정치체제 안정에 따른 점진주의적 정책집행, 그리고 자유민주주의의 비토크라시(vetocracy)와 달리 장기적 안목에서 합리적인 정책결정자들에 의한 '현능정치(meritocracy)' 등이 중국 정치경제 성공의 요인일 것이다. 따라서 제도와 사람이라는 두 차원에서의 성공적 정부 운용은 중국 정치경제의 성패를 결정하는 요인이 될 수 있다. 이런 맥락에서 본 연구는 중국을 움직이는 정책결정자들, 특히 정책 결정에서 공산당 정치국 상무위원이자 국무원 총리의 역할에 초점을 맞춘다.

중국이 성공적인 시장경제화를 달성하고 순조롭게 세계 경제질서에 편입하는 과정에서 정책결정자들의 합리성, 즉 이들이 "얼마나 현명한가?"를 아는 것이 중국 정치 이해의 핵심이라는 것이다. 그렇다면 중국 정책결정자의 '현명함'은 어떻게 판단할 수 있을까? 학자들은 이에 대한 답을 찾기 위해 엘리트 모델, 관료 모델, 합리성 모델, 이익집단 모델, 점진주의 모델, 정책결정자의 심리적 특성을 연구하는 심리인지 모델 등을 제시하며 중국 정치에 대한 이해의 폭과 깊이를 넓히고 있다. 한편, 행태주의 또는 논리실증주의 관점에서 몇 가지 변수를 통제하여 중국 정치의 인과성을 실증하는 연구도 깊이 있게 진행되어왔다. 외교정책 연구에서 중국 지도자의 역할에 관심을 가지고 연구한 도크 바넷(A. Doak Barnett), 에즈라 보겔(Ezra F. Vogel) 등의 학자는 인터뷰 방식을 통해 중국의 정책 결정 과정을 설명했고, 정책결정자의 연설문 내용을 분석하여 중국의 정책 결정 과정을 설명한 시도도 있었다. 이러한 행태주의 시각에서의 분석방법은 일정 부분 중국의 정책 결정 과정을 설명할 수 있는 설득력을 가지지만 그것만으로 충분하다고 할 수는 없다. 필자는 행태주의 분석방법이 가진 한계에 대한 대안으로 앞서 시스템 사고를 강조했다. 따라서 필자는 아래 본문에서 "정책결정자들이 얼마나 합리적인 사고를 했는가?"라는 '합리성'의 측면이 아니라 정책결정자가 얼마나 '시스템 사고'를 했느냐는 측면에서 중국의 WTO 가입 사례를 중심으로 당시 경제정책의 총책임자인 지도자를 분석해보기로 한다.

1. 사례 선택과 시스템 사고

본 연구는 정책 결정 연구의 주요 개념인 '합리성'이라는 비판적 사유에서 출발하여 행태주의 연구방법의 제약을 극복하기 위해 발전한 '시스템 사고'를 제안한다. 이 장에서는 중국의 WTO 가입 과정에서 정책 결정자의 시스템 사고를 분석해볼 것이다. WTO 가입은 중국의 경제발전 과정을 위해 매우 합리적인 선택이라는 전제하에서 이미 합의된 사안이었다. 그럼에도 미국과의 협상은 15년이라는 긴 시간이 소요되었다. 이 장의 사례 연구의 주요 목적은 WTO 가입을 위한 중미 간 협상 과정에서 당시 경제총책임자인 리펑과 주룽지의 시스템 사고가 WTO 가입을 위한 협상 과정에 어떤 영향을 미쳤는지를 알아보는 데 있다.

1) WTO 가입 과정의 신속한 국내적 합의와 지속적 협상

중국은 1986년 7월부터 WTO의 전신인 관세와 무역에 관한 일반협정(General Agreement on Tariffs and Trade, GATT)에 대한 가입을 추진했으며, 1995년 1월 WTO체제 성립 후부터는 가입하기 위해 지속적인 노력을 기울였다. 중국은 안정적이고 지속 가능한 경제발전을 위해 WTO 가입을 필수적인 것으로 보고 적극적인 대외협상과 국내 관련 제도의 개혁을 단행했다. 하지만 이렇게 적극적이고 지속적인 협상을 했음에도 중미 간의 협상은 장장 15년이라는 긴 시간이 소요되었다. 중국 정부는 이미 1986년부터 WTO 가입을 추진하고 있었지만, 미국과의 협의에는 상당히 오랜 시간이 걸렸다. 놀라운 것은 중미 간의 관계가 상대적으로 악화된 시점인 1999년 중국의 WTO 가입에 대한 중미 간의 합의가 13년 만에 이루어졌다는 것이다.

중국이 WTO 가입이라는 대외경제정책을 추진하던 시기는 국내적으로 사회주의의 지속과 시장경제의 촉진이라는 두 가지 서로 다른 모순 상황을 극복해나가야 했으므로 WTO 가입의 이해득실에 대해서도 내부적으로 쌍방 간에 격렬한 논쟁이 있었다. 무엇보다 중미 간의 협상이 성공한 1999년은 중국과 미국 간의 관계가 매우 악화된 시점이었다는 것이다. 이와 같이 대내외적으로 모두 어려운 상황 속에서 중국은 WTO 가입에 어떻게 성공했으며, 이 과정에서 정책결정자는 어떤 역할을 했는가?

2) WTO 가입 과정의 경제발전과 사회문제의 딜레마

중국의 굴기는 세계가 주목하는 현상으로, 그 원인은 다양하지만 한 가지 인정할 수밖에 없는 것이 바로 경제발전에서 정책결정자의 역할이다. 중국 지도자들은 복잡한 국내외 환경에 직면하여 대담하게 정책 결정을 하고 최종적으로 경제발전이라는 기본 목표를 달성했다. 장쩌민 집권 시기에는 지속해서 WTO 가입을 추진하기 위해 협상이 진행 중이었다. 30여 년이라는 짧은 기간 동안 중국 경제는 개혁개방을 통해 급속한 발전을 이루었고 인민의 생활수준도 매우 큰 폭의 개선이 있었지만, 이러한 과정에서 빈부격차와 수많은 불평등한 모순이 출현하게 된다. 예를 들어 시장과 정부 간의 모순, 국유기업 개혁문제, WTO 가입, 금융위기 등은 모두 서로 다른 모순된 가치를 포함한 정책 결정이라 할 수 있다. 경제의 세계화가 심화됨에 따라 중국 정책결정자들이 고려해야 할 문제들도 점점 복잡해지고 있다. 중국 정책결정자들은 경제발전 과정에 반드시 따라오는 농촌과 도시 간의 수입격차, 자원문제, 환경문제 등의 부작용을 해결해야 했는데, 이는 지금까지도 중국 사회가 마주한 보편적인 문제들이다. 20세기인 1990년대 초, 사회주의제도하에서 계획체제와 시장경제의 관계에 대한 문제는 개혁의 중심 화두였다. 동시에 가장 거대한 사회주의 국가인 소련의 해체는 사회주의제도에 대한 거대한 충격이 되어 계획체제는 반드시 개혁을 동반한 실행이 함께 이루어져야 한다는 의견이 대두되었다. 이로 인해 1992년 중국공산당 14차 전국대표대회는 분명하게 경제체제개혁의 목적이 사회주의 시장경제건설임을 천명했다. 1993년 11월 중국공산당 제14차 중앙위원회 제2차 전체회의에서 사회주의 시장경제는 사회주의 기본제도와의 결합이며, 사회주의 시장경제체제를 건설해야 함을 강조하면서 시장은 국가의 거시경제정책 조절 메커니즘을 통해 기본적으로 자원 배분에 관여하고 일정한 작용을 한다고 강조했다. 시장경제는 경제발전을 강조하면서 개인의 사유재산 권리라는 기초하에 '경쟁'과 '이익'을 중시하지만, 사회주의는 시장의 실패로 인한 사회문제에 집중하여 '분배'와 '평등'을 강조한다. 그렇다면 양립할 수 없는 두 가치인 '사회주의 시장경제'라는 정책목표와 국내외 정책환경의 불안정 속에서 중국 정부는 어떻게 개혁개방정책을 지속적으로 추진하며 성공적인 경제 시장화를 실현하고, 나아가 순조롭게 세계 경제질서에 편입할 수 있었을까? 중국의 비약적 경제발전의 원인과 그 원동력이 된 WTO 가입을 "중국 정책결정자의 합리성"으로만 설명하는 것은 충분한가?

3) WTO 가입 과정의 불안정한 외부환경요인

1989년 이래 불안정한 상태가 지속된 중미관계는 중국의 WTO 가입 협상에 난제였다. 1992년 초, 부시 정부는 지적재산권, 시장진입 및 방직품 중계무역 등의 다양한 문제에서 중국에 대한 강경한 정책을 고수함으로써 중미관계는 지속적인 '마찰'을 겪어야 했다.

1993년 클린턴이 집권하면서 대통령 경선 시기에 약속한 중국에 대한 강경정책 공약을 지키려고 했고, 그 결과 중미관계는 더욱더 악화일로를 걷게 된다. 1995~1996년에는 대만해협 위기가, 1997년 초에는 미국 국내의 일부 반중세력이 막대한 정치적 후원금을 쏟아부으며 홍콩, 인권, 무역, 군사 등 일련의 문제에 대해 반대했고, 미국 국내에서도 반중기

류가 더욱 확산되어 중국의 무역 최혜국대우에도 위기가 찾아오게 된다. 1999년에 접어들면서 양국의 '마찰'은 더욱 심화되었다. 1999년 1월에는 미국의 소수 의원들이 대만에 미사일 방어체제를 설치해야 한다고 강하게 주장했고, 2월에는 미국 국방부의 "대만해협의 안전형세에 대한 보고"에서 '대만에 대한 중국의 미사일 위협'을 강하게 규탄했다. 3월에는 미국 매체에서 '이문화(李文和) 간첩사건'을 과대 보도하여 미 의회에서 '대만안보법안'을 발의하기도 했다. 중미 간에 이와 같은 일련의 불미스러운 사건으로 그해 4월 초 주룽지 총리가 이끈 방미는 외교적 성과 없이 끝나고 만다. 중국 정부는 중미관계의 불안정성 외에도 1990년대 후반기에 발생한 아시아 금융위기가 가져온 압력에 직면해 있었다. 장쩌민 정부는 국내외적인 거대한 압박 속에서 매우 어렵게 협상을 진행 중이었다. 중국 정책결정자는 당시 아시아 금융위기에 직면하여 인민폐 평가절하를 둘러싼 고민이 많았다. 중국의 WTO 가입에 대한 승낙과 이행은 수입 압력뿐 아니라 중단기 수출생산에도 부정적인 영향을 미쳤다. WTO 가입은 자체 경쟁력이 약한 서비스업 부문에도 직접적인 국제경쟁에 직면하게 했고, 중국 경제발전율의 하락과 투자 기회의 다원화 추세로 다국적기업과의 병합요구 및 WTO 가입 이후 외국 자본의 투자과정에서 해외자본가들의 요구조건이 더욱 까다로워질 수 있었다. 아시아 금융위기 이래로 주변국들은 중국에 두 차례나 큰 무역적 손실을 입혔다. 이 같은 외부환경요소의 불안정 속에서 1999년 미국이 베오그라드의 중국대사관을 오폭하는 사건이 발생했지만, 중미 간의 WTO 협상은 놀랍게도 엄청난 진전을 이루어 그해 11월 중국과 미국은 WTO 가입 협상을 성공적으로 마무리한다.

그렇다면, 중국 지도부는 이와 같이 불안정한 외부환경 속에서도 어떻게 정책 문제를 해결하고 미국과 성공적인 협상을 이끌어낼 수 있었을까? 중국이 1986년 이미 WTO 가입을 합리적 정책 결정으로 인정하고 승인했음에도 왜 중미 간의 협상은 중미관계가 비교적 덜 악화된 시점인 리펑이 아니라 악화된 시점인 주룽지 총리 시절에 타결된 것인가?

이 장은 이 같은 문제의식에서 지도자의 사고체계에 집중하여 '시스템 사고'라는 관점에서 중국의 WTO 가입이라는 정책 결정 과정을 살펴보고자 한다.

2.
장쩌민 집권시기의 WTO 정책 결정 배경

장쩌민 집권시기 중국은 외환, 무역, 해외투자, 자원외교, 환경보호 등과 같은 수많은 외교문제를 마주하면서도 세계화의 흐름에 순응하고 이에 더 효과적으로 대응하기 위해 WTO 가입을 통해 시장경제체제로 전환하기로 결정한다. 이 과정에서 중국이 어떤 경제발전방식을 선택할 것인지는 정책 결정의 중요한 요인이자 국내외 정책상의 중점 요소이며, 미국과의 협력 또는 충돌을 가져오는 핵심 요소라 할 수 있다. 이와 같은 관점에서 본 연구는 장쩌민 집권시기를 주 분석대상으로 삼아 중국과 미국의 거대한 협상 성과인 중국 정부의 WTO 가입이라는 사례를 이용하여 정책결정자의 사고체계를 분석하고자 한다. 중국의 WTO 가입 과정은 장쩌민 집권시기 대외정책의 가장 중요한 사건 중 하나였다. 그렇다면, WTO에 가입하기 위해 중국과 미국이 협상한 15년이라는 기나긴 시간 동안 장쩌민의 집권 전 · 후반기 경제정책의 총책임자였던 국무원 총리 리펑과 주룽지의 사고체계는 중국의 외교정책 결정과 목표에 어떤 영향을 미쳤는가?

중국이 WTO에 가입하기 위해 제시하고 양보한 범위는 매우 광범위했다. 상대적으로 이익의 크기에 비해 제한이 많았으므로 중국이 WTO 가입을 서두른 원인을 이해하는 것은 쉽지 않다. 1999년 중국과 미국의 WTO 가입조건 진행 협상 시 당시 미국 농업부 장관이던 댄 길버트는 "WTO 가입 후 중국이 얻을 이익은 거의 없다"라고 했으며, 빌 클린턴 대통령도 그의 관점에 동의했다. 당시 중국은 WTO에 가입하기 위해 매년 최혜국대우를 갱신해야 했는데, 이 과정에서 계속해서 미국 의회 내부의 반중파의 압력에 시달려야 했고, 이것은 중국에 매우 큰 정치적 부담으로 돌아올 수밖에 없었다.

그러나 중국은 WTO에 가입하기 전에 이미 미국을 포함한 WTO 회원국과 정상적인 무역관계(normal trade relations)를 가지고 있었다. 그뿐만 아니라 어떤 국가도 중국과 미국이 기존의 정상적인 교역관계를 단절하는 것을 원치 않았다. 사실상 아프가니스탄, 쿠바, 캄보디아, 라오스, 북한 및 유고슬라비아만이 미국과 정상적인 외교관계가 아니라는 점으로 미루어 볼 때, 외교관계의 확장이 중국 WTO 가입의 주요 원인이라고 보기는 어렵다. 그런데 이 사실은 중국의 WTO 가입에 대해 많은 의문점을 남긴다. 왜 중국은 불리한 조건에서도 WTO 가입을 위해 계속해서 지속적인 노력을 했는가? 20세기인 1990년대 후반기 아시아 금융위기 발생 직후, 중미 양국 간의 정치적 충돌이 가장 빈번한 상황에서 중국은 왜 갑작스럽게 협상 태도를 바꾸고 적극적으로 WTO 가입을 추진했는가? 중미 관계가 상대적으로 완화되었던 1990년대 초, 국무원 총리이자 대외경제정책 총책임자였던 리펑은 미국과의 협상에 실패했고 반대로 중미관계가 악화된 1990년대 후반기 주룽지 총리는 성공적으로 중미관계의 협상을 이끌었다. 그렇다면 이 두 정책결정자의 역할은 무엇이고, 그들의 사고체계는 미국과의 WTO 협상에 어떤 영향을 미쳤는가? 대외경제정책의 총책임자는 중요한 경제요인에 대해 시스템 사고를 가지고 있었는가?

1) 국내환경과 WTO 가입

1949년 중화인민공화국이 성립되기 이전의 중국은 전형적인 소농촌 국가였으며 공업생산력의 기틀을 잡기에는 매우 미약한 상태였다. 중화인민공화국 성립 이후, 중국은 1949년부터 1952년까지 3년이라는 짧은 시간 안에 전쟁의 상흔을 빠른 속도로 회복했다. 그 후 1953년부터 1970년대까지 수많은 장애를 제거하면서 어려움을 극복했고, 1978년 11차 3중전회 이래로 계속해서 개혁개방정책을 실행했다.

1978년 이래 중국 정부가 추진한 개혁개방의 주요 방향을 지도자에 따라 비교하면 〈표 3-1〉과 같다.

중국은 개혁개방에도 성공하고 경제 세계화에도 성공적으로 편입했지만, "어떻게 사회주의의 기본특징(국가소유의 주요 생산수단과 국가의 거시경제통제)을 유지하면서 경제발전을 이룰 수 있는가?"라는 근원적 고민에서 자유로울 수 없었다. 당시에는 어느 누구도 이 문제에 대한 답을 낼 수 없었고, 공산당은 단지 '돌다리도 두들겨가는' 방식으로 한 단계씩 개혁을 진행할 수밖에 없었다. 중국 정부는 경제 세계화라는 변화된 환경 아래에서 더욱 많은 문제에 직면하게 되었으며, 그들의 정책목표는 단일(single goal)하지 않고 다중적(multi goal)이 될 수밖에 없었다. 수많은 정책목표 상황에서 정책방향 간의 충돌은 피할 수 없는 것이었다. 예를 들어 평등(equlitiy)과 효

〈표 3-1〉 개혁개방 이래 중국의 리더십과 정책방향 비교

지도자	핵심이념	기본이론	정치목표	정책방향	국내전략	대외전략
덩샤오핑 (1978~1992) 11차 3중전회~14차	선부론 1개 중심 2개의 기본점	사회주의 초급단계론 중국 특색의 사회주의	온포	시장화 당정분리 당기분리	경제특구 단위해체 농촌/ 도시개혁	도광양해
장쩌민 (1989~2002) 14~15차	3개 대표 균부론	사회주의 시장경제	소강	세계화	WTO 가입 국유기업 개혁 금융개혁	유소작위
후진타오 (2002~2012) 16~17차	과학발전론 화해사회론	평화발전	전면적 소강	지속 가능한 발전 (경제발전+ 사회발전)	경제구조 개혁 내수확대 중진국 함정 탈출	평화발전 대국굴기
시진핑 (2012~2022) 18~19차	중국몽 (중화부흥)	평화발전	2개의 백 년 - 소강/ 화해사회	부강 민주 문명	일대일로 AIIB 인민폐 국제화 반부패투쟁	중미신형 대국관계 중국방안

율(efficiency), 성장과 분배, 환경보호와 경제발전, 계획경제와 자유무역(WTO 가입)은 모두 스스로 가치모순을 내포한 목표를 가진다. 따라서 중국 개혁개방의 성공 여부는 모순이 내재된 정책가치문제(incompetable policy value)를 해결할 수 있는가, 즉 어떻게 성공적으로 정책 딜레마(policy dilemma)와 정책 충돌(incompetable policy value)을 처리할 수 있는가에 달려 있었다. 1978년 이래 중국이 추진한 경제개혁정책은 국내적으로 시장경제를 도입하고 대외적으로 시장의 세계화에 편입하는 과정이었다. 이러한 상황에서 중국 정부는 사회주의 시장경제, 국유기업 개혁과 고용안정, 아시아 금융위기 상황

에서의 외환문제 등과 같은 정책 딜레마 문제를 반드시 처리해야 했다.

2) 국외환경과 WTO 가입

장쩌민 집권시기, 중국은 성공적으로 경제의 시장화와 세계화의 목표를 실현하여 비약적인 경제발전을 이루었다. 1978년 개혁개방 이래 30년간 시장경제의 전환 과정 중에서 중국 사회주의와 시장경제 간의 관계는 계속해서 학계의 끊임없는 논쟁거리였지만, 시장경제의 발전과 WTO 가입은 장쩌민 시기 중요한 대외목표였다.

중국의 WTO 가입은 장쩌민 집권 10년간 초기부터 말기까지 지속해서 추진한 중요한 정책목표로, 중국 경제발전에 핵심 동력원이 되었다. 중국은 2001년 12월 11일 WTO에 가입했는데, 가장 마지막으로 WTO에 가입한 주요 구성원이 되었다. 이는 세계를 향해 중국이 세계 경제에서 완전한 권리 구성원이 될 준비를 마쳤다는 메시지를 분명하게 전달한 것이었다. WTO 가입은 중국에 무역상의 큰 이익을 가져오고, 경제개혁을 더욱 적극적으로 추진할 원동력이 될 수 있으며, 대외투자를 더욱 확대하고 법치를 촉진하는 데 영향을 줄 수 있다.

중국은 2001년 WTO에 가입한 이래로 확실히 대외무역상 거대한 발전을 이루었으며, 외자투자 능력을 향상하여 경제구조를 조정하고 취업기회를 확대했다. 그러나 WTO 가입은 중국 거시경제에 적지 않은 압력을 가져왔다. 국내 차원에서 WTO 가입은 중국 지도자와 인민에게 중대한 책임과 도전이었으며 근본적으로 중국과 다른 국가 간의 관계, 특히 미국과의 수출시장 관계를 재정립하고 아시아 주변국과의 관계를 정리하는 계기가 된다.

한 가지 확실한 것은 중국의 WTO 가입이 가져온 변화가 주변국의 무역관계에 영향을 미쳤고 많은 이익과 동시에 도전도 남겼다는 사실이다. 어떻게 최대한도 내에서 수익을 창출하고 위기를 감소시킬 것인지는 정책결정자와 비즈니스계 인사, 소비자에게도 중요한 쟁점 사항이었다. 중국은 국내에서 수많은 쟁론에 부딪혀야 했을 뿐 아니라 국외에서 진행중인 협상에서도 계속된 어려움을 겪어야 했다. 특히 중미 간의 협상이 WTO 가입의 핵심 키워드였음에도 협상에 얼마나 난항이 있었는지는 아래 〈표 3-2〉에서 확인되는 29회의 협상일지를 통해 확인해볼 수 있다.

당시 국제상황에서 분석해보면, 1989년 이래 중미 양국의 불안정한 관계는 중국의 WTO 가입 과정을 더욱 어렵게 만들었던 것으로 보인다. 중미관계는 신중국 성립부터 1971년 냉전 시기까지 지속적인 전면 대립관계(1949~1971)에 놓여 있었다. 1972년부터 1989년까지 양국관계의 정상화 이후 우호 합작관계에 진입하지만, 1989년 톈안먼(天安門)사태를 거치면서 그 이후로는 갈등과 협력이 반복된다. 1989년 6월 5일과 20일, 미국의 부시 정부가 중국에 대한 5항 제재조치를 선포한 이래 중미관계는 위

〈표 3-2〉 중국의 WTO 가입을 위한 중미 협상일지

1986년 11월 18~22일	중미 제1차 협상(베이징)
1987년 2월 27~28일	중미 제2차 협상(워싱턴)
1987년 4월 18~23일	중미 제3차 양자협의(베이징)
1988년 12월 12~13일	중미 제4차 양자협의(워싱턴)
1989년 5월 24~28일	중미 제5차 양자협의(베이징)
1993년 3월 1~2일	중미 제6차 양자협의(베이징)

1993년 7월 22~28일	중미 제7차 양자협의(워싱턴)
1994년 2월 21~22일	중미 제8차 양자협의(베이징)
1994년 6월 6~8일	중미 제9차 양자협의(워싱턴)
1995년 7월 11일	중국 WTO 옵서버 지위 획득
1995년 11월 28일	WTO 가입 신청
1996년 2월 12일	중미 제10차 양자협의(워싱턴)
1996년 9월 16~17일	중미 제11차 양자협의(베이징)
1996년 10월 7~9일	중미 제12차 양자협의(워싱턴)
1996년 12월 17~19일	중미 비공식 협의(베이징)
1997년 1월 30일~2월 1일	중미 13차 양자협의(베이징)
1997년 4월 24~30일	중미 14차 양자협의(베이징)
1997년 9월 15~17일	중미 제15차 양자협의(베이징)
1997년 10월 29일	중미 연합 공개 발표
1998년 4월 17~25일	중미 제16차 양자협의(베이징)
1998년 6월 15~27일	중미 제17차 양자협의(베이징)
1998년 10월 8~13일	중미 제18차 양자협의(워싱턴)
1998년 11월 12~13일	중미 비공식 대담(길림성)
1998년 12월 1~4일	중미 비공식 대담(샌프란시스코)
1999년 2월 8~10일	중미 제19차 양자협의(워싱턴)
1999년 2월 22일~3월 4일	중미 제20차 양자협의(베이징)
1999년 3월 24일~4월 2일	중미 제21차 양자협의(베이징)
1999년 4월 4~7일	중미 제22차 양자협의(워싱턴)
1999년 4월 22~24일	중미 제23차 양자협의(베이징)
1999년 9월 5~7일	중미 비공식 접촉(베이징)
1999년 9월 9~13일	중미 비공식 논의(워싱턴)
1999년 9월 27~28일	중미 제24차 양자협의(워싱턴)
1999년 11월 2일	중국과 칠레 WTO 쌍무협정 조인
1999년 11월 10~15일	중미 제25차 양자협의
1999년 11월 15일	중국과 미국 WTO 쌍무협정 조인

기상태에 직면하게 된다. 반면, 중소관계는 1989년 5월 고르바초프가 중국을 방문한 이래로 급속하게 발전한다. 중소관계 정상화로 양국은 중대한 국제문제가 발생할 때마다 공조하여 미국 내의 반중세력과 중국에 대한 제재조치에 우려를 표명한다.

1990년부터 1991년까지는 국제적으로 많은 사건이 있었다. 대만 위기 해결, 캄보디아의 평화 등 일련의 중대한 국제와 지역 문제가 발생하여 미국 또한 중국의 협력이 필요한 상황이 연출되었고, 부시 정부는 중국에 대한 제재조치와 더불어 중국과의 교류와 양국관계 개선을 위한 노력을 보였다.

1992년은 미국에서 대선이 치러졌는데 1992년 초 부시 정부는 지적재산권, 시장진입 및 방직물 중계무역 등의 다양한 문제에서 중국에 대한 강경한 정책 기조를 유지하기로 함으로써 중미관계는 갈등이 발생한다. 1993년 1월 백악관에 입성한 클린턴이 경선 시기에 공약한 대중국 강경 정책을 밀고 나가면서 양국관계는 쉽게 개선될 수 없었다. 1994년 8월 25일, 미국 정부는 중국이 파키스탄에 판매한 M-11 탄도미사일이 군축협정을 위반했다는 이유로 중국에 경제제재를 선포한다. 1995년과 1996년 대만해협의 위기로 중미관계는 다시 한번 긴장관계에 돌입한다. 1996년 여름, 클린턴의 국가안전 특별보좌관 레이크가 중국을 방문한 이후 양국관계는 점점 해빙무드로 전환하는 듯하다가 1997년 봄 미국 국내에서 반중세력이 홍콩, 인권, 무역, 군사무기 등의 문제에 대해 강력한 목소리를 냄에 따라 중국의 무역 최혜국대우는 다시 한번 위기를 맞이하게 된다. 1997년 6월까지 미국이 최혜국대우를 연장하자 중미관계는 다시 개선되는 듯했다. 이러한 분위기에 힘입어 중국 국가주석 장쩌민이 10월 말부터 11월 초까지 미국을 방문하면서 중미관계는 적지 않은 협력과 합

작 국면을 맞이하게 된다.[1)]

1998년 6월, 클린턴이 중국을 방문했지만 양국은 1년도 채 되지 않아 다시 한번 위기를 맞게 된다. 1999년 양국관계는 1월, 미국의 소수 의원들이 대만을 중심으로 아시아 전역에 미사일 방어체제를 만들어야 한다고 주장하고 2월, 미국 국방부가 "대만해협의 안전형세에 대한 보고"를 발표하면서 마찰이 심화되었다. 그해 3월, 미국은 핵무기 기술을 빼돌렸다는 혐의로 중국인 과학자 '이문화 간첩안'을 조작했고, 이어서 미 의회는 대만안전법안을 강화하자고 발표했다. 따라서 4월 초 주룽지 총리가 미국을 방문했을 때 미국과 중국의 관계는 이미 정상이 아니었다.[2)]

설상가상으로 1999년 유고 베오그라드 중국대사관 오폭사건으로 인해 중국에서는 주권수호와 더불어 미국 패권에 대한 항의가 확대된다. 중국 외교부 대변인은 중미 양군 사이의 고위급 교류 확대, 중미 국방비의 현상유지, 군 통제와 국가안전 문제의 협상, 인권영역에서 중미의 대화 중지를 요구했다. 미국 내 반중세력의 중국에 대한 혐오감이 더욱더 확대되자, 그해 7월 미국은 대만 문제에 대한 '3불' 입장을 거듭 천명하고 대사관 오폭사건에 대해 사과하면서 중미 간 양국관계는 정상화되는 듯했다. 2001년 중국은 성공적으로 WTO에 가입했고 2008년 베이징올림픽도 성공적으로 개최함으로써 양국 간의 관계는 해빙기를 맞이했지만, 미국이 대만에 무기를 판매하면서 양국 간에 또 한 번 긴장관계가 조성되기도 했다. 2001년 9월 11일 미국에서 발생한 9.11테러 사건으로 인해 중미관계는 다시 합작할 수 있는 기회가 도래했다. 하지만 전체적으로 1989년 이후의 중미관계는 불안정성과 더불어 끊임없는 갈등과 협력이 반복되는

---

1) 贾庆国,「克林顿执政以来的中美关系」,『美国研究』, 1998年02期, 第92页.

2) 陈德民,「90年代中美关关探析」,『现代国际关系』, 1999年09期, 第13-14页.

특성을 보인다.

이러한 중미 간의 반복되는 충돌과 불안정성의 상황은 중국의 WTO 협상 과정에 영향을 주었는데, 중국의 WTO 가입 과정은 15년간 좌절의 연속이었다. 사실 1989년 6월 4일 이전에 중국과 미국의 협상은 순조로웠으며 협상이 빠르게 완성되어 중국의 지위가 회복될 것이라는 기대감도 조심스럽게 퍼져 있었다. 그러나 톈안먼사건 이후 서방국가의 중국에 대한 경제제재가 실행되자 중국이 협정체결국의 지위를 회복하고 협상하는 것은 중점제재조치의 일부가 되었다. 서방국가들 중에서도 미국은 정치 · 경제적 이익의 경중을 따져가면서 중국에 대해 소극적인 태도를 견지하며 협상에 임했고, 중미 경제무역관계에 있어 지적재산권 보호, 시장진입 등의 문제, 대만 안전 문제, 중국의 협정체결국 지위 규제 등과 관련된 문제에 대해 높은 협상 조건을 제시하여 협상은 점점 더 난항을 겪을 수밖에 없었다. 이러한 이유로 중국은 GATT에서 WTO로 전환되기 이전에 체결국으로서의 지위를 회복할 수 없었다.[3] 장쩌민 최고지도부와 리란칭은 WTO 가입을 중국이 국제사회에서 지위를 향상할 수 있는 중요한 기회라고 여겨 적극적으로 협상에 임하려 했다.

상황이 급변한 것은 1998년이었다. 4월 6일 주룽지가 미국을 방문하고, 4월 8일 WTO 중국 측 실무진이 제네바에서 제7차 회의를 마쳤을 때 협상은 매우 의미 있는 진전을 이루었다. 1999년, 미국을 중심으로 한 북대서양조약기구의 유고슬라비아 대사관 오폭사건이 발생했지만, 중미 간의 WTO 협상은 비교적 큰 진전이 있었고, 11월 중미 양자 간의 협상이 성공하여 중국은 최종적으로 WTO에 가입한다.

3) 李明, 「中国加入WTO的历程」, 『机遇与挑战』, 第21页.

중국은 WTO에 가입하는 데 15년이 걸렸으며, 국제정치의 거시적 연구 각도에서 볼 때 협상이 진행 중이던 시기의 중미관계는 매우 복잡하고 변화가 많았다. 이렇게 양국 간의 충돌과 모순이 반복적으로 나타나는 상황에서 WTO 협상 과정 역시 난항을 겪을 수밖에 없었다. 중국 정부는 세계 무역조직에 가입하기 위한 노력을 끊임없이 계속했고, 국내에서도 이로 인한 쟁론이 활발했다. 중국 지도자는 정책 집행과정에서 국내 여론의 큰 반대에 직면했을 뿐 아니라 국가 간의 갈등 문제도 처리해야 했다.

WTO에 가입하기 위한 미국과의 협상에서 장쩌민 집권 10년간 중국 지도부는 끊임없이 노력했고, 당시 중국과 미국은 입장과 신분이 달랐으므로 중미 양국은 중국의 WTO 가입 이후 자국에 발생할 이익과 손해를 정밀하게 고려했다. 그래서 중미 양국은 매우 긴 시간 동안 토론했으며 토론 과정도 결코 순조롭지 않았다. 양국이 서로 첨예한 입장 대립을 지속했으므로 협상은 쉽게 타결될 수 없었다. 그러나 양국은 최종적으로 전 세계가 놀랄 정도로 급작스러운 협상 타결을 이루어냈고, 이러한 전환은 중국의 WTO 가입에 긍정적인 신호가 되었다. 2001년 11월 10일, 카타르 도하에서 열린 WTO 제4차 부장급 회의에서 중국의 WTO 가입에 대한 결정안이 통과되었고, 11월 11일 대외무역경제합작부장 스광성 대표가 중국 정부를 대신하여 '중화인민공화국 가입 협정 비준안'에 서명함으로써 중국의 WTO 가입에 관한 법률상의 절차가 완성되었다. 12월 11일 중국은 정식으로 WTO에 가입했으며 143번째 구성원이 되었다.[4] 이것은 중국 당중앙, 국무원이 15년간 협상 과정의 어려움을 극복하고 마침내 긴 여정의 완성을 이뤄낸 순간이었다. 이는 1970년대 중국의 개혁개방과 시

4) 石广生, 『中国加入世界贸易组织知识读本(四)』, 中国加入世界贸易组织谈判历程, 2011, 人民出版社.

장경제개혁이 첫 단계의 임무를 완성하고 새로운 두 번째 단계로 진입하게 되었음을 의미한다.

3) 중국 WTO 가입의 주요 쟁점

중국의 WTO 가입이라는 사례와 관련한 기존 연구가 해결하려고 한 문제의 키워드는 미국과의 협상 과정상 법률 문제이거나 양국 경제가 가지는 상호 보완성에 있다.[5] 이 부분은 법률이라는 하나의 분석 렌즈를 통해 WTO의 쟁점 문제를 확인해보려는 시도다(Peter, 1998). 이와 같은 관점의 전제는 국가경제발전, 핵심이익 이론으로 "중국의 WTO 가입은 반드시 해내야 하는 사건"이라는 전제에서 중국의 WTO 가입에 대한 장점을 설명한다.

첫째, 중국의 WTO 가입은 국제규범에 근거하여 다자간 무역 규칙을 준수하고, 무역정책과 관리의 투명도를 증가시켜 한 단계 더 발전된 중국 개혁개방정책과 책임 있는 경제대국을 완성하여 주변국과의 전방위적 합작을 확대하며, '중국위협론'을 해소할 수 있는 계기가 된다.

둘째, 중국의 WTO 가입은 경제체제개혁의 추진동력이 된다. WTO는 시장경제를 기본점으로 다변화된 질서를 추구한다. WTO 가입과 중국이 건립한 시장경제 방향의 개혁목표는 상당 부분 일치한다. 중국 경제체제개혁의 성과를 공고히 하고, WTO 규칙을 참고하여 시장경제의 건전

---

5) 姚凯,『加入WTO若干问题辨析』, 广州: 南方经济, 2000年; 胡代光,『经济全球化的利弊及其对策』, 福州: 福建论坛(经济社会版), 总第218期.

성과 개혁의 완전성을 추진할 수 있다.

셋째, 중국의 WTO 가입은 국내 산업 구조조정에 이익을 주며, 국내 기업의 경쟁력을 강화할 수 있다. WTO 가입 이후 여유자금과 선진기술, 관리 경험을 도입하여 중국 전통의 낙후된 산업을 개조하고, 선진국의 산업으로 전환할 수 있다. 동시에 국외의 기업과 상품의 진입 한계를 통해 민족기업의 위기의식을 고양하고, 지속적으로 생산효율을 촉진하여 국제 경쟁력을 향상할 수 있다.

넷째, 중국의 WTO 가입은 경제 세계화로 진입하는 윤활유가 될 수 있다. 경제 세계화, 무역자유화에 적응하기 위해서는 안정적이고 투명하며 예측 가능한 다자무역 기제를 보장하고 경제 세계화 과정에 참여하면서 더욱더 유리한 것을 취하고 해로운 것을 피하며 자기발전을 주도해갈 수 있다. WTO 가입은 국제규칙에 따라 관세와 비관세 장벽을 낮추고, 전면적으로 세계화의 생산기지로 이익을 얻을 수 있다. 동시에 국가와 다국적기업의 합작으로 이익을 얻을 수 있다.

다섯째, 중국의 WTO 가입은 대만과의 양안관계 발전에도 이익을 주며 중국의 평화통일을 유지할 수 있게 한다. 중국은 WTO에 가입함으로써 정치 · 경제상 많은 이익을 얻게 된다. 홍콩, 마카오, 중국이 모두 상호의존하고 보완하여 공통의 번영을 충분히 공유하는 매우 중요한 실제 의의와 장기적 이익을 준다.

중국의 WTO 가입과 관련하여 당시 다수의 주류경제학자들은 비교적 낙관적인 태도를 보였고, 중국의 WTO 가입은 이후 산업구조의 합리적 조직을 촉진하여 중국 경제가 급속하게 성장하는 데 크게 공헌할 것으로 예측했다(Martin and Ianchovichina, 2001; Greenspan, 2000). 일부 학자들은 중국 경제의 발전에 따라 미래 10년 내에 세계 경제발전 속도는 0.25%(Einhorn et al.,

2001)로 증가할 것이라고 예측했다. 이재영의 중국 WTO 가입의 득과 실 분석[6]에서 중국은 미국과 WTO의 기타 구성원 간에 중요한 역할을 맡을 수 있으며, 중국이 이행하게 될 WTO에 대한 의무들은 상호 간 발생할 수 있는 문제도 많은 부분 줄일 수 있을 것으로 예측했다. 예를 들어 미국 주상하이총영사관과 중미 상업전국위원회는 화상회의를 통해 협력을 진행하고, 미국 무역법 전문가들은 중국 관료들과 대화를 진행하고자 했다. 베이징에 있는 미국 주중대사관과 북경대학도 WTO를 일반 대중이 쉽게 이해할 수 있도록 인터넷을 기반으로 한 홍보협력을 하고자 했다. 유럽연합도 중국 관료들에게 약 2,300만 달러를 지급하여 가능한 한 빠르게 지적재산권 보호 같은 WTO의 각 항목과 규칙, 관념을 이해시킬 수 있다. 중국은 반드시 준수해야 할 국제 규칙과 그에 따른 철저한 이행을 약속하면서 압력을 받았지만, 기억해야 할 것은 무역은 결코 단일 방향의 이득만이 아니라는 것이다. 중국 또한 WTO 기제를 잘 활용하여 구성원으로서의 역할을 통해 이득을 얻을 수 있었다. 중국이 어떤 도전에 직면했든지 간에 의심할 여지가 없는 것은 WTO 가입이 중국과 국제경제사회에 긴밀한 상호 연계를 가능하게 만들었고, 결과적으로는 중국에 더욱 많은 취업과 투자 기회를 제공하여 사회적 안정을 가져왔다는 것이다.

양국의 무역상무관계의 확대에 따라 중미 양국 시민의 직접 교류는 더욱 증가할 것이며, 기술이전도 더욱 증가할 것이다. 그뿐만 아니라 WTO를 통해 계속해서 상호 의존감이 증가하고, 중미 양국은 세계 경제의 안정을 위해 더욱 긴밀하게 공조하고 협조한다는 공통의 사명감을 강화해나갈 수 있다. WTO 가입은 중국 정부가 경제 세계화의 추세에 발맞

---

6) 李在永,『对中国加入WTO的利弊分析』, 山西财经大学学报, 2000年.

추기로 한 중대한 전략적 정책 결정으로, 이는 개방 확대와 개혁의 심화라는 필연적 결과로 이어졌다. 중국에 대한 영향은 경제 영역에만 국한되지 않으며 사회생활의 각 부문에 깊숙이 스며들었다. 한국 경제학계도 중국의 고속 경제발전을 보며 어떻게 '중국의 충격'에 대응할 것인지 토론했다. 당시 중국 WTO 가입의 영향력 분석은 한국학계와 행정계의 매우 지대한 관심 쟁점이 되었다(매일경제국제부, 2001). 그러나 중국의 WTO 가입에 반대한 사람도 적지 않았다. 반대자는 WTO 가입이 중국 경제에 거대한 이익을 안겨주기보다 더 큰 충격과 도전을 가져오게 될 것이라며 다음과 같이 예측했다.

첫째, 중국 대외경제무역 관리는 WTO 규칙의 제약을 받게 될 것이다. WTO 가입 이후 중국에 대한 관련 경제법률과 정책은 수정될 것이며, WTO 규칙과 부합하지 않는 내용에 대해서도 조정될 것이다. 중국의 WTO 의무이행은 기존의 방식과 관리방식이 아니라 국제기준에 맞춰 진행되어야 하는데, 이는 중국의 체제와 정부 관료들의 업무 수행 방식에 모두 거대한 도전이 될 것이다.

둘째, WTO 가입 이후 중국이 준수해야 할 시장개방에 관한 WTO 각 항의 협의는 시장개방의 속도와 순서에 일정한 압력을 가할 것이다. 과거 시장개방에서 중국은 경제발전 요구와 경제체제개혁의 경과에 근거하여 스스로 개방의 방식을 선택하고 발전시켜나갔다. WTO 가입 이후 더욱 많은 외국 상품과 서비스가 중국 시장에 진입함에 따라 중국의 기업은 매우 극심한 경쟁에 마주하게 될 것이며, 특히 자본 원가는 높고 기술 수준이 낮고 관리가 낙후한 수많은 중국 기업은 더욱 큰 어려움과 도전에 직면할 수밖에 없다.

셋째, 다각적 문제해결의 결과 또한 중국에 불리할 것이다. WTO의 다각적 분쟁 해결기구는 양날의 검과 같다. 중국 시장경제가 이미 갖추어 놓은 정책 규정이나 기업에 대한 규율과 규칙들은 WTO와 반드시 일치하지 않으며, WTO 규칙에 대한 이해도 충분치 않고 경험마저 부족하여 중국은 WTO 분쟁 해결기구와의 관계에서 불리한 입장에 놓일 가능성이 크다.

넷째, 중국 경제체제에 충격을 가져올 것이다. 중국의 경제체제와 규칙은 WTO의 요구와 부합하지 않는 부분이 많다. 예를 들어, 중국 정부의 기능 전환은 아직 완성된 것이 아니며 법률 규칙도 완전하지 못하다. 결론적으로 중국의 WTO 가입을 반대하는 주된 이유는 가입 이후 중국 본토기업의 경쟁력이 떨어지고, 중국이 세계 경제의 일부로 종속된 역할을 담당하여 농촌 지역에 큰 타격을 줌과 함께 실업률에도 영향을 미칠 것이라는 점이다. 또한, 이러한 사회적 불안이 고속 경제성장에 더욱더 부정적 영향을 미쳐 "사회 불평등과 빈부 분화" 등의 현상을 조성할 것이라는 점이 주요 사항이었다(韩德强, 2001a, 2001b; 邵人, 1999a, 1999b; 郑海东, 2001). 현재의 중국에 사회 불평등의 기원은 도시와 농촌 간의 충돌, 노동자와 경영자 간의 모순에 있다(Wang, 2000; Fewsmith, 2001). 지니계수는 사회 불평등을 보여주는 주요 경제지표로, 1978년 중국의 지니계수는 0.15였는데 1995년 0.38까지 올라갔다. 어떤 민간 조사기관의 결과에 따르면 0.59까지 치솟은 경우도 있는데, 이는 중국사회에 존재하는 불평등의 명확한 증거자료다.[7] 세계은행이 발표한 내용에 따르면, 중국은 "비교국가 중에서 사회 불평등 지니계수가 가장 큰 나라"라고 한다(Wang, 2000: 392). 농촌수입이 감소하고 조세 부담이 증가하는 상황에서 많은 농민은 사회에 대해 불만이 고

7) 『新闻周刊』, 2001年, 第40期.

조되어갈 수밖에 없으며(陆学艺, 2001), 중국 각 도시에서 해고당한 노동자 숫자도 이미 1천만 명을 초과한다. 상황이 이 정도로 심각했지만, 당시 중국 정부는 근본적인 해결대책을 내놓지 못했다(백승욱, 2001).

위에서 설명한 WTO 가입분석을 통해 당시 중국 경제의 이익과 손실에 대한 논쟁이 매우 다양하고 활발했으며, 동시에 WTO 가입과 국내의 개혁개방 문제는 밀접하게 연결된 것이었음을 알 수 있다. 중국의 WTO 가입에 대한 수많은 이해득실 논쟁을 뒤로하고 실질적으로 중국의 WTO 가입정책 추진 과정에서 마주한 가장 큰 장애물은 미국과의 협상 과정이었다. 중국은 WTO 가입을 위해 비교적 광범위한 양보를 했다. 또한 중미협상 과정에서는 상대적으로 이익이 크지 않은 데 비해 제약이 많은 불평등한 협상이라는 오명에도 대응해야 했다. 이러한 일련의 상황은 중국 정부가 급하게 WTO에 가입하려는 행동 원인을 규명하기 어렵게 한다.

중국은 WTO에 뒤늦게 가입한 국가여서 협상 과정에서 경제체제 조항에 제약을 받았다. 그중에서도 「중국 입세 의정서」 제5조(확정보조금과 덤핑 판매 시 가격비교)와 제16조(특정 상품과 도성보장 기제)는 중국에 끼치는 손해가 가장 컸다. 이 두 가지 조항은 다른 WTO 구성원들이 WTO 가입 이후 15년 동안 중국 시장경제의 지위를 인정하지 않으며, 12년 동안 중국의 특정상품에 대한 과도기적 보장 기제를 허가한다는 내용이었다. 과거에 상당히 오랜 시간 동안 중국 기업은 전 세계 반덤핑소송의 가장 큰 피해자로, 제15항의 수정은 과거 12년 동안 중국과 다른 국가 간의 양자 무역협상의 주요 쟁점이었다.[8] 특히, 1999년 중미 양국이 WTO 가입조건에 대해 협

8) 李在永, "对中国加入WTO的利弊分析", 『山西财经大学学报』, 2000年, 第22期.

상을 진행할 때, 당시 미국 농림부 장관은 "중국의 WTO 가입 이후 중국이 얻을 이익은 거의 없다"라고 말했는데, 클린턴도 그의 의견에 동의했다(Wang, 2000: 393).

3. 대외경제정책 총책임자의 역할과 WTO 가입

일반적으로 대외정책 결정과 대내정책 결정 과정의 가장 큰 차이는 구조적 불확실성(structural uncertainty)[9] 유무에 있다. 대외정책 결정은 정책 예측의 어려움 때문에 대내정책보다 더 많은 불확실성을 포함할 수밖에 없다. 로버트 엑셀로드(Robert Axelrod)는 이러한 상황을 '구조적 불확실성'이라는 개념으로 설명한다. 대외경제정책 또한 대외정책의 일부로 양적인 통계 수치를 통해 비교적 명확하게 경제정책을 반영하기는 하지만 그렇다고 외부환경요소, 즉 구조적 불확실성을 고려하지 않을 수도 없다. 정책결정자들은 국내 정책 결정 시 관련 정보를 쉽게 얻을 수 있고, 여론의 요구를 신속하게 수렴할 수 있어 상대적으로 대외정책보다 정책을 판단하기 쉽다. 동시에 정책결정자 개인은 많은 정보를 바탕으로 결정한 특정 정책에 대한 생각이 쉽게 바뀌지 않는다.

---

9) Robert Axelrod, Ole Holsti, Stuart Ross eds., 1976. "Structure of Decision," Chapter one 'The Cognitive Mapping Approach to Decision Making,' Princeton University Press, p. 35.

반대로, 대외정책을 결정할 때 한 개인의 결정은 정책의 불안정 요소 때문에 대다수의 상황에서 논리적 설득력과 지식을 갖춘 정책결정자에 의해 쉽게 설득당하고 바뀔 수 있다. 따라서 대외경제정책을 실행할 때, 정책 총책임자의 역할은 더욱 명확하게 드러날 수 있다. 대외경제정책 실행 과정의 분석에서 중요한 것은 중국 대내외 경제정책의 총책임자인 국무원 총리의 역할, 특히 대외경제정책 결정 중에서 총책임자의 국내외 경제요소에 대한 사고체계다.

중국 정책 결정 과정의 특징은 '집단지도체제'다. 중국의 집단지도체제는 다수의 인원으로 구성되는 중앙정치국 상무위원회를 기본 기제로 본다. 중앙정치국 상무위원회 위원 중에 경제정책 총책임자인 국무원 총리는 국가 정부의 수장으로, 중앙정부의 중요한 행정업무를 책임진다. 행정수장책임제는 집단지도체제와 개인 분담책임제를 구체적인 형태로 하여 중대한 사무는 집단토론에 기초하되 행정수장이 가부를 취사선택하며, 구체적인 일상 행정사무에 대한 결정 권한을 갖고 독립적으로 행정 책임을 담당하는 제도다. 총리는 국무원 업무 전반을 총괄하고 국무원을 대표하는 책임을 진다. 부총리는 국무원에서 총리의 업무에 협조하고, 국무원 비서와 각부 부장, 각 위원회 주임, 중국 인민은행장과 함께 총리 업무를 분담한다. 총리는 국무원 업무의 중대한 문제에 있어 최종정책결정권을 가지고 있다. 1978년 이래로 중국 국무원 총리는 자오쯔양, 리펑, 주룽지, 원자바오와 리커창이 담당했다. 그중 1989년 톈안먼사건 이후 장쩌민 집권시기에 국내외 경제정책의 총책임은 리펑과 주룽지 두 사람에게 있었다. 이들은 중국 시장경제화와 경제 세계화에 힘을 모았고, 이를 위해 구체적으로 WTO 가입이라는 대외경제정책을 실행했다.

중국은 WTO 가입을 위해 15년이라는 시간을 노력했다. 국유기업 개혁과 경제개혁은 1993년 경제정책 총책임자인 리펑 총리에 의해 대규모로 전개되었다. 1993년 당시 주룽지는 부총리로서, 중국의 WTO 가입에 중요한 역할을 했다. 주룽지의 지도로 1993년 경제무역위원회가 설립되었고, 중앙경제공작회의도 개최되었다. 1999년 중국은 급작스럽게 적극적인 협상 태도로 전환하여 중미 간에 의미 있는 협상 결과를 도출해냈다. 따라서 장쩌민 집권시기 경제정책 총책임자인 두 명의 국무원 총리의 작용에 대해 한 단계 더 깊게 이해할 필요가 있다.

주목할 만한 것은 1998년 이후 적극적인 방향으로 전환한 중국 정부와 미국의 협상 태도다. 1997년 후반 들어 태국에서 발발한 금융위기가 한국에까지 번지면서 금융위기는 아시아 국가 전역으로 퍼져 중국에도 큰 압박으로 작용했다. 특히 인민폐 평가절하에 대한 문제가 관건이었다. 중국 정책결정자가 인민폐를 평가절하할 것인지는 중국 국내경제 발전뿐 아니라 아시아 경제 형세와 안정과도 밀접한 관련이 있는 문제였다. 1998년부터 중국은 내부와 외부의 복합적인 압력에 직면하여 2001년 WTO에 대한 협상 태도를 적극적으로 전환하게 된다. 여기서 주목할 것은 당시의 역사적 배경하에서 중국 국내에서 WTO 가입 반대 여론이 증가하고 있었으며, 외부환경도 중미 간의 지속적인 충돌과 1997년 아시아 금융위기의 영향을 받는 상태였다. 국내외 요소가 중미협상을 순조롭게 진행하는 데 도움이 되지 못했음에도 중국은 왜 갑작스럽게 태도를 바꾸어 미국과 적극적으로 WTO 협상을 추진했는가? 리펑은 중국의 WTO 정책 과정에서 오랜 시간 국무원 총리를 담당하며 대외경제정책을 총괄하는 책임자로 있었지만, 미국과의 협상은 성공하지 못했다. 반면, WTO 협상은 중미 양국 관계가 위기였던 1999년 주룽지 총리 시절에 타결된다.

중미관계의 변화를 불러온 외부요소 또는 중국 내부 경제개혁의 필요성만으로는 1999년 급작스럽게 적극적으로 변화한 중국의 협상 태도를 충분히 설명하지 못한다. 필자는 위에서 제기한 당시 중국 상황에 대한 분석의 한계를 개선 및 보완하기 위해 두 가지 전제를 제기한다. 첫째, WTO 가입 시 중국 지도부의 내부 자문이 이전보다 더욱 활발했다. 둘째, 주룽지는 중국 국무원 총리로, WTO 가입과 관련된 중국의 거시경제정책에 대해 충분히 이해하고 있었다. 본 연구는 대외경제정책의 총책임자인 국무원 총리를 중심으로 정책결정자의 시장경제, 국유기업 개혁 및 아시아 금융위기 등 WTO 가입과 관련 있는 경제정책 변수들에 대해 어떤 견해를 가졌는지, 즉 정책결정자의 정책 사유체계를 분석하고 연구하여 기존의 내용분석이 가지는 분석력의 한계를 보완하고자 한다.

4.
WTO 가입에 대한 경제정책 총책임자의 견해

WTO 가입에 대한 찬반 여론이 많았지만, 당시의 내외부 환경을 보면 중국의 WTO 가입은 거스를 수 없는 시대의 흐름인 것으로 보인다. WTO 가입 결정 과정에서 시장경제에 대한 정책결정자의 생각은 빠뜨릴 수 없는 매우 중요한 정책인지 요소다. 그 밖에도 앞서 확인해본 당시 국내환경 분석을 통해 우리는 당시 중국 경제정책 총책임자가 당면한 가장 중요하고도 시급한 임무는 국유기업 개혁과 아시아 금융위기에 대한 대처였음을 알 수 있다. 이 세 가지 경제정책 변수들은 WTO와 매우 밀접하게 관련되어 있다.

그렇다면, 이러한 국내외 경제환경에 마주하여 WTO 가입의 가장 핵심적인 요인들은 중미협상의 장기적 국면 초래와 어떤 관계가 있는가? 중국의 최고지도부에서 이미 동의한 문제인 WTO 가입은 왜 중미관계가 가장 불안정하고 악화된 시점에서 갑작스러운 전환을 맞이했으며, 중국 정부는 왜 적극적인 협상 태도로 전환했는가? 장쩌민 집권시기 경제정책의 총책임자인 국무원 총리는 국내외 경제 문제를 어떻게 인지하고 있었는가?

본 연구는 중국의 WTO 가입 결정 과정을 사례로 하여 WTO 가입의 핵심경제변수인 시장경제, 국유기업 개혁, 아시아 금융위기에 대해 당시 대외경제정책 총책임자인 리펑과 주룽지의 인식을 자세하게 분석한다. 단, 본 연구에서 중미협상의 또 하나의 축이었던 미국 지도부는 분석에서 제외했다. 이는 미국 쪽의 요소가 중요하지 않아서가 아니라 본 연구의 기본 분석 구조가 중국 경제정책 총책임자인 국무원 총리의 사고체계 분석에 초점을 맞추고 있기 때문이다. 그러므로 다음 장의 핵심은 중국 지도자가 시스템 사고를 가지고 있었는지 확인하는 부분이 될 것이다. 본 연구는 지도자의 인과지도를 통해 장쩌민 시기 대표적인 보수파와 개혁파로 분리되는 리펑과 주룽지의 경제정책 사고체계를 분석하고, 지도자의 연설문에서 ① 시장경제에서 정부의 역할에 대한 견해, ② 국유기업 개혁에 대한 시스템 사고, ③ 아시아 금융위기에 대한 시스템 사고를 확인하여 두 총리의 서로 다른 정책변수 인식과 관점이 중국의 WTO 가입에 어떤 영향을 미쳤는지 분석한다. 또한 장쩌민 집권시기 주요 정책결정자인 리펑과 주룽지의 발언문 중에서 정책 언어를 종합하여 중국 정책결정자의 시스템 사고를 연구한다. 개별 정책 언어에 근거하여 최고정책결정자의 사고체계를 분석하기 위해 인과지도 분석방법을 사용하도록 한다.

5.
연구내용과 방법의 창의성

1) 연구내용

본 연구는 1978년 개혁개방부터 중국이 WTO에 가입한 2001년까지 중국 최고지도부의 정책 결정 과정 중에서 WTO 가입과 관련하여 정책결정자가 신중하게 고려해야 했던 중요한 정책변수를 ① 시장경제에 대한 견해(사회주의와 시장경제의 조화 문제), ② 국유기업 개혁 문제, ③ 아시아 금융위기의 대응 문제로 나누었다. 그중 본문은 장쩌민 집권시기 중국의 주요 대외경제정책 중 하나였던 WTO 가입이 이후 중국의 새로운 부상을 만들어내는 틀이 되었다고 보고, 중국 WTO 가입정책 결정 과정에서 국무원 총리의 사고체계를 분석하고자 한다. 본 연구는 4장에서부터 리펑과 주룽지 두 총리의 시장경제에 대한 인식, 국유기업에 대한 견해 및 아시아 금융위기에 대한 인식을 비교 분석한다.

2) 연구 사례와 분석구조

본 연구는 시스템 다이내믹스에서 출발한 시스템 사고라는 개념과 인과지도 분석을 통해 도출한 인과관계와 피드백 루프 분석방법에 근거하여 중국 WTO 가입 과정을 연구 사례로 한다. 무엇보다 WTO 가입 과정에서 경제정책 총책임자의 인지작용을 중요한 분석대상으로 하고 있다. 따라서 WTO 가입정책 결정 과정에 영향을 미친 중미 양국 간의 국내외 수많은 요소를 모두 분석하는 것이 아니라 장쩌민 집권시기 주요 정책 결정자인 리펑과 주룽지의 연설문을 통해 중국 정책 결정 과정 중 정책결정자의 시스템 사고, 즉 종합적 사고체계 분석을 핵심으로 한다.

중미관계가 비교적 안정적이던 1990년대 초, 대외경제정책 총책임자인 국무원 총리 리펑은 미국과의 협상에서 실패했는데, 중미관계가 악화된 1990년대 후반기 주룽지 총리는 어떻게 중미협상을 성공적으로 이끌어냈는가? 두 정책결정자의 사고체계는 미국과의 WTO 협상 과정에서 어떤 역할을 했는가? 대외경제정책 총책임자는 핵심경제 문제에 대해 시스템 사고를 가지고 있었는가? 본 연구는 장쩌민 집권시기의 WTO 정책결정 과정을 사례로 하여 다음 세 가지 측면에서 당시 경제정책 총책임자인 리펑과 주룽지의 사고체계를 분석한다.

(1) 시장경제에 대한 이론적 각도에서의 인지분석

중국 정책결정자는 시장과 정부의 역할, 사회주의 시장경제를 어떻게 인식하고 바라보았는가? 경제정책의 총책임자는 정부의 개입과 사회주의 시장경제와의 인과관계를 어떻게 이해했는가?

(2) 국유기업 개혁에 대한 사실적 각도에서의 인지분석

중국 정책결정자는 국유기업 개혁이라는 국내 정책문제를 어떻게 인지했는가? 정책결정자는 국유기업 개혁과 그와 관련 있는 정책변수 간의 인과관계와 피드백 루프를 어떻게 인지했는가?

(3) 국가경제체제에 대한 가치적 각도에서의 인지분석

중국 정책결정자는 아시아 금융위기라는 국외정책 문제를 어떻게 인지했는가? 리펑과 주룽지는 아시아 금융위기 시 다양한 정책에 대처하면서 인민폐 평가절하에 대한 딜레마를 해결할 사고를 가지고 있었는가?

본 연구는 시스템 다이내믹스의 핵심개념인 시스템 사고를 이용하여 정책결정자의 사고체계를 분석한다. 필자는 정책결정자의 사고체계를 분석하기 위해 시스템 다이내믹스의 인과지도 분석방법을 이용하여 정책결정자의 정책 언어(연설문)를 분석한다. 인과지도는 정책결정자의 정책 언어 중에서 인과관계가 있는 정책변수들을 모두 도출하여 피드백 루프를 확인하고 정책결정자의 사고체계를 분석할 수 있다. 본문에서 사용한 인과

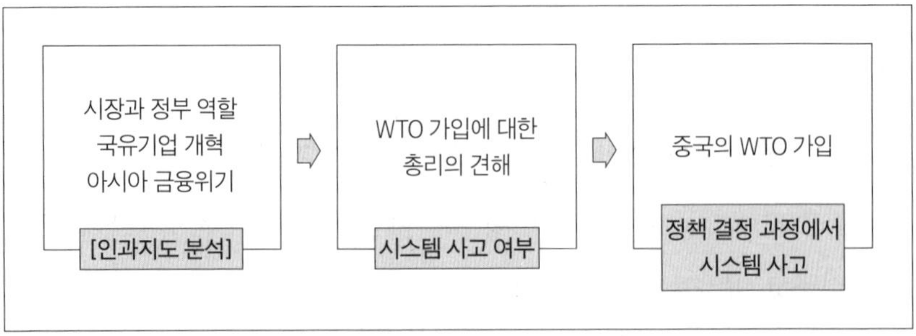

〈그림 3-1〉 정책결정자의 시스템 사고 분석구조

지도는 시스템 다이내믹스에서 사용하는 'Vensim PLE' 컴퓨터 프로그램을 이용했다.

필자는 본 연구의 제1장에서 중국 정책 결정 체제연구와 외교정책 결정이론 중 정책결정자의 사고체계와 관련된 연구모델을 소개했다. 합리성 모델은 외교정책 결정이론의 하나로, 본문에서는 이 이론에 기초하여 비판적 해석과 대안을 제시한다. 두 번째로 정책결정자의 사고체계를 이해하기 위해 '시스템 사고'라는 개념을 제안하고, 합리적 사고와의 차이점을 설명했다. 이와 같은 배경하에서 제2장은 시스템 사고의 주요 개념인 '인과관계'와 '피드백 루프'의 원리를 설명했다. 제3장에서는 연구방법론과 분석구조를 자세히 설명하고자 했다. 제4장부터는 중국의 WTO 가입정책 결정 배경하에서 장쩌민 집권 전반기 5년간 경제 총책임자였던 리펑의 사고체계를 분석한다. 먼저 리펑의 시장경제 인식을 분석하고 중국 지도부가 최종적인 목표로 추구한 사회주의 시장경제의 논점에 대해서도 분석을 확대하여 전개한다. 나아가 리펑이 경제발전을 촉진하기 위해 피할 수 없었던 최대 문제인 국유기업 개혁에 피드백 사고가 있었는지를 확인한다. 동시에 리펑 총리가 아시아 금융위기를 대처함에 있어서도 관련 경제요소들에 대한 피드백 루프를 인지하고 있었는지 분석해볼 것이다. 제4장의 마지막 부분에서는 리펑의 인과지도 분석 결과를 종합하여 리펑의 WTO 가입에 대한 견해를 종합적으로 분석한다.

제5장에서는 장쩌민 집권 후반기의 경제 총책임자였던 주룽지의 사고체계를 분석해보고자 한다. 리펑의 인과지도 분석 순서와 동일하게 먼저 주룽지의 시장경제에 대한 인식, 사회주의 시장경제에 대한 인식을 분석하고, 국유기업 개혁과 1997년 발발한 아시아 금융위기 대처에 대한 시스템 사고 여부를 확인한다. 아시아 금융위기와 관련해서는 당시 중국의

핵심 쟁점이던 인민폐 평가절하 문제에 대한 딜레마 사고 여부를 인과지도로 확인할 수 있는지 그 가능성을 타진해본다. 제5장의 마지막 부분에서는 주룽지의 인과지도 분석 결과를 종합하여 주룽지의 WTO 가입에 대한 견해를 종합적으로 분석한다.

제6장에서는 리펑과 주룽지의 사고체계를 당시의 정책적 맥락에서 재검토하고 이를 종합적으로 분석한다. 두 총리의 견해가 중국의 WTO 가입에 어떤 영향을 미쳤는지도 종합적으로 분석한다. 결론에서는 중국 외교정책 결정연구와 시스템 사고의 연계성을 설명하고, 시스템 사고가 중국 외교정책 결정 과정 연구에 끼칠 수 있는 학문적인 새로운 공헌을 탐색한다. 지식정보화 시대에 국가는 더욱 고도화된 정책전략을 사용한다. 따라서 시스템 사고는 이러한 복잡한 환경에서 만족할 만한 정책분석의 대안이 될 수 있으며, 대외정책연구에도 적용할 수 있다.

3) 연구방법상의 창의성과 함의

본 연구는 사회과학방법론의 창의성과 발전 각도에서 연구가치와 의미를 가진다. 이 연구와 기타 연구의 차이점은 다음과 같다.

(1) 1차 자료의 사용

본 연구는 중국 외교정책 결정 과정을 해석하기 위해 1차 자료인 원문자료, 즉 리펑과 주룽지 등과 같은 주요 정책결정자의 연설문을 주 분석대상으로 했다.

(2) 시스템 다이내믹스 이론의 차용

본 연구에서는 정책 결정 과정 연구방법으로 기존에 서양 연구자들이 지속적으로 사용해온 인터뷰와 통계방식을 뛰어넘어 과학적인 내용분석 방법으로서 인지과학의 태동과 함께 발전한 시스템 다이내믹스 이론에 기초하여 '피드백 루프' 개념을 통해 정책결정자의 인지를 과학적으로 분석한다.

(3) 실증분석

본 연구에서는 중국 정책결정자의 사고체계에 대한 실증연구를 진행한다. 이를 위해 본문은 장쩌민의 재임 기간 10년간 WTO 가입 과정을 사례로 대외경제정책 총책임자인 리펑과 주룽지의 사고체계를 분석한다.

(4) 정책결정자 언어의 체계화

본 연구는 산만하게 흩어져 있는 정책결정자들의 언어를 하나로 모아 체계화된 인과지도를 만든다. 장쩌민 집권시기 주요 경제정책 정책결정자인 리펑과 주룽지의 어록은 가장 중요한 정보이자 연구자료다. 이를 통해 중국 지도부는 어떤 사고체계를 가지고 정책을 실행했으며, 어떤 정책 딜레마에 처해 있었는지를 분석할 수 있다. 이는 'Vensim PLE'라는 컴퓨터 프로그램의 인과지도 분석을 통해 가능하다. 본 연구가 사용한 분석

도구는 양적 자료로 사용될 수 있을 뿐 아니라 정성분석의 정보로도 활용할 수 있다. 현재 인과지도 중심의 시스템 사고에 대한 연구방법은 단선적 분석을 종합하고, 드러나지 않는 정책결정자의 시스템 사고를 도출해 낼 수 있다. 그뿐만 아니라 시스템 다이내믹스 연구방법에서 시스템 사고는 정책연구에도 활용이 가능하다. 본 연구는 중국 지도부의 외교정책 결정 과정을 설명하기 위해 인과지도를 분석도구로 사용하고, 중국의 WTO 가입정책 결정 과정을 사례로 하여 정책결정자의 경제발전에 대한 견해에 비추어 시스템 사고가 있는지를 판단하여 정책 언어를 체계화하는 데 공헌할 수 있다.

(5) 외교정책 연구의 체계성

행태주의 분석은 과거 10여 년 동안 미래를 예측하거나 고도의 전략을 도출하는 데 한계를 보였다. 1960년대에는 그 누구도 중국이 이렇게 엄청나게 비약적 성장을 하리라 예측하지 못했고, 1990년대에도 중국이 성공적으로 사회주의를 유지하면서 외환위기를 극복하리라 생각하지 못했다. 행태주의와 달리 시스템 다이내믹스는 미래를 '예측'하는 것이 아니라 '설계'하고자 하므로 연구의 중점을 행태가 아닌 구조에 둔다. 시스템 다이내믹스는 구조의 변화가 이미 내포된 것으로 가정하므로 미래의 변화에 대비할 수 있을 뿐 아니라 시스템 구조에 변화가 발생한다고 해도 쉽게 대응할 수 있다. 시스템 구조가 변화를 만들기 위해서는 먼저 시스템 구조를 이해해야 한다. 다시 말해, 정책결정자는 효율적인 정책의 실행을 위해 통제 가능한 정책변수(controllable policy variable)를 정책 효율의 최대화를 위해 사용해야 한다는 것이다. 시스템 다이내믹스 학자들은 이를 '정책 지렛대(policy leverage)'라고 표현한다.

정책 지렛대는 유한한 정책자원(예산, 시간, 관심, 인력 등)을 투입하여 거대한 정책 효율을 창출하는 정책의 개입점(policy internvention point)을 찾아내는 것이다(김도훈 · 문태훈 · 김동환, 1999). 정책 지렛대는 다양한 경로를 통해 발견되지만, 먼저 정책대상의 시스템 구조를 이해해야 한다. 인과지도 분석은 시스템 구조 이해에 도움을 주는 분석방법이다. 시스템 구조는 두 가지 형태로 나누어진다. 하나는 양의 피드백 루프 구조에서의 정책 지렛대다. 예를 들어, 인터넷 사용자의 증가가 그 인터넷의 가치를 증가시킨다고 할 때, 인터넷회사는 더욱 많은 사용자를 확보하기 위해 일정 인원까지는 무료로 인터넷에 가입하게 하는 정책을 사용한다. 정책 지렛대는 초기비용의 증가를 가져올 수 있지만, 이는 모두 정책수단의 효율을 증가시키기 위한 방법이다. 대외투자도 이와 마찬가지다. 만약 정책결정자가 투입한 것이 국제 신인도라면 초기에 비교적 적은 대외투자가 장기적으로는 국제 신인도를 높이고 국가에 더 많은 투자를 끌어들여 큰 수입을 만들 수도 있다.

이와 반대로, 음의 피드백 루프는 정책수단의 효율을 감소시키는 작용을 하며, 전략적 억제성이 이 구조가 가지는 주요 특성이다. 경제위기와 기업자원의 낭비 간에는 음의 피드백 루프를 가진다. 경제위기가 안정되면 기업의 낭비행위에 대한 정부의 감독이 소홀해지고, 이는 또다시 경제위기를 초래할 수도 있다. 위기발생을 막기 위해 정책상의 통제와 경제위기에 대한 정보를 지속해서 제공함으로써 관리 소홀이나 낭비를 줄일 수 있다. 정책 지렛대는 적극적인 작용과 소극적인 작용을 동시에 하기도 한다. 매사추세츠대학의 피터 센지(Peter Senge) 박사는 급류에 빠졌을 때를 예로 들어 설명한다(Senge, 1990). 급류에 빠졌을 때 오히려 힘을 빼고 있으면

살 수 있는데, 급류와 물살에서 빠져나오기 위해 애쓰면 애쓸수록 더 큰 위험에 빠질 수도 있다는 것이다.

위와 같은 예는 시스템 사고에서 상식에 반하는 전형적인 경우다. 긴급한 상황에서 시스템 사고를 할 때, "무대책이 상책"이라는 결론에 이를 수도 있다는 것이다. 하지만 통치 위치에 있는 정책결정자가 긴급한 상황에서 아무것도 하지 않고 있기는 매우 어렵다. 정책결정자 본인도 대응하지 않는 것이 상책임을 알면서도 당장 해결 대책을 내놓아야 할 상황이 빈번하므로 실제로 아무 행동도 하지 않기는 매우 어렵다. 예를 들어, 계속해서 파업 중인 시민의 불만에 직면했을 때, 정책결정자가 강력한 진압정책을 채택한다면 노동계의 더 큰 반발을 불러일으켜 돌이킬 수 없는 심각한 국면으로 내몰리기도 한다. 이러한 현상에 대해 시스템 사고는 상식과 상반되는 의견을 제기할 수도 있다. 다운스(Downs A., 1972)는 정책 지렛대에는 시스템 사고가 필요하며, 정책을 집행하기 위해서는 용기와 신념이 필요함을 강조했다. 이러한 정책 지렛대는 작은 노력으로 큰 효율을 기대할 수 있다.

6. 정책결정자의 인과지도 도출방법

1) 정책 언어와 인과관계

본문은 국무원 총리의 시스템 사고 유무를 확인하기 위해 리펑과 주룽지의 연설문에서 인과관계를 도출한다. 필자는 장쩌민 집권시기 총리와 부총리를 맡은 1992년부터 1999년까지 리펑과 주룽지의 연설문을 활용하여 분석을 진행했다. 본문의 제4장부터 제7장까지의 수많은 인과지도는 지도자의 연설문에서 인과관계를 도출하여 인과관계표로 제작한 것이다. 예를 들어, 1998년 5월 16일 국무원에서 열린 국유기업 직원의 기본생활 보장과 재취업사업회의에서 주룽지가 발언한 부분은 다음과 같다.

〈표 3-3〉 국유기업 직원의 기본생활 보장과 재취업사업회의에서 주룽지 연설(1998년 국무원)

연설문	目前国有企业下岗职工增多, 不是企业改革本身造成的, 也不是什么人"炒"起来的. 这里有多方面的原因, 即有历史的原因, 也有现实的问题. 从根本上说, 这是中国经济发展中多年积累的深层矛盾的综合反映, 也是改革和发展进程中不能回避的问题. 由于盲目投资, 重复

	建设严重，许多产品的生产能力大大超过社会需求，产品卖不出去，企业只能停产半停产，工人被迫下岗.建设规模搞得过大，项目资本金普遍不足，靠银行贷款，债务沉重，许多项目一般产就亏损，必然导致下岗职工增多. 中国人口多，就业压力大，长期实行低工资，高就业政策，主要靠国有企业来安置人，做成国有企业人员过多，人浮于事. 随着投资体制，金融体制改革的深化，资金供给约束日益强化，加上多种所有制经济迅速发展，对外开放不断扩大，国内外市场竞争越来越激烈. 在这情况下，国有企业用人过多的状况再也人多的企业. [번역] 국유기업 퇴직자가 늘어난 것은 개혁 자체에 따른 것도 아니고, 사람이 늘어나서도 아니다. 여기에는 다방면의 원인, 즉 역사적인 원인도 있고 현실적인 문제도 있다. 기본적으로 중국 경제발전에서 다년간 누적된 심층갈등의 종합적 반영이며, 개혁과 발전 과정에서 비껴갈 수 없는 문제다. 무분별한 투자로 중복건설이 심해져 많은 제품의 생산 능력이 사회적 수요를 크게 초과하여 제품이 팔리지 않자 기업은 생산의 절반을 멈추게 되었고 근로자들은 일자리를 잃게 되었다. 건설 규모가 너무 크고, 프로젝트 자본금이 보편적으로 부족하며, 은행 대출로 빚이 무겁고, 많은 프로젝트가 일반적으로 생산되어 적자를 내고, 필연적으로 퇴직하는 근로자들이 증가하게 된다. 중국은 인구가 많고, 고용 압박이 심하여 저임금 · 고취업 정책을 장기간 시행해왔으며, 주로 국유기업에 사람을 배치하여 국유기업에 종사하는 사람이 너무 많다. 투자체제, 금융체제 개혁이 심화되면서 자금공급 규제가 강화된 데다가 다양한 소유제 경제가 급속히 발전하고 대외개방이 확대되면서 국내외 시장경쟁이 치열해지고 있다. 이런 상황에서도 국유기업은 사람을 너무 많이 쓰는 경우가 많다.
인과관계표	盲目投资 →国有企业下岗职工(+) 重复建设 →国有企业下岗职工(+) 建设规模 →项目资本金(–) →国有企业下岗职工(+) 建设规模 →银行贷款(+) →国有企业下岗职工(+) 国有企业下岗职工 →经济发展(–) 债务 →国有企业下岗职工(+) 投资体制改革 →经济发展(+) 金融体制改革 →经济发展(+) 对外开放 →国内外市场竞争(+) →国有企业下岗职工(–) [번역] 맹목투자 →국유기업 노동자 해고(+) 중복건설 →국유기업 노동자 해고(+) 건설 규모 →프로젝트 자본금(–) →국유기업 노동자 해고(+) 건설 규모 →은행대출(+) →국유기업 노동자 해고(+) 국유기업 노동자 해고 →경제발전(–) 부채 →국유기업 해고직원(+) 투자체제 개혁 →경제발전(+) 금융체제 개혁 →경제발전(+) 대외개방 →국내외 시장경쟁(+) →국유기업 노동자 해고(–)

2) 담화 및 인과관계 분석 예시

여기서 맹목투자, 중복건설, 국유기업 노동자 해고 간에는 양의 인과관계가 성립한다. 그러나 국내외 시장경쟁과 국유기업 노동자 해고 간에는 음의 인과관계가 성립한다. 인과관계의 부호는 두 정책변수 간의 변화 방향을 통해 결정된다. (+)부호는 "2개의 변수가 동일한 방향으로 이동"하는 것을, (-)부호는 "2개의 변수가 서로 다른 방향으로 이동"하는 것을 의미한다. 지도자의 연설문에서 도출한 인과관계의 정책변수와 또 다른 연설문에서 도출한 인과관계의 정책변수를 상호 비교한 후 만약 두 정책변수의 의미가 같다면 둘 중의 하나만 사용하도록 한다. 인과지도를 만드는 데 필요한 핵심 언어는 서술형 언어다. 인과관계와 관련된 정책 언어는 대부분 정책 문제의 원인이나 정책효과를 설명하기 위해 사용된다. 그러므로 본문의 주요 연구대상은 서술형 언어다. 서술형 언어는 인과관계를 강조하는데, A가 B의 생성에 영향을 미친다면 두 변수 간에는 상호 영향이 있다고 볼 수 있다. 인과관계의 방향은 어떤 변수가 어떤 변수에 영향을 미치고 있는지를 표현한다(Weick, 1978).

중요한 것은 인과관계의 부호에 대한 분석이다. 인과관계의 부호 중에 (+)의 의미는 2개의 변수가 동일한 방향으로 함께 영향을 미치며 움직인다는 것이다. 예를 들어, 경쟁력의 향상은 수출양의 증가를 가져온다든가 경쟁력의 감소는 수출양의 감소를 가져온다는 등은 두 가지 변수가 서로 같은 방향으로 영향을 주는데, 이것이 바로 인과지도에서 (+)로 표현되는 대표적인 경우다. 반대로, 2개의 변수 간에 인과관계가 (-) 방향으로 표시되어 있다면, 두 변수는 서로 다른 방향으로 영향을 미치며 움직인다는 것이다. 예를 들어, 물가 상승 상황에서 구매력 감소, 반대로 물가

하강 상황에서 구매력 상승 등은 인과지도에서 (-)를 보여주는 대표적인 사례다.

따라서 인과관계는 단순한 상관관계와 달리 상호영향을 주는 방향에 따라 결정된다. 상관관계는 A와 B가 상호 연결되고 변화한다. 상관관계에서 2개의 변수가 (+)일 때 A와 B는 하나의 방향으로 움직이고, 2개의 변수가 (-)일 때는 함께 반대 방향으로 움직인다. 이로써 A와 B 사이에 상호 영향력이 존재한다고 추측할 수 있지만, 상관관계를 통해서는 명확하게 어떤 변수가 어떤 변수에 영향을 주는지, 즉 A가 B에 영향을 주는지, B가 A에 영향을 주는지 등을 알 수 없다.

인과관계의 방향은 두 변수 간의 관계를 나타낸다. 시소의 원리와 인과관계는 매우 흡사하다. 시소의 좌우 양면은 두 사람이 앉을 수 있다. 이때 한쪽 방향에 두 사람이 모두 앉으면 이동방향은 같을 것이다. 따라서 그들 사이에는 (+) 인과관계, 즉 양의 인과관계가 존재한다. 반대로, 두 사람이 서로 다른 방향으로 앉았다면 그들 사이에는 (-) 인과관계가 존재한다.

본 연구는 정책결정자의 언어에서 구문의 동사를 주요 변수로 하여 그들 간의 인과관계를 구조화하여 인과지도를 제작한다. 예를 들어 A가 B에게 영향을 주고, B가 C에게 영향을 준다고 하면 이 구조는 B를 중심으로 A → B → C라는 연속관계가 구성된다. 이러한 인과관계로 제작된 것을 '정책결정자의 정책 인과지도'라고 한다. 일반적으로 인과관계는 정책결정자의 연설문 구문에서 비교적 쉽게 발견할 수 있다. 정책 언어의 변수는 명사 형태로 표현되는데, 인과관계에서는 동사 형태를 알 수 있다. 인과관계 중심의 구문일 경우 영향을 주는 변수는 '원인변수', 영향을 받는 변수는 '결과변수'라고 한다. 즉 화살표가 출발하는 점을 원인변수, 화살표가 들어가는 변수를 결과변수라고 생각하면 된다. 단문과 복문에서 주어-서술어-목적어의 구조는 아래 〈그림 3-2〉, 〈그림 3-3〉과 같이 화살표로 구조화될 수 있다.

구문상 모든 변수의 변화 방향은 다양한 동사의 종류로 표현할 수 있다. 예를 들어 부패 증가에서 '증가'의 경우 '악화', '만연', '확대', '강화'등의 동사로 대체 가능하며, 경쟁력 하강에서 '하강'이라는 것은 '약화', '완화', '충격', '상실' 등의 동사로 대체할 수 있다. 그러므로 어떤 동사를 사용하든 핵심이 되는 변수 방향은 일치할 수밖에 없다. 인과지도 안에 나타난 개별 변수 간의 분석 과정에서 가장 중요한 기준은 변수 간의 피드백 루프 여부다. 그런 다음 피드백 루프를 가진 변수들만 따로 뽑아내어 인과지도 지도를 만들 수 있는데, 이렇게 하면 정책 언어 분석법은 전체 인과관계를 포함한 변수 간의 인과지도 분석방법과 인과관계가 있는 변수 중에서 피드백 루프를 가진 변수들만 따로 추출하여 분석하는 방법의 두 가지로 나눌 수 있다.

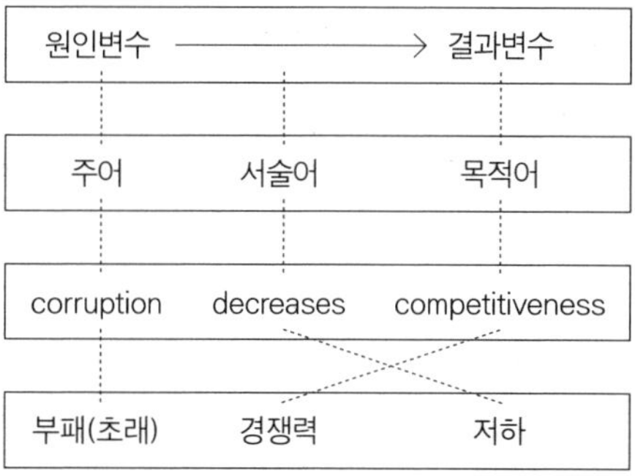

〈그림 3-2〉 인과관계와 구문(단문)[11]

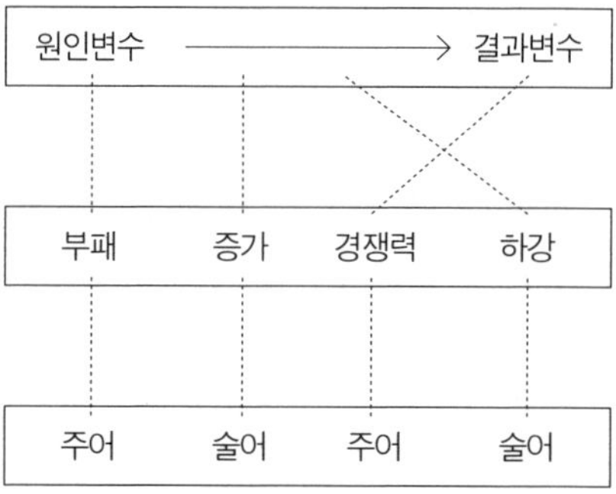

〈그림 3-3〉 인과관계와 구문(복문)[12]

10) 김동환, 『김대중 대통령의 시스템 사고』, 선학사, 2004, 36쪽.

11) 김동환(2004), 위의 책, 36쪽.

3) Vensim PLE를 통한 인과지도 제작

정책결정자의 연설문에서 도출한 변수 간의 인과관계들은 시스템 다이내믹스 학자들이 사용하는 'Vensim PLE'라는 컴퓨터 프로그램을 이용하여 하나의 인과관계표로 완성될 수 있다. 이렇게 제작된 인과지도는 주룽지의 수많은 연설문 간에 존재하는 인과관계를 하나로 모아 서로 연결한 형태가 되므로 정책결정자가 정책변수에 대해 인지하고 있는 하나의 과정 또는 정책지도라고 볼 수 있다.

Vensim은 관념화, 문서화, 모의실험 분석, 동태적 시뮬레이션 분석 등을 위해 미국 벤타나(Ventana Systems, Inc.)에서 개발된 컴퓨터 프로그램이다. 그중에서도 Vensim PLE는 개인학습용으로 만들어진 것으로, 시스템 다이내믹스 입문자도 쉽게 사용할 수 있도록 고안되었고 현재 인터넷에서 무료로 배포되고 있다. 상업용의 경우에도 인터넷에서 얼마든지 무료로 다운받을 수 있다. 이 프로그램은 간단한 방식으로 수많은 복잡한 인과관계 표현이 가능하다. 인과관계 분석기법을 통해 정책결정자의 사고체계구조(thinking structure)을 알 수 있고, 정책변수가 상호 어떻게 연결되어 있으며 피드백 루프 구조를 가지고 있다면 정책의 지렛대가 될 수 있는 전략적 개입지점은 어디인지 등을 지도자의 연설문을 통해 찾아낼 수 있다. 본문에서 만들어진 모든 인과지도는 Vensim PLE 프로그램을 통해 도출된 것임을 미리 밝혀둔다.

IV

리평의 시스템 사고와 중국의 WTO 가입

1. 시장과 정부의 역할에 대한 리평의 인과지도 분석
2. 국유기업 개혁에 대한 리평의 인과지도 분석
3. 아시아 금융위기에 대한 리평의 인과지도 분석
4. WTO 가입에 대한 리평의 견해

1. 시장과 정부의 역할에 대한 리펑의 인과지도 분석

제4장의 분석 목적은 리펑이 시장경제, 국유기업 개혁, 아시아 금융위기에 대한 경제정책변수 간에 피드백 루프를 가지고 있는지를 찾아보고 시스템 사고 여부를 확인하는 데 있다. 중국 경제정책의 총책임자가 시장경제에 대해 어떻게 인지했는지, 국유기업 개혁과 시장 대외개방 간의 관계를 어떻게 인지했는지, 대외개방의 주요 위험요소인 아시아 금융위기를 어떻게 인식했는지 등은 정책 결정 과정을 이해하는 데 중요한 부분이다. 리펑의 인과지도를 분석하기 위해 먼저 연설문 중에서 인과관계의 주요 변수들을 찾아내고 시장경제에 대한 인지를 확인했다.

1) 시장과 정부 역할에 대한 인지

중국 경제의 특징은 단기간 내에 엄청난 압축성장을 이룬 것이다. 중국은 서구국가들이 수백 년이 넘게 걸린 경제발전 과정을 수십 년 만에 이루는 압축성장을 보여주었으며, 단번에 신흥 산업국가로 성장했다. 하지만 동시에 사회 각 부문에서 불균형 발전을 야기했다. 거시경제에서 계획경제를 선택할 것인가, 시장경쟁을 선택할 것인가? 국가의 영향력을 더욱 확대할 것인가? 정부권력을 제약할 것인가? 거시경제정책의 기본 관점과 개혁개방 속도에 대한 인식은 정책결정자의 인지체계 안에서 구체적으로 드러난다. 이 장에서는 거시경제에 대한 리펑의 이해를 서술하고, 그중에서도 인식의 핵심을 "정부는 시장의 역할을 어떻게 인식하는가?"에 두기로 한다.

중국 개혁개방 경제발전의 성과와 관련한 서방학계의 현재 관점은 일반적으로 "사회주의 정치체계는 자본주의를 어떻게 받아들일 것인가?", "시장경제의 문제를 어떻게 융합할 것인가?"이다. 다시 말하면, 그들의 주제는 사회주의와 자본주의의 대립각도, 즉 "사회주의는 어떻게 자본주의를 받아들일 것인가?"를 넘어서지 못한다. 자본주의 시장경제 논리의 전제는 "시장은 정부의 간섭이 필요하지 않으며, 시장자율조정을 통해 '가격' 기제는 더 좋은 방향으로 전환될 수 있다"라는 것이다.

중국공산당 제14차 전국대표대회에서는 중국 경제체제 개혁의 목표를 '사회주의 시장경제체제의 건립'이라고 제시했다. 중국공산당 제17차 3중전회에서는 "경제체제 개혁은 전면적으로 심화개혁을 추진하며, 더 좋은 정부와 시장의 관계를 만들고 자원분배에서 정부가 많은 부문에서 중요한 역할을 하는 것"이라고 말했다. 종합해보면, 중국 최고지도부가 인지하는 시장과 사회주의에는 충돌과 모순이 없는 것으로 보인다. 시장은 자본주의의 산물이 아니며, 시장경제 개념은 자본주의든 사회주의든 모두 받아들일 수 있는 것이라 본다. 자본주의 국가 또한 시장실패를 겪었고, 자본주의 국가는 시장실패를 극복하기 위해 케인스학파의 국가개입사상을 받아들였다. 그러므로 서방의 주류학계에서 사회주의 시장경제가 어떻게 자본주의 경제 기제를 받아들였는지는 적합한 문제제기가 아니다. 더 적합한 문제는 "중국 지도자들이 인지하는 '시장'의 개념은 완전히 일치하는가? 차이는 없는가?", "장쩌민 집권시기 중국 거시경제정책의 총책임자인 리펑과 주룽지 총리가 인식하는 '시장'은 무엇인가?"가 될 것이다.

경제발전과 시장이 밀접한 관계이듯, "중국 지도부가 시장경제에 대해 어떤 인식을 가지고 있는가?" 하는 문제는 중국 경제발전 방향의 관건이다. 그렇다면, 장쩌민 집권시기 중국 거시경제정책 총책임자였던 2명의 국무원 총리의 '시장경제'에 대한 개념은 일치하는가? 만약 일치하지 않는다면, 이렇게 서로 다른 시장경제 인식이 중국의 WTO 가입에 어떤 영향을 미쳤을까? 리펑과 주룽지 연설문의 공통점은 사회주의 시장경제의 발전을 주장한다는 것이다. 그들이 말하는 '시장경제'는 대체 무엇인가? 이러한 질문들에 대답하기 위해 이 장에서 아래 몇 가지 측면에 대해 분석해보고자 한다. 첫째, 세계은행에서 제작한 국가경제발전의 기능인과지도[1]를 이용하여 리펑과 주룽지(5장)의 거시경제에 대한 인식을 비교한다. 1993년부터 1999년까지 리펑과 주룽지의 연설문에서 두 총리의 경제발전 인지의 인과지도를 제작하고 경제발전도에서 도출한 주요 변수 간의

1) World Bank staff, "East Asian Miracle: Economic Growth and Public Policy," Oxford University Press, 1993, Chapter 2, Figure 2.1, p. 88.

인과관계[2])를 찾아낸다.

세계은행이 제작한 '국가 경제발전의 기능인과지도'(이하 '세계은행 인과지도'로 줄임)는 거시경제이론에 따라 만든 국가 경제발전 인과지도다. 1993년 세계은행은 경제가 급속도로 발전한 아시아 국가(HPAE: High Performed Asia Economics)의 성장원인을 분석하기 위해 거시경제이론을 기초로 아시아 특색의 경제발전에 대해 연구했다.

이 연구의 가장 큰 공헌은 국가 경제발전에 대한 인과관계 지도(피드백 루프)를 도출해내고, 세계은행이라는 이름을 내걸고 공식적으로 『아시아 경제기적: 경제발전과 공공정책』이라는 책으로 출간되었다는 것이다. 국가 경제발전의 기능인과지도는 기본적으로 "국가 경제발전에는 반드시 거시경제정책 요소가 필요하다"라는 점을 포함한다. 이는 크게 정책 선택, 경쟁규칙과 성장모형의 세 가지로 나눌 수 있다. 그중에서 정책 선택과 관련 있는 요소는 기초설비, 선택적 관여와 상관기구이며, 경쟁규칙과 관련된 요소는 시장주도와 경쟁주도, 성장모형과 관련된 요소는 축적, 분배와 생산력 변화다. 이러한 요소들은 모두 개별적이지 않고 상호 연결되어 영향을 주고받으며, 공통적으로 경제의 빠르고 지속적인 성장과 수입분배의 평등이라는 결과를 도출해낸다는 것이다.

다양한 요소 중에서도 가장 핵심이 되는 것은 첫째, 선택적 관여와 상관기구, 둘째, 경쟁력 있는 국가기업이다. 이 두 가지 요소는 기타 서방국가의 경제발전 요소에서는 보이지 않으며, 아시아 국가의 급속한 경제발전만이 보이는 특징이다. 많은 연구는 아시아 경제의 신속한 발전의 원

---

2) 1993년은 리펑이 총리로 주룽지가 부총리로 재임한 해이며, 1999년은 중국이 WTO에 성공적으로 가입한 해다. 따라서 저자는 장쩌민 집권 10년 동안 재임했던 두 총리의 거시경제 정책을 이해하기 위해 1991년부터 1999년까지 기간을 선택하여 연설물을 취합하여 분석했다.

인을 '유교자본주의(Confucian Capitalism)'라는 개념으로 설명한다.

현재 중국의 경제발전 연구 또한 이러한 사고의 연속선상에 있다. 하지만 이 같은 설명은 태국, 인도네시아 같은 동남아국가들의 경제성장의 경우 적용될 수 없으며 중국의 실제 현실상황과도 괴리가 있다. 그에 비해 세계은행 인과지도는 거시경제학의 기본 관점을 중심으로 구성되며, 이것은 더욱 명확하게 거시경제정책의 주요 책임자인 중국 국무원 총리의 경제발전 기능에 대한 인식을 분석한다. 이 표에 근거하여 이 절에서는 리

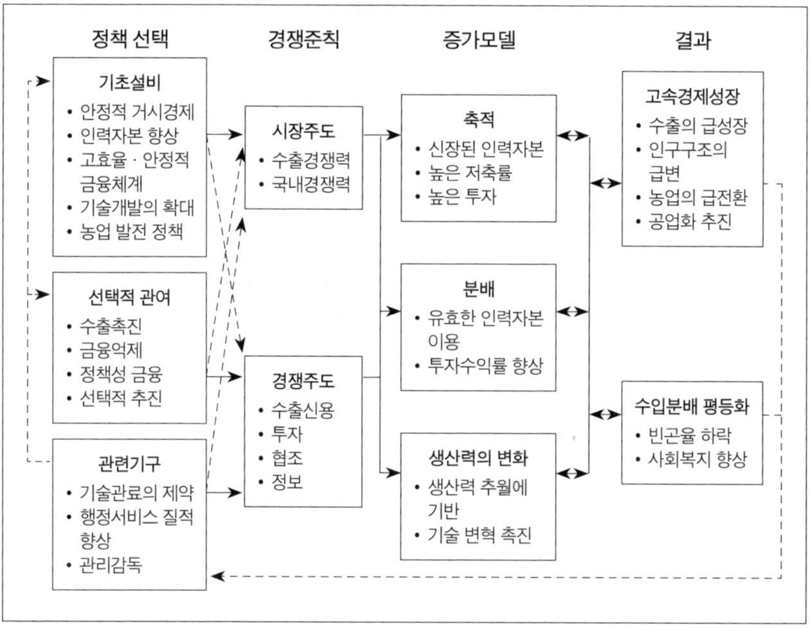

출처: World Bank staff, "East Asian Miracle: Economic Growth and Public Policy," Oxford University Press, 1993, Chapter 2, Figure 2.1, p. 88. 필자가 번역 후 재배치함.

〈그림 4-1〉 세계은행이 제공한 국가 경제발전의 기능인과지도[3)]

3) World Bank staff, "East Asian Miracle: Economic Growth and Public Policy, "Oxford University Press, 1993, Chapter 2, Figure 2.1, p. 88.

평 총리가 각종 경제성장 요소 간의 인과관계를 어떻게 인지했는지 분석하도록 한다.

위 인과표를 구성하고 있는 주요 정책변수들은 중국 최고지도부의 거시경제정책 연설문에 자주 등장하는 핵심단어들과 많은 부분 일치한다. 주요 변수는 정책변수 간의 피드백 루프와 인과관계로 구성되어 있다. 중국의 WTO 가입 과정과 정책결정자의 경제발전에 대한 인식은 밀접하게 연결되어 있다. 위의 인과표에서 정책 선택상의 주요 변수인 경쟁규칙, 시장모델, 다양한 결과는 거시경제정책상 인과관계의 주요 요소로, 그중 성장모델과 결과요소 간에는 피드백 루프가 있다. 아래 리펑의 인과지도 분석에서 중요하게 확인할 것은 위의 인과표가 가지고 있는 정책변수 간의 피드백 루프에 대한 이해다.

국가 경제발전의 기능인과지도 분석에 따라 이 장과 다음 5장은 장쩌민 집권시기 국무원 총리를 담당한 리펑과 주룽지의 경제발전에 대한 서로 다른 견해를 찾아본다. 많은 학자는 중국의 경제모델과 서양의 시장중심 경제모델이 다르다고 말한다. 그렇다면, 서양 자본주의 시장경제와는 다른 중국 특색의 '사회주의 시장경제'의 본질은 무엇인가? 아시아의 발전국가 모델과 어떤 공통점이 있는가? 국가 경제발전의 기능인과지도는 동아시아의 빠른 경제성장발전의 핵심요소로 나타났다. 예를 들어, 경제주체는 자율발전 기제를 확립함과 동시에 국가의 기본발전전략에 반하지 않고 국가법률과 발전전략에 순응한다.[4] 일반적으로 아시아 국가는 자국의 발전 중인 산업을 보호하기 위해 해외 시장경쟁에 대해서는 신중한 자세를 견지한다. 그 밖에도 정부는 국내기업 간의 경쟁을 격려하고 수출

---

4) Alice Amsden, "Asian's Next Giant," Oxford University Press, 1989; Robert Wade, "Governming the Market," Princeton University Press, 1990.

〈표 4-1〉 리펑 연설문의 인과관계표

리펑의 주요 연설문 분석(중공중앙경제공작 보고/정부공작 보고 포함: 1992~1999)	
1992년 정부공작 보고	• 개혁개방 → 경제발전(+) • 4개 기초원칙의 지지 → 개혁개방(+) • 4개 기초원칙의 지지 → 경제발전(+) • 사회와 정치 안정 → 경제발전(+) • 사회와 정치 안정 → 개혁개방(+) • 가공공업 → 기술개조(+) • 과학기술 진보 → 경제발전(+) • 주식제 → 기업개혁(+) • 정부 소유와 경영권 분리 → 거시적 조정(+) • 정부 소유와 경영권 분리 → 국유자산 관리 → 공유제경제 → 사영경제(+) • 기초 인프라 구축 → 투자환경(+)
1993년 3월 15일 정부공작 보고	• 외국인 투자 → 산업구조 최적화(+) • 외국인 투자 → 기술 수준(+) • 외국인 투자 → 세입(+) • 세입 → 국민경제(+) • 사회주의 시장경제 → 대외개방(+) • 정부-기업 분리 → 국유기업 경제 메커니즘(+) • 재산권 관계 정리 → 국유기업 경제 메커니즘(+) • 자주경영 국유기업 → 경제 메커니즘(+) • 국유자산 보전 → 국유자산 관리(+) • 생산요소시장 → 시장체제(+) • 노동시장 → 노동력의 합리적 유통 • 기술시장 → 산업화 → 토지제도 개혁 • 부동산시장 → 상품 일괄 관리 → 합리적 유통(+) • 국가 거시조정 → 금융시장(+) • 정부 관리 → 상품의 합리적 유통(+) • 정부 통일관리 → 시장질서(+) • 곡물 구입 판매가격 → 곡물 생산 안정(+) • 정부 거시경제 관리 → 사회주의 시장경제(+) • 중장기계획 → 경제구조 최적화(+) • 중장기계획 → 국민경제(+) • 중장기계획 → 투자(+) • 금융체제 개혁 → 시장경제체제(+) • 경제법제 → 거시경제체제(+) • 행정관리체제 → 사회주의 시장경제(+)

1994년 정부공작 보고	• 농업 개발 → 국가경제(+) • 국유기업 관리 전환 → 국가경제(+) • 기업 기술 개선, 생산량 → 국가경제(+) • 투자 시스템 개혁 → 국가경제(+) • 외자기업 → 국가경제 보호(+) • 경제개발 → 건설 규모 → 투자 확대(+) • 투자 확대 → 재정 주문(-) • 국유기업 관리 전환 → 사회주의 시장경제(+) • 사회보장제도 개혁 → 기업의 사회적 부담(-) • 기업의 사회적 부담 → 기업 평등 시장경제 참여(+) • 순환 시스템 개혁 → 국내 시장(+) • 유통 시스템 개혁 → 상품 시장(+) • 제도 개혁 → 거시경제 규제(+) • 과학기술 → 경제건설(+) • 경제건설 → 과학 및 기술(+) • 과학적 투자 → 생산성(+)
1994년 11월 28일 중앙경제공작회의 연설	• 국유기업 개혁 → 국가경제(+) • 국유기업 개혁 → 국가 재정 수입(+) • 실업보험 → 기업 개혁(+) • 금융 시스템 개혁 → 외국인 투자(+) • 계획된 투자 시스템 개혁 → 국가 투자(+) • 시장과 경제질서 → 적극 육성(+) • 사회주의 시장경제의 합법화 → 시장질서(+)
1995년 3월 5일 정부공작 보고 (국유기업 중심)	• 기업 기술 혁신 → 시장경쟁력(+) • 농촌경제 → 국가경제(+) • 가격과 국가경제 통제(+) • 지역 농업 투자 → 안정적인 농업 성장, 농업 경제(+) • 외부 세계에 개방 → 기술 개선(+) • 외부 세계에 개방 → 관리 수준 향상(+) • 투자 환경 → 대외무역(+) • 특별경제구역 → 대외무역(+) • 인구 통제, 국민의 질 → 국가경제(+) • 국유기업 개혁 → 국가경제(+) • 국유기업 개혁 → 국가 재정 수입(+) • 국유기업 개혁 → 개혁 및 개방(+) • 국유경제 → 국유기업 개혁(+) • 정부 기능 변경 → 정부 및 사업 분리(+) • 별도의 정부 및 기업 → 독립적으로 운영(+)

1995년 3월 11일 유엔 사회개발정상회의 연설	• 경제발전 → 사회진보(+) • 사회진보 → 경제발전(+)
1996년 3월 1일 아시아유럽회의 발언	• 중국의 WTO 가입 → 무역발전 → 세계경제발전(+) • 기술교류와 합작 → 경제발전(+) • 인력자원개발 → 경제발전(+)
1996년 4월 3일 특별경제구역 실무회의	• 개혁개방 → 선진기술 → 투자환경(+) • 경제특구 → 대외개방(+) • 경제특구 → 투자환경(+) • 경제특구 → 국내 시장경쟁력(+)
1996년 12월 20일 전국 정법업무회의 연설	• 건전한 법제 시스템 → 사회주의 시장경제
1997년 3월 1일 정부공작 보고	• 농업발전 → 국민경제발전(+) • 수리건설 → 농업발전(+) • 향진기업 → 농업발전(+) • 농민부담 → 농업발전(-) • 향촌재무감독 → 농민부담(-) • 기업경영 메커니즘과 시장경제의 불일치 → 국유기업 이윤(-) • 시장요구의 변화에 부적합한 구조조정 → 국유기업 이윤(-) • 기업 · 사회 부담 → 국유기업 이윤(-) • 다수의 잉여인력 → 시장경쟁력 → 국유기업 이윤(-) • 인수합병과 파산 장려 → 국유기업 이윤(+) • 재취업 촉진 → 국유기업 이윤(+) • 기업경영관리 → 국유기업 이윤(+) • 사회보장제도 개혁 → 국유기업 이윤(+)
1998년 제8차 인민대회 제4차 회의에서 실시된 정부 활동에 관한 보고서	• 대외개방 → 선진기술 → 국내경제발전(+) • 농촌경제 → 국민경제(+) • 거시경제 조정 → 통화팽창(-) • 세제조정 → 국가수입 → 통화안정(+) • 국유기업 개혁 → 사회주의 시장경제(+) • 대외개방 → 사회주의 시장경제(+) • 과학기술 → 산업화 → 경제건설(+)

1998년 3월 5일 정부공작 보고	• 대외개방 → 국제 경쟁력 → 국민경제(+) • 시장자원 분배 → 사회주의 시장경제 → 경제발전(+) (사회주의 시장경제 상황의 거시경제 규제 및 통제는 계획경제 시스템 하에서 기업의 생산 및 관리 활동에 직접 개입하는 것과는 다르고, 필요한 행정 수단으로 보충된 경제 수단을 사용하여 시장경제의 법칙을 기반으로 하며, 국민경제에 관해 합리적 조절이 진행된다.) • 과학기술 진보 → 경제개발(+) • 농민의 소득 증가 → 농촌의 사회적 안정(+)
1998년 3월 21일 제9차 인민대회 상임위원회	• 입법 작업 계획 → 사회주의 시장경제(+) • 사회주의 법률 시스템 → 사회주의 시장경제(+)

을 촉진하며 선택적으로 관여한다. 국가 경제발전 기능인과지도의 선택적 관여와 관련기구는 동아시아 경제발전 시 중요한 수단이 되는 변수로, 경쟁주도는 매개변수로서 이 두 가지 요소는 모두 아시아 경제발전을 위해 정부가 투입해야 할 중요한 요소들이다. 본문은 경제발전의 기능도에 근거해서 1992년부터 1999년까지 리펑의 경제정책 관련 연설문 전문을 분석하고 경제발전 기능인과지도상의 주요 요소들을 선택했다. 리펑 연설문에서 추출한 주요 변수 간의 인과관계표는 위와 같다.

이렇게 도출한 인과표는 Vensim PLE 프로그램에 의해 인과지도로 만들어진다. 인과관계표를 통해 만들어진 리펑의 경제발전에 대한 기능인과지도는 아래와 같다. 필자는 리펑의 거시경제발전 인식 기능인과지도(이하 '리펑 인과지도')를 제작하기 위해 리펑이 총리로 재직 중이던 1989년부터 1998년까지의 연설문을 모두 참고하여 세계은행 인과지도상의 변수를 찾아 변수 간의 인과관계에 근거하여 리펑의 시장과 정부 역할에 대한 인식을 이해하고자 했다. 만약 본문에서 도출된 리펑의 인과지도와 세계은행 인과지도가 매우 비슷하다면 이는 리펑이 거시경제에 대한 비교

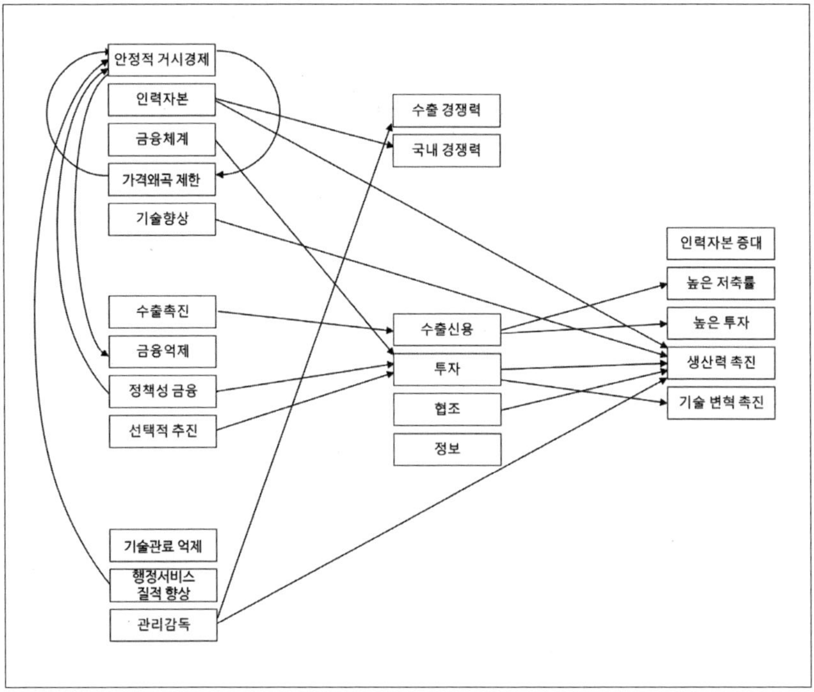

〈그림 4-2〉 거시경제성장 인식에 대한 리펑의 기능인과지도

적 종합적이고 전체적인 이해와 사고를 가지고 있음을 뜻한다. 이와 관련해서는 다음 절에서 좀 더 자세히 설명하도록 한다.

시장경제에 대한 리펑의 인과지도는 세 가지 주요 특징이 있다. 첫째, 인과지도상에서 거시경제의 안정과 가격왜곡 간에 피드백 루프를 인지하고 있다. 둘째, 인지지도상 정부의 적극적인 정책추진과 선택적 관여를 지지하며 국내 경쟁력 강화를 매우 중시하고 있음을 알 수 있다. 셋째, 투자는 그가 인식하는 비교적 중요한 정책변수이지만 외국상품의 투자를 촉진하는 대외개방, 기술발전, 생산력 증강 등 관련된 경제변수 간의 인과관계 인식에는 취약한 모습이 보인다.

인과지도에서 화살표의 방향은 거시경제정책 변수 간의 인과관계를 의미한다. 리펑의 인과지도에서 주요 정책 변수는 안정된 거시경제와 가격왜곡(distort) 관계를 제외하고 모두 단일한 방향이다. 두 변수 간의 피드백 루프는 시스템 사고 연구의 핵심요소다. 그러므로 리펑이 안정된 거시경제와 가격정책 문제에 대해 비교적 크게 주목을 하고 있었음을 알 수 있다. 가격왜곡은 경제활동 중에서 가장 많이 볼 수 있는 현상 중의 하나로, 발전되지 않은 시장경제에 존재할 뿐 아니라 성숙한 시장경제체제에서도 나타난다. 경제학자들에 따르면 통상적으로 왜곡은 국제무역이론에서 가장 일찍 발전한 것으로 현실 시장이 효력을 잃고 조절 신호를 보내는 모형 간에 거리가 있을 때 나타난다(Jones, 1971). 탄리(谭力, 2006)는 왜곡생산 가능성 곡선(Production Possibility Frontier, 간단히 'PPF 곡선')의 영향을 다음 세 가지로 설명한다. 첫째, 생산 무효율과 시장가격의 왜곡은 통상적인 기술효율로, 일정한 조건하에서 실제 생산 혹은 최대 가능 생산과의 차이를 나타낸다. 둘째, 상품의 가격왜곡은 통상적으로 관세, 무역장벽, 생산의 외부성, 독점 등의 요소로 이루어진다. 셋째, 상품의 가격왜곡과 요소가격왜곡은 통상적으로 '배당효율'이라고 하는데, 이는 생산에 있어 '효율'이라는 전제 아래 각 상품과 요소 간의 생산분배를 반영할 뿐 사회수입과 생산 총가치의 최대화를 의미하지는 않는다. 요소가격왜곡은 자원사용구조를 왜곡하고 미시경제주체인 기업의 요소사용방식과 선택에도 영향을 준다. 그중에서도 상품의 가격왜곡은 통상적으로 관세, 무역장벽, 생산의 외부성, 독점 등의 요소에서 도출되며, 인과지도를 통해 리펑이 가격왜곡과 안정된 거시경제에 대한 인과관계를 인지하고 있었음을 알 수 있다. 또한 이러한 인지지도는 리펑이 인력자본 증가가 국내경쟁과 생산력의 초과를 가져온다고 인식하고 있음을 보여준다. 정책성 금융과 선택적 정책추진은 투자를 유치하는 데 반드시 고려해야 할 요소다. 리펑은 금융체제 또한 투자의 주요 요소들을 증가시킨다고 보았다. 종합적으로 인과지도를 볼 때, 리펑의 거시경제정책 인지 중 투자는 매우 중요한 정책요소다. 투자는 정책의 최종결과가 될 수 있고, 동시에 기타 목적을 달성하기 위해 필요한 주요 수단요소가 될 수도 있다.

사실, 한 국가의 경제발전 중 투자는 필수불가결한 요소로 국내외 투자를 어떻게 유도할지는 정책결정자들이 반드시 고려해야 할 중요한 요소다. 한국 경제학자 김시중의 「전환기 중국경제의 진단과 전망」[5]에 따르면, 경제고속발전을 촉진하는 주요 요소는 투자다. 투자 증가의 수많은 방법 중에서 투자자의 미래에 대한 기대는 중요한 수단이다. 1978년부터 2015년까지 중국 경제성장률 변화수치는 장쩌민 집권시기인 1989년 톈안먼사태부터 1997년 아시아 금융위기의 영향을 받았고, 이후 점진적으로 하강하는 추세에 있다. 중국 지도부는 고속경제성장을 자극하기 위해 투자자들에게 미래에 대한 기대를 증폭시키는 이야기를 많이 할 수밖에 없다. 미래에 대한 기대는 대외개방을 통해 시장과 자본의 확대를 촉진하거나 국유기업 개혁을 통해 투자동기유발(incentive) 등을 통해 가능하다. WTO 가입이라는 정책 결정은 의심의 여지없이 이 두 가지 모두를 만족시킬 수 있는 대안으로 중국 경제의 고속발전을 촉진시키는 목표와 밀접하게 관련되어 있다.

리펑의 경제발전 기능인과지도의 화살표는 주룽지의 인과지도에 비해 적다. 화살표의 수량은 거시경제정책의 종합적 사고와 정비례한다. 인과지도의 가장 오른쪽에 있는 정책 선택의 주요 결과는 아시아 경제발전

---

5) 김시중, 「전환기 중국경제의 진단과 전망(Diagnosis and Prospects of the Chinese Economy at a Crossroad)」, 『동북아경제연구』 제21권 제1호, 2009, 127-161쪽.

특징 중 하나로 경쟁주도의 경제규칙이다. 주룽지의 경제발전 기능인과지도와 비교할 때, 리펑의 경제발전 조치에서는 경제발전 결과의 화살표가 단 2개이므로 정책 선택 방향이 비교적 명확하게 선택적 관여정책에 편중되어 있음을 볼 수 있다. 그러나 아시아 경제발전의 주요 정책요인 중 하나인 선택적 관여와 상관기구의 변수에서 출발하는 화살표는 6개다. 리펑의 경제발전 기능인과지도의 주요 특징을 정리하면 다음과 같다.

〈표 4-2〉 리펑의 경제발전 기능인과지도의 주요 특징

분석대상		주요 특징	내용 함의
시장경제	1	안정된 거시경제와 가격폭등 제한 간에 피드백 루프 존재	안정된 거시경제와 가격폭등 간의 피드백 루프를 인지하고 있다면 정부의 시장개입과 정부 역할에 대한 신뢰가 비교적 높은 것
	2	거시경제발전의 주요 요소 중 하나인 기술발전에 대한 인식 부족	주룽지와 반대: 주룽지는 과학기술과 WTO 가입 간 밀접한 관계 인식
	3	정책변수 간의 주요 인과관계는 선택적 관여정책을 중심으로 구성	정부의 적극적 간섭 중심의 경제정책 중시

리펑 인과지도의 가장 큰 특징은 크게 세 부분으로 나누어진다. ① 안정된 거시경제와 가격폭등 제한 간에 피드백 루프를 보인다. 세계은행에서 제작한 경제발전 기능인과지도상에는 정책 선택 기본대책 요소 간에 피드백 루프가 보이지 않아 단정적으로 연결성이 없다고 할 수는 없지만, 직접적인 인과관계를 찾기는 어렵다고 보아야 할 것이다. 가격조절정책은 일반적으로 시장기능실패의 전형적인 예다. 정책결정자의 안정된 거시경제와 가격폭등 제한 간의 인과관계(피드백 루프) 인지는 정부의 시장개입과 큰 정부의 역할에 대한 신뢰가 비교적 높다고 볼 수 있다. ② 거시경

제발전의 주요 요소 중 하나인 기술발전에 대한 인지가 부족하다. 이 부분은 주룽지와 가장 큰 차이가 나는 부분인데, 이에 대해서는 주룽지의 인과지도 분석에서 좀 더 자세히 살펴보기로 한다. ③ 리펑이 인식하는 경제발전 모델의 변수는 빠르고 지속적인 성장, 특히 생산력 추월에 편중되어 있다. 경제발전 모델의 주요 변수와 변수 간의 인과관계 인식, 경제발전 결과 간에는 밀접한 상관관계가 있다. 경제발전 기능인과지도에 따르면 성장모델의 요소들은 경제발전의 결과에도 영향을 미친다. 리펑의 인과지도를 통해서는 다음과 같은 소결이 가능하다. 리펑은 정부의 적극적 관여 중심의 경제정책을 중시한다. 동시에 동아시아 경제발전 모델의 핵심 정책방향과 동일하게 국내기업 내부 경쟁이 가져올 경제적 활력을 더욱 신뢰하고 있는 것으로 보인다.

경제발전기능 모델 중에서 경쟁규칙은 시장주도형 규칙과 경쟁주도형 규칙의 두 가지로 분류할 수 있다. 그중에서도 경쟁주도형 규칙은 아시아 경제발전 국가들만이 가지는 특수한 정책 특징의 하나로 세계은행이 주목했다. 정부는 세계시장의 상품 경쟁력을 높이기 위해 먼저 국내시장을 보호하고 국내기업 간의 경쟁을 더욱 중시하게 된다. 이는 성급한 시장개방은 국내기업 경쟁력의 충분한 보호시간을 보장하지 못함을 의미한다. 거시경제에 대한 리펑의 인식은 중국의 WTO 가입에 대해 어떤 견해를 가지고 있는지를 보여준다. 리펑은 '개혁심화와 경제발전에 유력한 법제보장 제공에 관하여'라는 연설에서, "정치와 법률전선은 개혁을 심화하고 경제를 발전함에 유력한 법제보장을 제공한다. 시장경제는 우월성이 있으며 생산력의 발전을 촉진할 수 있다. 우리가 만드는 시장경제는 공유제 중심의 사회주의 시장경제로, 주안점은 생산력을 자유롭게 하여 발전을 촉진하고 최종적으로 모든 사회구성원 공통의 부를 창출하는 것이다.

경제체제 전환 과정 중의 불건전 법제, 공민의 법제 인식의 불완전성, 법 집행 과정의 느슨함 등은 정치와 법률 부문의 직능에 있어 법 본연의 충분한 역할을 발휘할 필요가 있다"[6]라고 말했다. 비록 이 연설문에서는 중국의 WTO 가입 반대라는 주장이 등장하지 않지만, 리펑이 시장에 대한 법의 규제를 비교적 긍정적으로 보고 있음을 알 수 있다.

2) 사회주의 시장경제에 대한 인식

(1) 사회주의 시장경제의 인과관계 인식

사회주의 시장경제에 대한 리펑의 인과지도는 1992년부터 1999년까지의 연설문 중에서 사회주의 시장경제와 직접 인과관계를 가지는 정책변수를 골라 제작한 것이다(〈그림 4-1〉 리펑의 인과관계표 참조). 모든 정책변수를 포함하는 인지지도와 달리 인과지도 분석은 특정 정책변수 간의 인과관계를 더욱 적합하게 찾을 수 있다.

리펑이 인지하는 사회주의 시장경제의 원인은 총 일곱 가지로, 여기서 말하는 원인은 리펑의 연설문 중에서 사회주의 시장경제와 직접 인과관계를 보인 변수다. 행정관리체제, 국유기업 기제, 시장질서, 입법공작 계획성, 사회주의 법제 통일, 대외개방, 정부공관 경제관리 등 일곱 가지 변수와 사회주의 시장경제 간에는 양의 인과관계를 보인다. 그러나 위의

6) 『十四大以来重要文献选编(中)』, 北京: 人民出版社, 1997年, 第1611页.

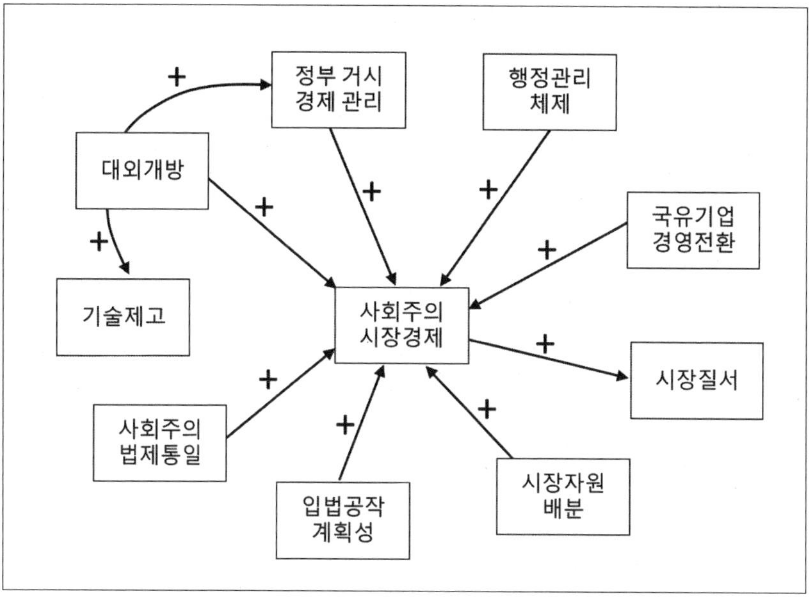

〈그림 4-3〉 리펑의 사회주의 시장경제 인과지도

인과지도에서 보듯, 리펑의 인과지도 안에 변수 간의 연계성, 정책목표 간의 연계관계는 밀접하지 않다. 주목할 것은 리펑의 사회주의 시장경제 인과지도상에서 보여진 사회주의 법제 통일과 입법공작 계획성이라는 두 가지 수단변수다. 리펑은 '사회주의 시장경제'라는 정책목표를 달성하기 위해 사회주의 법제 통일과 입법공작 계획성을 인지하고, 시장자원 분배 또한 사회주의 시장경제에 일정한 영향을 가져올 것이라고 인식한다. 그러나 그와 같은 인식은 실제로 거시경제발전과 직접적인 관련이 없고, 오히려 중국의 역사와 밀접한 관련을 가진다고 보아야 할 것이다.

사회주의 시장경제 완성을 위해 시장과 직접 관련을 가지는 정책변수는 대외개방, 국유기업 경영전환, 시장자원 분배 등 세 가지다. 그중에서도 WTO 가입과 밀접한 대외개방과 사회주의 시장경제의 관계는 리펑의 사회주의 시장경제에 대한 인식의 주요 부문이다.

중국은 개혁심화와 시장체제의 발전에 따라 시장의 자원분배 측면의 작용이 점점 더 강화되고 있다. 우징리엔(吴敬琏) 같은 학자들은 시장주도의 개혁이 되어야 하고, 사회주의 경제는 곧 시장경제이며, '시장경제'가 '상품경제'의 대체어법이 되어야 한다고 주장한다. 당시 중공중앙 지도층 또한 지속적인 시장화 추세로의 경제체제 개혁을 확신하고 있었다. 1987년 2월 6일, 덩샤오핑은 중앙의 몇몇 책임동지와의 담화 때 다음과 같이 말했다. "왜 시장을 말하면 곧 자본주의인가? 왜 계획 하면 단지 사회주의인가? 계획과 시장은 모두 방법의 일종이다. 생산력 발전에 대한 장점이 있다면 이용할 수 있다. 그것이 사회주의 복무를 위한 것이면 사회주의인 것이고, 자본주의 복무를 위한 것이면 자본주의다. 계획을 말하면 무조건 사회주의라는 생각은 잘못된 것이다. 일본도 기획청이 있고, 미국도 계획이 있다. 우리는 예전에 소련에게 배워 계획경제를 시행했다. 후에 계획경제 위주로 강의했는데, 지금은 더는 이에 대해 말하지 않겠다."[7] 그 후 중국공산당 제13차 전국인민대표회의 보고에서는 이미 "계획경제 위주, 시장조절 보완"이라는 논조를 포기하고 '사회주의 계획경제' 중에서 '계획'이라는 단어도 제외한다. "사회주의 시장경제는 공유제를 기초로 한 계획이 있는 상품경제," "새로운 경제운영 기제, 총체적으로 국가 조절시장, 시장주도의 기업 기제"라는 표현이 사용된다. 비록 '시장경제'라는 표현을 명시하지는 않았지만, '시장주도'라는 의미는 이미 분명해졌다. 1988년 가격문제 극복 실패는 사재기파동을 불러일으켰고, 1989년에는 '톈안먼사태'라는 정치적 동란까지 가세했다. 1980년의 상황과 비슷하

---

7) 『邓小平文选』第3卷, 北京: 人民出版社, 1993版, 第203页.

게 시장경제에 반대하는 일단의 사람들은 위의 두 가지 사건의 원인을 시장주도의 개혁에서 찾았고, "계획경제 취소, 시장화 실현"은 "사회주의 제도의 개변, 자본주의 제도의 실행"으로 받아들여[8] 계획과 시장의 쟁론을 '사(社)'와 '자(资)'의 투쟁[9]으로 인지하고, "계획경제와 시장경제를 결합하여 지속시켜나갈지, 아니면 시장경제의 길로 나아가야 할지가 문제의 핵심이라 생각했다. 이는 "두 가지 길의 투쟁"[10]이지만, 덩샤오핑은 여전히 개혁의 시장화 방향을 지지하고 다음과 같이 말했다. "우리는 지속적으로 계획경제와 시장경제의 결합을 견지할 것이며, 이것은 변하지 않을 것이다. … 절대 과거로 돌아가지 않을 것이며 경제를 죽게 내버려두지 않을 것이다."[11] 덩샤오핑은 여러 차례 연설문에서 계획과 시장의 관계인식을 드러냈다. 1990년 12월 덩샤오핑은 중앙당 지도부와의 대화에서 "우리는 반드시 이론상의 이해를 해야 하며, 자본주의와 사회주의의 구별은 계획이냐 시장이냐의 문제에 있지 않다. 사회주의 또한 시장경제가 있고, 자본주의에도 계획통제가 있다," "시장경제를 좀 한다고 해서 자본주의의 길이라고 생각할 필요가 없다. 계획과 시장은 모두 필요한 것이며, 시장문제를 해결하지 못하면 세계의 정보에 무지해져 스스로 낙후되는 길을 걸을 수밖에 없다"[12]라고 했다. 1991년 상하이에서도 당 지도부에 "계획경제를 말하면 바로 사회주의 복무라고 생각하지 말라. 시장경제를 말하면 즉시 그것이 자본주의라고 단정하지 말라. 그 두 가지는 모두 수단일 뿐이며,

---

8) 王忍之, 『关于反对资产阶级自由化—1989年 12月 15日在党建理论研究班的讲话』, 载『人民日报』, 1990年 2月 22日, 载『求是』, 1990年 第4期.

9) 陈仲华, 『重提"姓社"与"姓资"』, 『真理的追求』, 1991年 第7期.

10) 吴建国, 『关于当前改革问题之我见』, 『真理的追求』, 1991年 第8期.

11) 『邓小平文选』第3卷, 北京: 人民出版社, 1993年版, 第306-307页.

12) 同上, 第364页.

시장 또한 사회주의의 복무가 될 수 있다"[13]라고 말했다. 중요한 것은 사회주의 사회의 생산력에 이익이 있는지, 사회주의 국가의 종합국력 증강에 도움이 되는지, 인민의 생활수준 향상에 도움이 되는지에 있다는 것이다.[14] 계획이 많은지, 시장이 많은지 여부가 사회주의와 자본주의의 본질적 차이가 아니며 계획경제는 사회주의가 아니고, 자본주의 또한 계획이 있다는 언급은 기존에 존재한 수많은 계획과 시장의 관계라는 사상적 혼란을 종결지었다.

1992년 10월 베이징에서 중국공산당 제14차 전국대표대회가 개최되었다. 장쩌민은 이 대회에서 "개혁개방 10년 이래로 시장범위는 점진적으로 확대되었고, 대다수의 상품 가격은 이미 개방된 상태이며, 계획의 직접관리 영역은 점점 축소되고, 시장의 경제활동 조절 작용은 더욱 확대되었다. 경제활력도 증강되었고 발전상태도 양호하다. 중국 경제개혁의 목표는 사회주의 시장경제체제를 건립하는 것이다. 우리가 건립한 사회주의 시장경제체제는 시장으로 하여금 사회주의 국가의 거시조절정책 하에서 자원분배에 기초적 작용을 하게 하고, 가치의 수요에 따른 경제활동으로 수요공급체제의 변화에 적응하며, 가격과 경쟁의 기능을 통해 자원분배를 효율적으로 조절하고 기업의 동력을 활용하는 것이다. 시장의 각종 경제신호와 생산을 촉진하고 수요자의 필요에 즉시 대응할 수 있다. 동시에 시장 본연이 가지고 있는 약점은 반드시 국가의 거시경제조절정책으로 개선해야 한다"[15]라고 말했다. 사회주의 시장경제 개혁에 대한 목표는 1993년 11월 제14차 3중전회의 「중공중앙의 사회주의 시장경제체제의

13) 同上, 第367页.

14) 同上, 第372页.

15) 『江泽民文选』 第1卷, 北京: 人民出版社, 2006年 版, 第226页.

약간의 문제에 대한 결의」에서 더욱 분명하게 드러난다. 중국공산당 제14차 전국대표대회가 확정한 것은 경제체제 개혁목표의 체계화 · 구체화로, 20세기 말 사회주의 시장경제체제의 기본구조를 설계한 것이다. 공유제를 주체로 다양한 경제성분의 공통발전을 만들고, 국유기업 경영기제를 전환하여 시장경제 요구에 대응하며, 소유권을 분명히 하고 책임소재를 명확히 하며, 정치와 기업을 분리한다. 그뿐만 아니라 시장체제 안에서 도시와 농촌의 시장을 결합하고, 국내시장과 국제시장을 상호 연계하며, 자원의 배분을 효율적으로 해야 함을 강조했다. 정부 관리경제의 직능을 전환하고, 국민경제를 보장하고, 공정한 수입분배제도를 확대하며, 일부 지역의 선부론(先富論)을 독려하여 공통의 부유한 길로 나아가자는 것이 핵심이다. 중국은 1994년부터 사회주의 시장경제 건립을 시도하여 20세기인 1990년대 후기 제14차 3중전회에서 제출한 구조적 요구를 실현했다.

(2) 사회주의 시장경제에 대한 피드백 인식의 부족

리펑의 인과지도에서는 정책변수 간에 피드백 루프가 보이지 않아 사회주의 경제발전과 거시경제정책에 대한 종합적 사고를 판단하기가 쉽지 않다. 리펑과 주룽지 인과지도의 공통점인 '사회주의 시장경제'의 변수는 기본적으로 밖으로 나가는 화살표가 없다는 것이다(리펑의 인과지도 중에서 한 가지가 밖으로 나가는 화살표가 있는데, 사회주의 시장경제에서 시장질서로 향한다). 이는 결과변수이자 외재변수를 의미하는데, 이러한 변수는 기타 정책변수에 명백한 영향을 행사하지 않고 다른 정책변수를 통제하지도 않는다. 이는 사회주의 시장경제정책이라는 변수 자체가 정책실행 과정의 영향력이 그다지 크지 않음을 뜻한다. 중국학자들은 사회주의 시장경제에 대해 이미 수많은 쟁론을 벌였다. 사람들은 이론상 사회주의 시장경제를 이해할 때, 일방적으로 '사회주의'와 '시장경제'를 결합하는 모형으로 분석을 전개한다. 중국공산당 제14차 전국대표회의에서는 "사회주의 시장경제체제는 사회주의 기본제도와의 결합이다"라고 천명했으며, 1994년 장쩌민의 톈진방문 담화에서는 "시장경제 추진은 사회주의 기본제도와 밀접하게 결합되어 있다"[16]라고 명명했다. 여기서 "중국 특색의 사회주의"는 다음과 같이 설명하고 있다.

첫째, 시장경제의 발전은 필연이다. 마르크스는 인류사회가 자연경제, 상품경제(시장경제), 제품경제(계획경제)의 세 가지 경제형태로 나누어진다고 본다. 이 세 가지 경제형태는 필연적으로 역사발전의 객관적 논리다. 세계발전의 거시적 관점에서 볼 때 인류사회는 기본적으로 두 가지 경제형태의 발전 단계인데, 상품경제는 우리가 살고 있는 시대의 주류다. 상품경제발전이라고 하는 것은 대량생산 역사의 산물로, 시장경제는 그 사회의 성격이 어떠하든 현재 세계 각국이 모두 받아들이고 있는 가장 적합하고 발전된 사회생산의 경제형태다. 중국을 두고 볼 때, 비록 사회주의에 진입했지만 마르크스가 설계한 형태의 고도의 발전생산 기초단계가 아니어서 상품화폐관계를 부정할 수 없고 제품경제(계획경제)를 실행하는 사회주의 단계다. 지금까지 중국의 사회생산력 수준은 발전단계에 머물지 못했으며, 시장경제의 충분한 발전수준에도 도달하지 못했으므로 "아직 충분한 자격 미달의" 사회주의, 즉 초급단계의 사회주의다.

---

16) 『江泽民论有中国特色社会主义(专题摘编)』, 北京: 中央文献出版社, 2002年版, 第69页.

둘째, 시장경제는 시장이 주도하여 자원분배를 진행하는 경제체제로 자본주의와 사회주의 모두에서 사용된다. 시장경제는 어떤 체제라도 반드시 거쳐가야 하고 사용해야 할 수단이다. 구체적으로 말하자면, 먼저 중국의 현 단계는 수많은 소유제가 병존하는데 그 이유는 공통이익과 개인이익 간의 대립, 서로 다른 소유제경제, 그리고 동일한 경제 내부에서 필연적으로 교환이 존재할 수밖에 없기 때문이다. 또한 인류의 물질생산 발전의 기본추세 중 하나는 사회화된 생산이 심화 발전되고 이것이 필연적으로 분공사회화와 교환사회화의 심화로 나아가는 것이다. 실제로 동일한 문제에 대해 전자는 생산자와 기업 등 경제문제를 사회관계 발전의 확대에 두고, 후자는 그들의 활동(즉, 제품생산과 교환의 사회화)에 중점을 두고 있다. 동시에 그들은 상호 기능을 촉진하는 작용을 한다. 사회화 요구는 시장화의 추진을, 시장화는 또한 경제기제를 통해 더욱 좋은 생산자를 남게 하고 기타 생산자는 도태되게 하며, 사회화의 발전과 심화[17]를 촉진시킨다. 그러므로 개혁개방 이후 시장경제는 중국 경제발전의 필연적 선택이다.

셋째, 공유제와 시장경제는 상호 결합이 가능하다. 사회주의와 시장경제의 결합을 이해하기 위한 관건은 공유제가 왜 시장경제와 결합할 수 있는지 인식하는 것이다. 전통적인 사회주의 관점에서 각종 형태의 공유제는 확실히 사회주의를 자본주의와 구별하는 기준 중의 하나였다. 그러나 사회주의와 자본주의가 발전단계에 이른 오늘날, "산은 이미 그때의 산이 아니며, 교량도 이미 그때의 교량이 아니다. 자본주의가 이미 원래의 자본주의가 아닌 것처럼 사회주의도 초기에 인식했던 사회주의가 아

17) 德刚, 『邓小平经济哲学思想: 以"三个有利于"为根本的建设哲学』, 郑州: 河南人民出版社, 2001年, 第83-84页.

니다."[18] 쉬징안(徐景安)과 왕잔양(王占阳)은 현재 세계를 사회주의와 자본주의가 상호 융합하는 시대로 본다.[19] 사회주의와 자본주의의 문제에서 역사는 처음 시작부터 같았으며, 분열과 대립 과정을 통해 변증법적 발전 과정을 이룬다. 현재 대립은 인류문명의 성과를 만들어낸 집약체이며, 세계 역사의 심화와 발전은 이러한 대립 과정의 요구와 수단이었다. 역사적으로 볼 때 중국인이 말하는 국유제의 원형은 소련식 계획경제 조건하의 국가소유제였지만, 계획경제 조건에서 집체소유제는 또 다른 공유제와 공존한다. 현재 계획경제는 이미 과거가 되었고, 국유제 등의 공유제 형태도 더욱 적합한 형태로 변화하는 기로에 있다. 국유제 문제에 대해 중국학자들 간에 국가소유제와 사회소유제, 관유제, 민유제 등의 각도에서 매우 격렬한 쟁론이 있다. 그러나 리펑과 주룽지의 인과지도상에서는 사회주의 경제를 구성하고 영향을 미치는 변수를 찾을 수 없는데, 이는 중국 사회주의 시장경제 개념이 공유제에 기초한 마르크스 사회주의 이론체제에서는 의미가 있을지 몰라도 중국 정책결정자의 사고체계에서 공유제 문제는 결정적인 정책변수로 작용하지 않음을 뜻한다.

18) 徐景安, 『中国未来与理念革命』, 北京: 中国财政经济出版社, 2007年, 第46页.

19) 同上, 第51页; 王占阳, 『新民主主义与新社会主义』, 中国社会科学出版社, 2006年 修订版, 第72-73页.

2. 국유기업 개혁에 대한 리펑의 인과지도 분석

장쩌민 집권시기 정부가 주요하게 당면한 문제인 국유기업 개혁과 WTO 문제는 밀접한 관련이 있다. 세계경제체제로 편입할 수 있는 WTO 가입을 통해 경제발전의 고질적 병폐였던 국유기업 개혁을 추진하는 동력을 얻을 수 있었기 때문이다. 국유기업 개혁과 경제 개혁은 1993년 리펑 총리 시기에 대규모로 단행되었다. 1993년 실행된 개혁은 첫 번째로 가장 큰 변혁이었으며, 전통적인 국유기업을 현대화된 관리기제의 기업으로 변화시키는 작업이었다. 1993년 1월 5일부터 10일까지 베이징에서 개최된 전국경제체제 개혁공작회의에서 리펑은 다음과 같이 말했다. "1993년의 개혁공작은 반드시 사회주의 시장경제 확립을 개혁의 목표로 한 단계 나아가 경제발전과 경제체제주의의 심층적인 문제를 해결하고, 체제전환의 중요한 영역에서 실질적 진전을 이루며 국민경제의 더욱 빠른 발전단계로의 진입을 촉진한다."[20] 당시 국무원이 제출한 「금융체제개혁 결정에 관하여」에서 리펑은 금융체제 개혁의 목표를 "국무원 영도 하에 화폐정책의 핵심인 중앙은행의 거시경제 조절체제의 독립적 집행, 정책성 금융과 상업성 금융을 분리하고 국유상업은행 주체로 다양한 금융기구가 병존하는 금융조직체계 건립, 질서 있고 엄격하게 관리되는 금융시장체제 건립"이라고 말했다. 리펑은 국유기업 개혁과 경제체제 개선을 위해 엄청난 노력을 했다. WTO 가입과 관련하여 2000년 9차 전국인민대표대회에서 "중국은 아직 개발도상국이므로 세계무역기구의 규칙 중에서 개발도상국의 조건에 맞는 것을 받아들이고, 그에 상응하는 법률규칙을 제정하며, 권리와 의무의 균형을 유지하고, 국가의 통제영역 안에서 국가 경제안전을 보호하고, 경쟁능력과 대외개방수준을 향상시켜야 한다. WTO 규칙은 매우 광범위하며 수많은 부분이 아직 중국에 익숙하지 않고 이해할 수 없는 것들이 많으므로 이 부분에 대한 학습을 강화하여 상황을 이해하고 각 방면의 업무를 실시할 때만이 의미가 있을 것이다"라고 말했다. 리펑은 또한 WTO 가입은 중국에 이득과 손실, 기회와 도전이 모두 병존하는 현상이라고 강조한다. 자금과 기술, 관리경험을 획득하고 경제기구 조정과 산업수준을 한 단계 끌어올리는 것, 사회주의 시장경제체제를 발전시키는 데는 도움이 되지만 일부 산업과 기업은 거대한 시장경쟁 압력에 놓이게 될 것이며, 심지어 각각 다른 정도이지만 일부는 상상할 수 없는 큰 충격을 받을 것이라고 주장했다. 하지만 전체적으로 볼 때, 중공중앙 전국인민대표 상무위원회와 중국 정부는 WTO 가입이 손해보다 이득이 많을 것으로 판단했고, 장기적으로는 중국의 근본적 이익에 부

20) http://news.qq.com/a/20110525/001130.html

〈표 4-3〉 국유기업 개혁에 관한 리펑의 인과관계표

중앙경제공작 보고 및 정부공작 보고를 포함한 리펑의 주요 연설 분석(1993~1999)	
1993년 3월 15일 정부공작 보고	• 외국인 투자 → 산업 구조 최적화(+) • 사회주의 시장경제 → 대외개방(+) • 정부와 기업 분리 → 국유기업의 경제기제(+) • 자체 운영 → 국유기업의 경제기제(+) • 국유자산 보존 → 국유자산 관리(+) • 생산 요소 시장 → 시장 시스템(+) • 노동시장 → 합리적인 노동 흐름 • 기술시장 → 산업화 → 도시의 토지 시스템 개혁 • 정부 통일 관리 → 부동산시장 → 합리적인 상품 유통(+) • 국가 거시 조정 → 금융시장(+) • 합리적 제품 유통에 대한 정부 통합 관리(+) → 정부의 시장질서 관리(+) • 곡물 구매 및 판매가격 → 식량 생산 안정성(+) • 정부 거시경제 관리 → 사회주의 시장경제(+) • 중장기 계획 → 경제 구조 최적화(+) • 중장기 계획 → 국가경제(+) • 중장기 계획 → 투자(+) • 금융 시스템 개혁 → 시장경제 시스템(+) • 경제법 시스템 → 거시경제 시스템(+) • 행정 관리 시스템 → 사회주의 시장경제(+) • 애국심 / 집단주의 / 민족적 자존심 → 사회주의 정신 문명(+)
1994년 정부공작 보고	• 농업 개발 → 국가경제(+) • 국유기업 관리 전환 → 국가경제(+) • 엔터프라이즈 기술 개선 → 생산량, 국가경제(+) • 투자 시스템 개혁 → 국가경제(+) • 외자 기업 → 국가경제 보호(+) • 경제개발 → 건설 규모 → 투자 확대(+) • 투자 확대 → 재정 주문(-) • 국유기업 관리 전환 → 사회주의 시장경제(+) • 사회보장제도 개혁 → 기업의 사회적 부담(-) • 기업의 사회적 부담 → 기업 평등 시장 경제 참여(+) • 순환 시스템 개혁 → 국내 시장(+) • 유통 시스템 개혁 → 상품 시장(+) • 제도 개혁 → 거시경제 규제(+) • 과학기술 → 경제건설(+) • 경제건설 → 과학 및 기술(+) • 과학적 투자 → 생산성(+)

1994년 11월 28일 중앙경제공작회의 연설	• 국유기업 개혁 → 국가경제(+) • 국유기업 개혁 → 국가 재정 수입(+) • 실업보험 → 기업 개혁(+) • 금융 시스템 개혁 → 외국인 투자(+) • 계획된 투자 시스템 개혁 → 국가 투자(+) • 사회주의 시장경제의 합법화 → 시장질서(+)
1995년 3월 5일 정부공작 보고 (국유기업 중심)	• 기업 기술 혁신 → 시장 경쟁력(+) • 농촌경제 → 국가경제(+) • 가격과 국가경제 통제(+) → 지역 농업 투자, 안정적인 농업 성장, 농업 경제(+) • 외부 세계에 개방 → 기술 개선(+) • 외부 세계에 개방 → 관리 수준 향상(+) • 투자 환경 → 대외무역(+) • 특별경제구역 → 대외 무역(+) • 인구 통제 → 국민의 질 → 국가경제(+) • 국유기업 개혁 → 국가경제(+) • 국유기업 개혁 → 국가 재정 수입(+) • 국유기업 개혁 → 개혁 및 개방(+) • 국유경제 → 국유기업 개혁(+) • 정부 기능 변경 → 정부 및 사업 분리(+) • 별도의 정부 및 기업 → 독립적으로 운영(+)
1995년 3월 11일 유엔 사회개발정상회의 연설	• 경제발전 → 사회진보(+) • 사회진보 → 경제발전(+)
1996년 3월 1일 ASEM 회의 연설	• 중국의 WTO 가입 → 무역발전 → 세계경제발전(+) • 기술교류와 합작 → 경제발전(+) • 인력자원개발 → 경제발전(+)
1996년 4월 3일 특별경제구역 실무회의	• 개혁개방 → 선진기술 → 투자환경(+) • 경제특구 → 대외개방(+) • 경제특구 → 투자환경(+) • 경제특구 → 국내시장 경쟁력(+)
1996년 12월 20일 국가 정치 및 법률 업무회의 연설	• 법제 건전 → 사회주의 시장경제(+)

1997년 3월 1일 정부공작 보고	• 농업발전 → 국민경제발전(+) • 수리건설 → 농업발전(+) • 농민 부담 → 농업발전(-) • 향촌재무감독 → 농민 부담(-) • 기업경영 기제 관념의 시장 부적응 → 국유기업 이윤(-) • 구조조정의 시장요구 변화의 부적응 → 국유기업 이윤(-) • 기업 사회부담 가중 → 국유기업 이윤(-) • 잉여인력 다수 → 시장경쟁력 → 국유기업 이윤(-) • 인수인계와 파산 독려 → 국유기업 이윤(+) • 재취업 추진 → 국유기업 이윤(+) • 기업경영관리 → 국유기업 이윤(+) • 사회보장제도 개혁 → 국유기업 이윤(+)
1998년 제8차 인민대회 제4차 회의에서 실시된 정부 활동에 관한 보고서	• 대외개방 → 선진기술 → 국내경제발전(+) • 농촌경제 → 국민경제(+) • 거시경제 조정 → 통화팽창(-) • 세제조정 → 국가수입 → 화폐가치 안정(+) • 국유기업 개혁 → 사회주의 시장경제(+) • 대외개방 → 사회주의 시장경제(+) • 과학기술 → 상업화 → 경제건설(+)
1998년 3월 5일 정부공작 보고	• 대외개방 → 국제경쟁력 → 국민경제(+) • 시장자원 배치 → 사회주의 시장경제 → 경제발전(+) • 과학기술 진보 → 경제발전(+) • 농민 수입 증가 → 농촌사회 안정(+)
1998년 3월 21일 제9차 인민대회 상임위원회	• 입법공작 계획성 → 사회주의 시장경제(+) • 사회주의 법제 통일 → 사회주의 시장경제(+)

합한다는 결론을 내렸다.[21] WTO 가입에 대한 리평의 견해는 그의 연설문 분석만으로는 부족하며, 그가 당시 총체적으로 이해하고 있던 중국 경제와 WTO 가입 간의 관계들을 이해하는 데 많은 한계가 있다. 그러므로 이 장에서는 리평의 연설문 중에서 국유기업 개혁과 관련 있는 인과관계

21) http://news.sina.com.cn/china/2000-11-01/140086.html

를 모두 추출하여 위와 같은 인과관계표를 만들고 이를 이용하여 인과지도를 제작한다.

인과지도는 일반적으로 인지지도 중에서 피드백 루프를 가진 부분만 따로 떼어 구성한 것을 말하는데, 정책결정자의 특정 정책에 대한 이해를 명확하게 확인하는 데 도움을 준다. 리펑과 주룽지는 연설문에서 국유기업 개혁의 필요성을 여러 번 강조했으므로 연설문의 내용 분석만으로는 인지상의 차이를 분명하게 확인하기가 매우 어렵지만, 인과지도를 통해서는 좀 더 분명하게 국유기업 개혁에 대한 정책결정자의 인지 과정을 확인할 수 있다. (인과관계를 지닌 모든 변수를 하나의 지도로 만든 것이 인지지도라면 인과지도는 그중에서 피드백 루프를 가진 변수만을 따로 떼어서 보는 것이다.)

리펑과 달리 주룽지에게는 국유기업 개혁이 정책의 목표변수다. 일반적으로 들어오는 화살표 숫자가 가장 많은 경우를 '목표변수'라고 하는

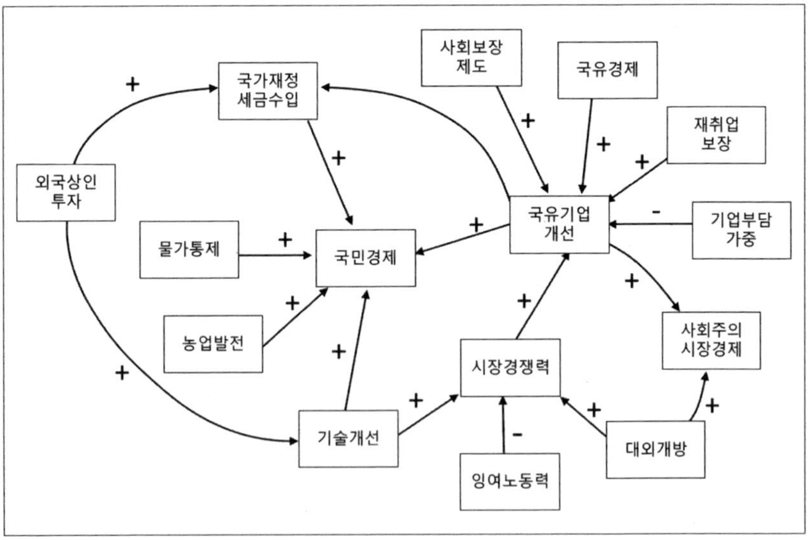

〈그림 4-4〉 국유기업 개혁에 대한 리펑의 인과지도

데, 들어오는 화살표 숫자가 나가는 화살표 숫자보다 더 많은 경우에도 목표변수라고 할 수 있다. 정책수단변수와 목표변수의 차이는 매우 크다. 수단변수는 특정 정책목표를 달성하기 위한 정책의 수단을 말한다. 정책결정자들에게 목표변수는 정책적으로 가장 중요한 위치를 가진다. 아래 본문에서는 국유기업 개혁과 WTO 가입의 상관관계를 자세하게 분석하여 리펑의 국유기업에 대한 이해를 살펴본다.

1) 국유기업 개혁에 대한 인과관계 인지

국유기업 개혁에 대한 리펑의 인과지도 분석의 주요 내용은 아래와 같다.

리펑은 국무원에서 일하는 기간 동안 국유기업 개혁과 발전을 가장 중요한 과제로 삼고 이를 추진했다. 그는 공고하게 발전한 사회주의 제도

〈표 4-4〉 국유기업 개혁에 대한 리펑 인과지도의 주요 특징

		주요 특징	내용 함의
분석대상 국유기업 개혁	1	국유기업 개혁과 관련된 경제정책변수 사이에 피드백 루프 없음	WTO 가입 이후 국제무역시장 확대가 가져올 과학기술 발전, 외국시장 경쟁력 증가, 외국인 투자 확대 전개 등 WTO 가입이 경제적 요인과 직결되는 상관관계 인지가 보이지 않음
	2	국유기업 개혁의 수단으로 사회보장 시스템, 국유경제, 재취업 보장 촉진, 기업 부담 감소 같은 변수 인지	국유기업 개혁과 WTO 가입에 따른 경제적 효과 사이의 피드백 루프를 찾을 수 없음

의 고도화된 인식으로 국유기업 문제를 해결하는 것은 중요한 의의가 있으며, 국유기업의 활력증진을 강화하고 기업의 효율을 최대화하여 공개적으로 이 같은 개혁성과가 드러나야 한다고 강조했다. 리펑은 좌담회에서 기업의 효율을 어떻게 증진시킬 수 있을지에 대한 의견을 다음과 같이 제시했다. ① 효율 증진을 기업업무의 핵심으로 삼고, 점진적으로 시장인식과 상품인식을 확대해나간다. ② 시장의 요구에 따라 생산경영에 종사하고, 경쟁력 있는 제품생산을 위해 노력한다. ③ 계속해서 변화하는 시장의 요구에 부응하는 새로운 제품을 개발해야 한다. ④ 산업구조, 제품구조, 기업조직구조, 기술구조, 지역경제구조를 포함한 경제구조를 조정하고 대외개방 조건을 충분히 이용하여 산업기술을 발전시키고 기업에 활력을 강화하여 기업이 더욱더 발전할 수 있는 외부조건을 만든다. ⑤ 기업이 스스로 발전 가능성을 증진시키고 기업 구조조정을 촉진하도록 경영관리와 기술의 진보를 이루고, 새로운 제품을 개발하여 노동자의 적극성과 창조성을 충분히 확보한다.

리펑의 「국유기업 인지에 대한 인과지도」의 가장 큰 특징은 피드백 루프 구조가 전혀 없다는 것이다. 인과지도에서 피드백 루프의 개수와 시스템 사고는 밀접하게 연결되어 있다. 피드백 루프의 많고 적음은 정책목표에 대한 다방면의 인식과 종합성 사고의 유무와 관련이 깊다.

1995년 정부공작 보고에서 리펑은 "국유기업 개혁을 적극적으로 추진해야 한다. 국유기업은 중국 국민경제의 기둥이다. 국유기업은 자원, 교통, 중요한 원재료와 기술설비의 핵심 제공자이자 국가재정수입의 주요 재원, 국민경제에서 가장 중요한 위치를 점유하며, 전국 경제발전과 개혁개방에 지대한 공헌을 하고 있다. 개혁개방 중에 각 지역과 산업에서 활력이 강하고 효율이 높으며 국내외 시장에서 좋은 성과를 낸 국유기업이 있었는데, 이는 국유기업도 잘 운영될 수 있음을 증명한다. 하지만 다양한 원인으로 인해 현재 일부 기업은 사회주의 시장경제의 요구에 부응하지 못하고 있다. 국유기업 개혁은 복잡하고도 어려운 임무로, 해방사상과 대담한 실천을 필요로 하며, 힘있게 추진하고 몇 년의 노력을 거쳐서만 성취할 수 있다. 국유기업 개혁은 국유경제 전반을 활력 있게 하고, 국유경제의 주도적인 역량을 발휘할 수 있도록 한다. 기업경영기제를 전환하기 위해 국유기업 재산의 감독관리를 구체화해야 한다. 기업은 정치와 기업을 분리하기 위해 자주경영과 스스로 손익을 책임지는 조건을 만들어야 한다. 자산과 부채를 따져보는 재무상태의 점검을 확대하고, 국유자산 관리를 강화하며, 일부 기업에 감사위원회 조직을 파견해야 한다. 국유자산 경영책임제와 보호증식체계를 건립하여 국유자산의 유실을 막아야 한다. 자본과 채무의 비율을 점진적으로 조정하고, 기업의 과도한 채무문제를 선택적으로 해결해나가야 한다."[22]

위에서 언급한 바와 같이 리평의 1995년 정부공작 보고는 국유기업의 중요성을 강조하고 있다. 그러나 리평의 국유기업 인과지도에서는 국유기업 개혁과 관련된 경제요소 간의 피드백 루프가 보이지 않는다. 리평의 국유기업 개혁 인과지도의 주요 변수인 국유기업 개혁은 들어오는 4개의 화살표와 나가는 3개의 화살표로 구성되어 있으므로 국유기업 개혁은 리평에게 정책목표 달성을 위한 주요 매개변수임을 알 수 있다. 하지만 시장경쟁력의 강화, 투자 확대, 과학기술 등 WTO 가입과 밀접한 관련이 있는 변수 간의 인과관계와 피드백 루프 구조 인지는 부족하다.

그 밖에 국민경제발전이라는 정책목표를 위한 리평의 직접수단변수

22) 『十四大以来重要文献选编(中)』, 北京: 人民出版社, 1997年, 第1239页.

는 국가 재정세입, 농업발전, 국유기업 개혁과 기술개선이다. 하지만 그의 인과지도에서는 핵심 수단과 매개변수들이 보이지 않으며 변수 간의 연결성도 비교적 느슨한 편이다. 거시경제이론에서 농업발전, 공업발전 그리고 인재시장 이용은 모두 밀접한 관련을 가지는 변수들이다. 하지만 리펑의 인과지도에서는 농업발전과 공업발전, 인재시장의 연결성이 보이지 않는다. 정책목표변수인 국민경제와 외상투자도 마찬가지다. 외상투자와 대외개방을 연결하는 매개변수도 없다. 리펑이 강조하는 주요 정책변수인 국가재정수입, 국유기업 개혁은 국민경제와 국가재정수입 증가를 필요로 하는 수단이다. 그의 인과지도상에 시장 개념은 두 가지로 하나는 국

〈표 4-5〉 리펑의 정부공작 보고 내용분석표

1992년 정부공작 보고	계획경제와 시장 규제를 결합하는 원칙에 따라 계획 시스템과 관리방법이 더욱 개혁될 것이다. 계획과 시장은 모두 조정경제의 수단으로 사회주의와 자본주의를 구별하는 기준이 아니며, 사회주의와 자본주의 모두에서 사용될 수 있다. 우리는 경제개발의 객관적인 필요에 따라 지시형 계획과 시장조절의 범위를 한 단계 더 조절하면 시장기제의 작용을 더욱 잘 발휘할 수 있다. 정부 기관은 정부와 기업의 책임 분리, 소유권 및 관리 권한의 적절한 분리 원칙에 따라 기능을 변경하고, 거시경제 규제 및 통제를 강화 및 개선하며, 국유자산 관리를 개혁 · 강화하고 공유제경제를 통합 및 개발하며 다른 경제를 지도해야 한다. 식재료의 건전한 발전은 개인경제와 민간경제에서 계속해서 유익한 역할을 할 것이다.
1993년 정부공작 보고	국유기업으로의 공공 소유권 이전을 가속화한다. 사영경제는 이익이 창출되는 범위 안에서 보충하는 작용을 한다. 또한 국민경제제도는 공유제와 전민소유제, 집체소유제를 주체로 개체경제, 사영경제, 외자경제가 보완되는 형식이어야 한다. 모든 경제 요소는 사회주의 시장경제의 발전과 호환되어야 한다. 국무원의 제도 개혁 계획은 기능의 변화, 관계의 합리화, 간단한 정책의 간소화, 효율성 향상의 원칙에 따라 공식화되었으며, 거시경제 규제 및 통제 부서를 강화하고 사회 관리 기능을 강화하는 데 중점을 두고 있다.
1994년 정부공작 보고	국유경제와 집단경제가 발전하는 동안 개인, 민간 및 외국 투자 경제는 계속 발전하고 있다.

민경제, 다른 하나는 국유경제다. 국민경제의 중요성은 리펑과 주룽지 모두 강조하는 국무원의 주요 목표다. 동시에 그들의 연설문 내용에서 반복적으로 강조하는 것은 공통정책목표인 사회주의 시장경제다. 이 장에서는 리펑이 주장한 연설문 내용에 있는 인과관계인 시장에 주목한다. 그중에서 국유경제는 주룽지의 인과지도에서는 출현하지 않는 개념이다. 리펑이 발표한 정부공작 보고 내용 중에서 그가 인식한 시장경제는 계획경제와 충돌하지 않는다. 위의 표는 리펑의 국유기업에 대한 내용분석표다.

리펑은 1992년 정부공작 보고에서 "계획과 시장은 모두 조정경제의 수단으로 사회주의와 자본주의를 구별하는 기준이 아니며, 사회주의와 자본주의 모두에서 사용될 수 있다", "지시형 계획과 시장조절의 범위를 한 단계 더 조절하면 시장기제의 작용을 더욱 잘 발휘할 수 있다", 1992년, 1993년, 1994년의 정부공작 보고에서도 국유자산 관리 강화와 공유제경제의 공고화와 발전을 강조하며 사영경제는 이익이 창출되는 범위 안에서 보충하는 작용을 한다고 했다. 또한 국민경제제도는 공유제와 전민소유제, 집체소유제를 주체로 개체경제, 사영경제, 외자경제가 보완되는 형식이어야 한다고 주장한다.

2) 피드백 루프 구조 인지 부족

사실, 리펑과 주룽지의 총리 재직 시절 거의 모든 정부공작 보고서에서 국유기업 개혁과 국무원 기구 개혁은 둘 다 빈번하게 출현한 단어였다. 하지만 인과지도 분석을 통해 두 총리는 시장경제에 대한 인지에 서로 다른 측면에 있음을 발견했다. 리펑에게 국유기업 개혁과 국무원 개혁은 국유경제의 기초에서 정부세입을 증가시키는 주요 정책수단이다. 리펑은 대외개방과 시장경쟁 간의 인과관계를 인식하고 있었지만 대외개방과 국민경제, 대외개방과 국유기업 개혁 간의 직접적 연결성에 대한 인식은 부족함을 알 수 있다. 그는 외상투자와 대외개방 또한 국민경제발전의 주요 변수로 인식하지 않고 있으며, 단지 외상투자는 기술개선과 국가재정수입의 수단으로 인식했던 것으로 보인다. 종합하면, 리펑의 인과지도에서는 국유기업 개혁과 WTO 가입 이후에 발생 가능한 주요 경제요소 간의 피드백 루프를 발견할 수 없다. 대외개방, 외자투자와 국유기업 개혁의 연결성에 대해서도 연결고리의 인식이 느슨한데, 사실 이러한 변수들은 모두 WTO 협상 추진 과정의 핵심변수라고 할 수 있다. 일부 시스템 다이내믹스 학자들은 정책결정자가 특정 정책목표에 대해 피드백 루프를 보일 때 정책의 실행을 지속적으로 견지할 가능성도 그만큼 커진다고 본다. 왜냐하면 정책결정자가 특정 정책에 대한 피드백 루프를 인지한다는 것은 그 정책에 대한 종합적 · 총체적 시스템 사고를 가지고 있다고 볼 수 있기 때문이다. 국유기업 개혁은 장쩌민 집권시기 지속적으로 강조한 부분이었지만, 1998년의 개혁은 1993년의 개혁에 비해 더욱 적극적으로 실행되었다. 여러 가지 이유가 있겠지만 본문은 그 원인 중 하나로 당시 경제정책 총책임자인 국무원 총리의 시스템 사고 여부가 일정 정도 정책집행 과정에도 영향을 미쳤을 것으로 본다. 당시 국무원 총리였던 리펑을 통해 인과지도상의 피드백 루프가 시스템 사고를 이해하는 핵심이 되며, 인과지도 분석을 통해 리펑과 주룽지의 차이점을 발견할 가능성을 엿볼 수 있다.

3.
아시아 금융위기에 대한 리펑의 인과지도 분석

1997년 태국에서 발생한 금융위기는 WTO 가입을 위한 협상 과정의 난제였다. 시장경제의 개방이 가져온 폐단이 주변 국가의 사례로 분명하게 드러난 것이다. 이 과정에서 중국은 아시아 경제의 주요 책임자로 인민폐 평가절하 여부를 두고 깊은 고민에 빠질 수밖에 없었다. 아시아 금융위기 당시의 경제정책 총책임자인 국무원 총리가 "금융위기의 역풍을 맞을 수도 있는" 세계시장 경제체제를 받아들일 것인지의 여부는 WTO 가입 과정에 영향을 줄 수 있는 중요한 문제가 아닐 수 없었다.

1990년대 들어 중국 정부는 중미관계의 불안정성이라는 외부 요소 외에 1990년대 후반기에 발생한 아시아 금융위기가 가져온 압력에도 대응해야 했다. 장쩌민 정부는 국내외의 거대한 압력에 대응하며 협상을 진행해야 하는 상황이었다. 1997년 통계자료[23]에 따르면, 개혁개방 이래

23) http://bbs.tianya.cn/post-develop-1505624-1.html

1997년 중국 국내 총생산량은 인민폐 7조 4,772억 위안, GDP 총량은 세계 7위였으며, GDP 성장률은 8.8%로 세계에서도 손꼽히는 선두권을 유지했다. 중국의 GDP 증가율은 9.8%였는데, 이는 세계 최고 수준이었다. 중국의 대외무역은 1997년 수출입총액 3,240억 달러였으며, 그중 400억 달러는 순이익으로 중국 역사상 세계 최초로 10위권 안에 기록되었다. 1997년 중국은 실제 이용한 직간접 외자가 453억 달러에 달했으며, 이는 세계 제2위에 해당하는 성과로 중국 경제 역사상 가장 큰 성취였다.

그러나 1997년 발생한 아시아 금융위기로 중국의 대외무역은 특히 무역구조에서 큰 타격을 입었다. 중국의 무역은 광산품, 농산물 위주였는데 아시아 금융위기의 발생으로 중국은 가장 어려운 길, 즉 중국 수출상품의 비중을 중화학 제품 위주로 하는 구조적 전환을 만들어 수출상품은 여전히 양적인 수출의 폭을 지속적으로 확대할 수 있었다. 중국이 외자로부터 받는 영향은 매우 분명했다. 먼저, 외자 도입 속도가 큰 비중으로 둔화한다. 1997년 중국이 도입한 외자 속도와 1996년을 비교해보면 30%남짓 하락했다. 가장 심각한 문제는 중국이 도입한 외자의 본의는 자본과 관리 기능을 이용하고 높은 수준의 기술을 끌어들이는 것이었다. 외국자본을 중국에 도입한 의도는 거대한 잠재력의 중국시장을 확대하고 외부에 날카롭게 대응하려던 것이다. 그러나 이러한 의도는 거의 실현하기가 어렵게 되었다. 1997년 중국의 전체 상황을 보면, 19년간 외자를 이용하면서 제일 먼저 합자기업의 수와 독자기업의 수를 비교할 때 독자기업이 합자기업을 넘어선다. 이러한 신호는 명백하게 외국인 투자에 문제를 남긴다. 중국은 이와 같은 외부 환경의 장애 요인을 마주하면서, 아시아 금융위기 상황에서도 WTO 가입을 위한 협상을 계속 진행한다.

아시아 금융위기에 당면했던 시기, 중국의 정책결정자가 가장 결정하기 어려웠던 정책적 난제는 인민폐 평가절하였다. 중국에서 인민폐의 고정환율은 오랜 기간 무역정가의 기제에 따라 답습해오던 것으로, 인민은행은 외환시장에 충분히 관여하고 있었다. 이처럼 인민폐 고정환율제는 '공공선택' 과정으로, 최종적으로 중국의 무역수지 상황을 결정했다. 시장균형환율 시각에서 보면, 인민폐 환율 조정 방향은 중국의 국제수지 상황에 달려 있었다. 중국의 WTO 가입 승낙 후 이행할 규칙들은 수입 압력을 확대시킬 뿐 아니라 중단기 수출에도 부정적 영향을 끼칠 수 있었다. WTO 가입은 경쟁력이 약한 서비스업을 국제경쟁에 직면하게 하고, 경제성장률의 하강으로 인해 투자 기회를 다원화하며, 국내정책에 적응하지 못한 다국적기업의 필요와 WTO 가입 후 외국상인의 내국인 대우문제 등의 여러 가지 문제를 내포하고 있었다. 아시아 금융위기 이후 주변국의 자국 화폐 평가절하는 당시의 중국에 이미 거대한 무역 손실을 안겨주었다. 이로 인해 중국은 주변국의 상황에 맞춰 자국 화폐의 평가절하 전략을 선택할 필요에 직면하게 된다. 무역수입과 원가가치의 범위가 같을 때 인민폐의 평가절하 폭은 의미가 있다.[24] 금융위기가 중국에 가한 가장 큰 압력은 인민폐 환율에 대한 판단 문제였다. 인민폐에 대한 비관적 관점을 주도한 것은 미국의 「뉴욕타임스」와 영국의 「이코노미스트」였다. 리펑은 아시아 국가의 자국 화폐 평가절하는 인민폐를 상대적으로 높게 평가하게 만들어 중국 수출품의 국제경쟁력을 떨어뜨릴 것이라고 보았다. 이러한 외부 여론에도 중국 정부는 인민폐를 평가절하하지 않겠다는 결정을 내렸다.

1997년 아시아 금융위기에 대한 리펑의 인과지도를 추출하기 위해

24) 郑建明,「中国加入WTO与人民币贬值压力分析」,『中国经济特区论坛: 现代化建设中的体制问题学术研讨会论文集』, 2002年.

〈표 4-6〉 아시아 금융위기에 대한 리펑의 인과표

1997년 3월 1일 [국유기업 개혁에서 더 큰 발걸음] 제8차 인민대회 제5차 회의에서 작성된 정부 작업 보고서의 일부	• 국유기업 개혁 → 시장 경쟁력(+) • 기업 기술 진보 → 국유기업 개혁(+) • 국유기업의 과학적 관리(+) → 마케팅, 국유기업 개혁에 집중(+) • 부채 비율 감소 → 국유기업 개혁(+) • 사회보장제도 개혁 → 국유기업 개혁(+) • 유통 시스템 개혁 → 국유기업 개혁(+)
1997년 4월 9일 [아시아 경제발전 가속화 및 국가 간 경제 및 무역 협력 촉진] 상하이에서 열린 제32회 국제비즈니스국제회의 개회식 연설	• 아시아 주변 안정 → 아시아 경제개발(+) • 아시아 경제발전 → 세계경제 안정성(+) • 개혁개방 → 중국 경제사회 발전(+) • 중국 경제사회 발전 → 아시아 경제개발(+)
1997년 6월 24일 대기업 그룹의 파일럿 작업에 관한 심포지엄 연설	• 기업집단의 발전 → 시장경쟁력(+) • 시장 경쟁의식 → 기업 집단발전(+) • 대외개방 → 대외기술 이용(+) • 국외기술 이용 → 국내기술 제고(+) • 국외기술 이용 → 시장경쟁력(+) • 국외기술 이용 → 민족공업 제고(+) • 주식시장 → 민족공업 제고(+) • 자회사의 이익 보호 → 회사 인수 → 기업 집단발전(+) • 경영관리 책임 → 기업 집단발전(+) • 당위원회 감독 → 기업 집단발전(+) • 노동계급의 역할 → 기업 집단발전(+)
1997년 7월 30일 [상대적으로 완전한 사회보장 시스템 구축] 기업 직원을 위한 기본 기부보험제도 업무에 관한 전국회의 연설	• 기초생활보장제 → 사회안정(+) • 사회안정 → 경제발전(+)
1997년 9월 23일 세계은행 및 국제통화기금 연례회의 개회식 연설	• 개혁개방 → 중외 합작기업 발전 → 국내 생산성(+) • 국내 생산성 → 공유제 발전(+) • 국외 선진기술 → 중국 경제발전 • 대외개방 → 국외 선진기술 진입(+) • 대외개방 → 자금관리 경험 → 중국 경제발전 • 관세세율 인하 → 국외 선진기술 진입(+) • 중국 경제발전 → 세계와 지역경제발전 • 중국 국가발전 → 선진국가(+) • 중국 국가발전 → 개발도상국 발전(+) • 무역차별 → 개발도상국 발전(-)

	• 불공정교환 → 개발도상국 발전(-) • 내정간섭 → 개발도상국 발전(-) • 금융부문의 국제협력 → 각국 자금 흡수(+) • 금융부문의 국제협력 → 금융위험(+)
1997년 9월 30일 [공개소유권의 실현 형태는 새로운 이데올로기 해방이다] 제15차 CPC 국회 베이징 대표단회의 연설의 요점	• 민간 기업 → 취업 기회(+) • 통제 인플레이션 → 안정적인 경제성장(+) • 중국의 경제발전 → 공공소유권 비율의 감소(-) • 중국의 경제발전 → 비공개소유권 비율(+) → 국유기업의 경기 침체 • 외국 자본 개발 → 국가 산업 개발(+) • 국내외 자금 → 기업 개발(+) • 주식시장 → 기업 경영 개선(+)
1997년 11월 19일 [동남아시아 금융위기와 중국 금융 업무] 국가재정업무회의 연설	• 중국 금융 기관, 증권 투기 참여 → 동남아금융 위기(+) • 중국 국유기업 → 동남아 금융위기 증권 투기 참여(+) • 중국의 금리 상승 → 동남아 금융위기(+) • 동남아국가의 통화 평가절하 → 중국의 수출(-) • 동남아국가의 통화 평가절하 → 중국의 경쟁력(-) • 버블경제 → 동남아시아 금융위기(+) • 국제 투기자본 → 동남아시아 금융위기(+) • 고정환율 시스템 → 경제위기(+) • 홍콩 달러 연계 환율 시스템 → 홍콩 경제 안정성(+) • 통화 순환 관리 → 재무 안정성(+) • 대여기금 통제 → 재무 안정성 관리(+) • 낮은 인플레이션 → 재무 안정성(+) • 금융 불안정 → 인플레이션(+) • 금융 불안정 → 가격 상승(+) • 금융센터 중앙 집중식 통합 관리 → 재무 안정성(+) • 주식 발행 → 기업 자본 → 기업 개발(+) • 주식 발행 → 기업 파산(+) • 경험 부족 → 보험업(-)
1997년 12월 9일 [안정성을 위해 노력하고, 모든 측면에서 훌륭한 일을 하는 원칙을 구현] 중앙경제작업회의 연설	• 개혁 → 거시경제통제 강화 → 시장기제 작동 → 고성장 • 대외 경제기술 교류 → 해외무역 수출 상승 • 국가외환저축 → 중국 금융신용 → 국제 금융위기 제어 • 고정적 자산투자 증가 → 중국 경제발전 • 상품시장 초과 → 기업자금(-) → 압력 • 농업, 수자원 보호, 중서부 투자 → 중국 경제발전(+) • 주택상업화 → 중국 경제발전(+) • 적절한 재정통화정책 → 중국 경제발전(+)

	• 재정지출 통제 → 중국 경제발전(+) • 동남아국가 화폐 평가절하 → 중국 상품경쟁력(-) • 대미, 유럽 무역손실 → 무역마찰 → 중국 경제발전(-) • 시장 다양화 촉진 → 중국 경제발전 • 인민폐 안정 → 금융 안정 • 장기적 국제 수입수출 균형 → 금융 안정 • 국유기업 개혁 → 실업(+) • 실업 → 사회안정(-) • 다종 소유제경제 → 실업(-) • 취업 개념의 전환 → 실업(-) • 지방 재정능력 증가 → 거주민 기본생활자금 → 사회보장 수준(+) • 과학기술 진보 → 경제발전(+) • 합리적 자원개발 → 자원이용 효율 → 경제발전(+)
1998년 2월 9일 [내부 및 외부 자원과 2개의 시장에 대한 진일보한 이용] 대외무역 및 경제협력에 관한 전국회의 및 국가 대외무역 시스템의 고급집단회의	• 대외경제무역 → 외환 축적(+) • 대외경제무역 → 취업 기회(+)
1998년 2월 24일 [중국은 아시아 금융위기 동안 경제 및 금융 안정성 유지]	• 홍콩 원화의 연동환율제도 → 홍콩 금융(+) • 거시경제 조정 → 고도의 통화팽창(-) • 고도의 통화팽창 → 금융 안정(-) • 대외경제무역 → 외환 축적 → 금융 안정(+) • 대외경제무역 → 미국달러 직접투자 → 국제 수입수출 양호 → 금융 안정 • 인민폐 평가절하 → 아시아 금융 안정(-)

본 연구는 1997년부터 1998년까지 리펑이 아시아 금융위기에 대해 발언한 내용을 수집하여 분석했다. 리펑이 국무원 총리로 재직하던 시절의 거시경제정책에 대한 연설문은 매우 많다. 위의 인과표는 1997년 아시아 금융위기의 연설문 중에서 주요 인과관계 부분을 발췌하여 제작한 것이다. 주요 참고문헌은 『리펑, 거시경제정책을 논하다(하권)』이다.

인과관계표의 왼쪽은 정책결정자가 발언한 시간과 장소에 대한 기록을, 오른쪽 화살표는 지도자가 인식한 주요 경제정책변수 간의 인과관계를 나타낸다. 리평의 인과지도는 위에서 서술한 인과관계표에 기초하여 제작된 것이다.

1) 아시아 금융위기에 대한 인과관계 인지

아래 인과지도를 통해 문헌 분석만으로는 발견하기 어려운 지도자의 사고체계를 살펴볼 수 있다. 공산당 중심의 중국 정치체계에서 내용 분석을 통해 지도자의 특정 정책에 대한 구조적 이해와 정책상의 다른 의견을 발견하기는 매우 어려운 일이다. 이 장에서는 리펑의 인과지도를 중점적으로 분석하여 1997년 아시아 금융위기에 대한 그의 견해를 알아보고자 한다. 1997년 아시아 금융위기에 대한 리펑의 연설문 분석에서 다음 두 가지 문제를 제기할 수 있다. 첫째, 1997년 아시아 금융위기에 대한 리펑의 견해는 어떠한가? 둘째, 아시아 금융위기 상황에서 인민폐 평가절하와 관련하여 리펑은 딜레마 사고를 했는가? 이 장에서는 리펑의 인과지도를 통해 위의 두 가지 질문에 대한 답을 찾아보고자 한다. 이 장의 의의는 인과지도에 나타난 인과관계를 통해 정책결정자가 딜레마 사고를 했는지 여부를 진단할 수 있다는 것이다. 인과지도를 통해 정책결정자의 딜레마 사고 유무를 확인할 수 있는데, 이 방법은 현재도 계속해서 연구가 진행 중이다. 한국의 대표적 시스템 다이내믹스 학자인 김동환은 이미 정책결정자의 딜레마 사고를 도출하는 딜레마 지표를 만들어 발표한 바 있다. 하지만 이 장에서는 아시아 금융위기에 대한 리펑의 피드백 루프와 인과

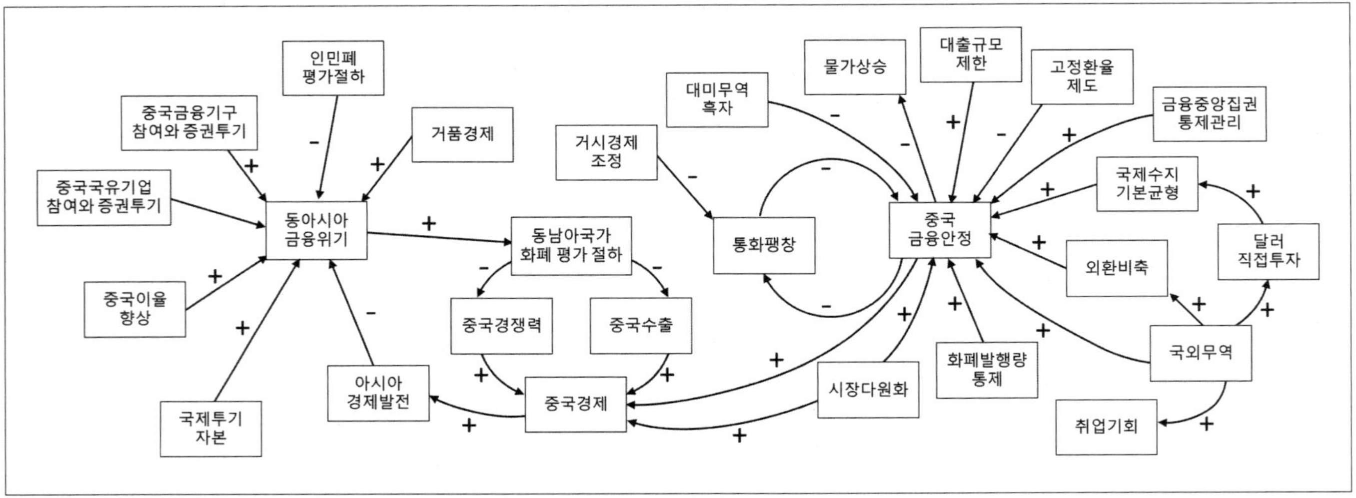

〈그림 4-5〉 리펑의 1997년 아시아 금융위기 인식에 대한 인과지도

관계만 확인하고 딜레마 지표를 사용한 분석까지는 진행하지 않았다. 다만 리평과 주룽지의 인과지도를 통해 4장과 5장의 인과지도 분석에서 어떻게 딜레마 사고를 확인할 수 있는지 그 가능성은 찾아본다. 아시아 금융위기에 대한 리평의 인과지도 분석의 주요 내용은 아래와 같다.

리평의 인과지도에서 보면, 그가 동남아국가 화폐의 평가절하와 중국 경제 간의 복잡한 피드백 루프를 인지하고 있음을 알 수 있다. 동남아국가 화폐의 평가절하, 중국의 수출, 중국 경제, 아시아 경제발전, 동남아시아 금융위기 간에는 양의 피드백 루프가 존재한다. 양의 피드백 루프의 주요 특징은 상호 발전하는 연결성을 가지므로 주요 수단변수를 계속해서 강화한다. 리평의 경우, 이러한 복잡한 피드백 루프는 아시아 금융위기와 관련된 인과지도에서만 나타나는 특징이다. 이는 동남아국가의 금융위기 상황이 중국 경제에 가져오는 영향에 대해 명백하게 인지하고 있으므로 시장경제를 가속화하고 금융위기의 가능성을 내포한 WTO 가입에

〈표 4-7〉 아시아 금융위기에 대한 리평 인과지도의 주요 특징

분석대상		주요 특징	내용 함의
아시아 금융위기	1	동남아국가 화폐의 평가절하와 중국 경제 간의 복잡성 피드백 루프 인지	동남아국가의 금융위기 상황이 중국 경제에 미칠 영향 명백하게 인지 → 시장경제를 가속화하고 금융위기 발생 가능성을 높이는 WTO 가입에 대한 신중한 견해를 견지할 가능성 높음
	2	동남아 경제위기 원인에서 중국 경제와 관련된 요소에 대한 인식이 비교적 높음	경제문제 해결방안과 관련 있는 구체적인 경제정책 간에 피드백 루프 인지 부족 → WTO 가입 이후 발생할 경제문제에 대한 구조적 이해 부족 가능성 있음
	3	인민폐 평가절하에 대한 딜레마 사고 가능성이 낮음	

대해서도 일정 부분 영향을 미칠 수 있음을 의미한다. 따라서 WTO 가입에 대해서는 비교적 신중한 태도를 견지했을 것이라 짐작할 수 있다.

그 밖에 주목할 부분은 그가 인지하고 있는 동남아 금융위기의 원인 중 중국 경제와 관련된 요소가 비교적 많다는 것이다. 리펑은 중국 금융구조와 국유기업 참여가 증권투기에 영향을 주었고, 아시아 금융위기에도 부정적 영향을 미쳤으며, 중국이 이율을 올리고 인민폐를 평가절하하는 것은 동남아시아에 영향을 미칠 것이라고 인식하고 있다. 이러한 견해는 리펑이 아시아 금융위기와 중국 경제 간의 관계에 대한 인식이 매우 높았음을 보여준다. 하지만 아시아 금융위기와 중국 경제 안정 간의 인과관계와 피드백 루프의 연계성은 보이지 않는다. 사실 일부 경제학자들은 1994년의 인민폐 환율조정은 1990년대 후반기 아시아 금융위기의 초기 원인으로, 화폐환율조정은 중국의 수출경쟁력을 높인 반면, 아세안 국가들의 수출과 국제수지에 영향을 주어 국가 경상수지 적자를 만들고 아시아 금융위기를 초래했다고 본다. 하지만 다음 장에서 분석할 동남아 금융위기의 원인은 중국과는 무관하다. 이 부분은 리펑과 큰 차이를 보이는 부분이다.

경제학 관점에서 1998년 금융위기의 원인을 분석할 때 고려할 많은 요소들은 중국 인민폐 평가절하의 작용, 국제시장 의존도, 경제에 대한 정부의 관여 정도, 국내의 금융시스템, 자금 사용의 저효율 등이다. 동시에 아시아 금융위기는 인민폐 환율의 상대적 상승, 수출경쟁력의 하강, 주변국가의 중국 제품 수입량 감소, 아시아 국가와 중국의 투자 감소, 중국 금융외환체제 개혁의 압력 증가, 아시아 주식시장의 저평가 등 다섯 가지 측면에서 중국 국유기업에 중대한 어려움을 던져주었다. 그렇다면, 중국 정책결정자는 아시아 금융위기와 중국의 WTO 가입에 대한 인식을 어떤 경제정치적 각도에서 설명할 수 있을까? 이 장의 두 번째 중점 분석대상은 리펑의 인과지도에서 1997년 아시아 금융위기 중 인민폐 평가절하에 대한 딜레마 사고를 인지했는지의 여부다. 딜레마(dilemma)는 하나의 대안을 선택함으로써 다른 하나를 선택할 수 있는 기회가 손실되는 상황을 말한다(이종범, 1994). 딜레마 상황은 현재의 상황에서 선택하면 상호 가치 충돌이 존재할 때, 그러나 그 가치 간의 중요성은 우월을 가리기 어려울 만큼 비슷하고 가치 간의 교환이 불가능할 경우 한 가지 안을 선택함으로써 발생한다(이종범 외, 1992; 소영진, 1994). 구체적으로 딜레마는 두 가지 대안이 있을 때 대안 간의 단절성과 상충성, 결과가치 등의 성격과 선택을 전제로 한 특징을 지닌다.

정책딜레마는 정책 선택이 어려운 상황에서 정책 결정의 특성을 이해하는 하나의 방법이다. 정책딜레마는 정책가치 간에 충돌을 전제로 한다. 예를 들어, '생명'과 '재산'이라는 두 가지 가치는 상호 비교할 수 없는 개념이어서 한 가지만 선택할 수 없다. 정책결정자는 이 두 가지가 충돌할 때 어쩔 수 없이 하나의 가치를 선택해야 하는데, 이를 정책상의 '진퇴양난' 상황이라고 한다. 많은 학자는 이미 매우 명확하게 정책충돌과 정책딜

〈표 4-8〉 정책충돌과 정책딜레마의 비교

	정책충돌	정책딜레마
행위 주체	이해당사자	정책결정자
행위 정도	집단적 행위	개인적 행위
행위 중점	자기주장 견지 및 관철	대안 선택
행위 제약	제도상의 한계	가치한계
행위 형태	토론, 분쟁, 협상, 협의	고려, 결정, 연기, 책임전가

출처: 김동환, 『김대중 대통령의 시스템 사고』, 선학사, 2004, 150쪽.

〈표 4-9〉 인과지도에서 정책딜레마 구조표

정책딜레마 구조를 가진 경우		정책딜레마 구조가 아닌 경우	
정책수단	정책가치	정책수단	정책가치
a	+ → A − → B	a	+ → A + → B
a	− → A + → B	a	− → A − → B

출처: 김동환, 『김대중 대통령의 시스템 사고』, 선학사, 2004, 152쪽.

레마의 개념을 분류하여 설명하고 있다.

인과지도와 정책딜레마의 특징은 밀접하게 관련되어 있으므로 정책딜레마 연구에서 인과지도는 분석도구로 사용된다. 인과지도와 정책딜레마는 두 가지 공통점이 있다. 첫째, 인과지도가 보여주고 있는 것은 개인의 인식 형태다. 그러므로 인과지도는 정책결정자 개인이 어떤 정책딜레마에 대해 어떻게 인지하고 있는지 인식 상태로 분석할 수 있다. 둘째, 인과지도 분석을 통해 인식변수 외에도 기타 정책가치 변수를 알 수 있다. 그러므로 정책결정자는 어떤 정책가치를 더욱 중시하는지, 어떤 정책가치를 실현할 것인지 인과지도상에서 결론을 얻을 수 있다. 정책딜레마 상황은 서로 다른 가치 간의 충돌로 정책대안이 어려운 상황을 말하며, 이 정의의 핵심변수는 정책가치와 정책대안이다. 정책가치와 정책수단 간에는 인과관계가 있다. 즉 정책수단은 원인변수, 정책가치는 결과변수가 된다. 인과지도상의 정책딜레마 구조는 위와 같다.

2) 인민폐 평가절하와 인과관계 인지

하지만 본문에서는 리펑의 인과지도를 통해 인민폐 평가절하에 대해 그가 어떠한 딜레마 사고를 했는지 딜레마 구조에 대해 명백하게 확인할 방법은 없다. 리펑은 (주룽지에 비해) 아시아 금융위기의 원인과 중국이 미친 영향력의 상관성을 더욱 강조한다. 그래서 그는 계속해서 인민폐를 평가절하하지 않는 것이 아시아 금융위기와 중국 경제에 도움이 된다고 주장한다. 사실, 당시 중국 정부가 인민폐를 평가절하하지 않겠다고 한 결정은 국내외의 경제정치 요소에서 쉽게 찾을 수 있는 부분[25]이다. 중국 정부가 인민폐 평가절하를 하지 않겠다고 생각한 주요 논점은 다음과 같다. ① 경제에 대한 영향으로, 인민폐 평가절하는 이익보다 손실이 크다. ② 국제무역 각도에서 인민폐 평가절하의 불이익은 더욱 크다. ③ 미래에 인민폐 평가절하를 할 것인지 말 것인지는 형세의 발전에 따라 예정된다. 당시 중국 경제학자의 논점에 따르면, 인민폐 평가절하가 중국 대외무역의 발전에 장기적으로 반드시 유리하다고 했다. 주변국 화폐의 평가절하는 인민폐 환율을 상대적으로 높여 중국 일부 제품의 수출경쟁력을 저하하고 외자유치에도 큰 어려움을 준다는 것이다. 하지만 리펑의 인과지도에서는 그가 인민폐 평가절하를 선택하지 않은 것에 대한 압력을 어떻게 이해하고 있는지를 분명히 알기는 매우 어렵다. 예를 들어, 인민폐 평가절하를 하지 않음으로써 돌아온 압력은 중국의 수출산업과 외자조정기구에 좋은 기회이기도 했다. 인민폐의 가치가 상대적으로 상승해 있는 상태에서 중국의 외국무역, 특히 연안발전지구의 해외투자기업은 어쩔 수 없이

---

25) 贾继锋,「亚洲金融危机与中国的作用」,『世界经济研究』, 1998年, 第2期.

산업구조상 제품의 질을 향상시키고 차세대 제품의 개발을 가속화할 수밖에 없었다. 또한 그들은 자본집약구조형 산업 발전으로 나아가야 했다. 원래 있던 노동밀집형 구조에 기술의 습득과 해외무역의 '압박효과'를 가져올 수 있다. 장기적으로 볼 때, 이것은 국제시장경쟁의 압력을 줄일 수 있는 가장 근본적인 방식이었다. 또한 중국이 금융위기에 대응할 수 있는 능력을 갖출 기회로 받아들일 수도 있다. 금융위기 발생이라는 충격을 받은 아시아 국가는 유럽과 미국 시장 등 선진국 시장에 대한 수출을 반드시 증가시켜야만 심각한 무역마찰을 해소할 수 있다. 당시 중국은 미국 시장 의존도가 상당히 높았으며, 중미무역에서 미국의 적자문제는 양국의 장기적 정치문제가 되었다. 인민폐 평가절하는 중미무역에서 미국의 무역적자를 더욱 확대하여 양국의 무역 마찰과 정책분쟁을 더욱 자극할 수밖에 없는 필연성을 가지고 있었다.

리펑은 인과지도에서 미국의 무역적자가 중국의 금융위기를 가져올 수 있는 원인이라고 인지하고 있다. 리펑은 중국의 금융을 불안정하게 하는 원인변수로 대미 무역적자, 통화팽창 및 고정환율제도로 보고 있다. 1997년 12월 9일, 중앙경제공작회의에서 리펑은 미국과 유럽에 대한 무역적자로 인한 마찰은 중국 경제발전과 안정에 부정적 영향을 미칠 것이라고 말했다. 중국의 금융안정 대안은 대외무역, 시장 다원화, 화폐발행량의 통제, 대출규모, 외환보유고 축적과 금융의 중앙집중관리 등 다양한 방법이 있을 수 있다. 하지만 리펑의 인민폐 평가절하정책상 중미 무역문제에 대한 인식에서 이러한 부분은 찾기 어렵다.

반면, 다음 5장의 분석대상인 주룽지의 인민폐 평가절하에 대한 인식은 두 가지 차이점이 있다. 주룽지는 아마도 인민폐 평가절하에 대한 정책딜레마 상황을 인식했을 것이라고 보이며, 정책결정자의 '진퇴양난' 상황을 인과지도에서 찾아낼 수 있다. 다만, 실제로 정책딜레마를 인식했는지 여부는 딜레마 산출지표를 통해 다시 확인해야 한다. 본문에서는 그 가능성만 진단해보았다. 국무원 총리의 인민폐 평가절하에 대한 딜레마 사고 여부는 거시경제정책의 구조적 인지를 보여준다. 리펑의 아시아 금융위기의 인과지도상에서 볼 수 없는 부분은 경제문제 해결과 관련된 정책 간의 피드백 루프다. 리펑의 인과지도에서 피드백 루프는 그가 아시아 금융위기와 중국 경제 간의 연관성을 매우 밀접하게 인지하고 있지만, 아시아 금융위기에 대한 딜레마 사고 가능성이나 아시아 경제위기와 중국과 관련된 요소와의 인과관계 인지 등을 볼 때 WTO 가입 이후에 야기될 경제문제에 대한 구조적 인지에 대한 시스템 사고는 부족할 수 있음을 보여준다.

4.
WTO 가입에 대한 리펑의 견해

4장의 주요 내용은 시장경제, 국유기업 개혁, 아시아 금융위기에 대한 리펑의 인과지도 분석이었다. 리펑의 인과지도를 통해 그가 WTO에 대해 어떤 견해를 가지고 있었는지 추론해볼 수 있다. 경제발전과 시장은 밀접한 관련이 있어 WTO 가입과 정책결정자의 시장경제에 대한 인식도 매우 밀접한 관계가 있다. 따라서 정책결정자가 시장경제에 대해 서로 다른 견해를 가지고 있다면 그것은 중국의 WTO 가입 결정에 일정 부분 영향을 미칠 수 있다고 판단해볼 수 있다. 이 문제에 대한 답을 찾기 위해 4장 1절에서는 세계은행이 제작한 국가경제발전 기능인과지도를 이용하여 리펑의 거시경제에 대한 인식을 분석하고, 경제발전 인과지도상 주요 변수들 간의 인과관계를 찾아보았다. 시장경제에 대한 리펑의 인과지도가 보여주는 중요한 특징은 다음 세 가지로 정리할 수 있다. 첫째, 인과지도상 거시경제의 안정과 가격폭등 간에는 피드백 루프가 보인다. 사실, 세계은행에서 제작한 경제발전 인과지도에는 정책 선택의 기본설비요소 간에 피드백 루프가 없다. 관련이 전혀 없다고 할 수는 없겠지만, 직접 관련성이 낮아서 인과지도상에서 피드백 루프로 표시되지는 않았다고 볼 수 있다. 가격조절정책은 일반적으로 시장기능 실패의 전형적인 사례다. 거시경제정책의 안정과 가격폭등 제한 간에 인과관계 또는 피드백 루프를 인지하는 정책결정자의 경우 시장개입과 정부에 대한 신임이 비교적 높다고 볼 수 있다. 그뿐만 아니라, 안정된 거시경제와 가격폭등 제한 간의 피드백 루프는 리펑이 WTO 가입 이후 발생한 가격왜곡의 위험성과 국내경제의 불안성에 대한 인지가 비교적 높았을 것임을 보여준다.

둘째, 리펑은 거시경제발전을 위한 주요 변수 중 하나인 기술발전에 대한 인지가 부족하다. 이 부분은 주룽지와 가장 상반되는 부분으로, 과학기술발전과 WTO 가입 간에는 밀접한 상관관계가 있다. 주룽지는 이와 같은 사실을 매우 정확하게 인지하고 있는 듯 보이는데, 이에 관해서는 5장 분석에서 좀 더 상세하게 서술하도록 한다.

셋째, 리펑이 인지하는 경제발전모델변수는 빠른 속도의 지속성장에 편중되어 있으며, 특히 생산력 향상에 주목한다. 리펑의 인과지도에 따르면, 리펑은 정부의 적극적 관여 중심의 경제정책을 중시하고 국내기업 경쟁력의 강화를 경제활력의 주요 요소로 인식하는데, 이는 동아시아 경제발전모델의 핵심정책 방향과 일치하는 것이다. 정부는 세계시장에서 제품 경쟁력을 향상시키기 위해 먼저 국내시장을 보호하고, 국내기업 간의 경쟁을 중시한다. 이는 너무 급작스럽게 시장을 개방할 경우 국내기업 경쟁력을 보호할 충분한 시간이 없을 것이므로 리펑의 거시경제 인식 사고를 통해 중국 WTO 가입에 대한 견해를 미루어 짐작해볼 수 있다. 리펑은 국내기업의 경쟁력이 강화되기 이전에 WTO 가입과 시장개방에 대해서는 비교적 신중한 입장을 견지했을 것이라 볼 수 있다. 그의 사회주의 시장경제에 대한 견해를 알아보기 위해 본문에서는 인과지도 분석을 진행

〈표 4-10〉 리펑의 인과지도 종합분석

인과지도 분석내용		주요 분석 결과	WTO 가입에 대한 견해
시장경제	거시경제 정책	• 거시경제의 안정과 가격왜곡 간의 피드백 루프 존재 • 거시경제 개발의 주요 요소 중 하나는 기술개발에 대한 인식 부족 • 정책변수 간의 주요 인과관계는 선택적 개입 정책 변수를 기반으로 함	• WTO에 가입한 후 무역시장의 확장으로 인한 가격왜곡 가능성이 존재할 확률이 높음 • 해외 시장 개척으로 인한 과학기술 개발이 불충분함을 인지 • 경제성장모델의 주요 변수는 국내 경쟁 지향 기준에 따라 생산성을 따라잡는 데 다소 편향되어 있음. 국내 경쟁력이 강화되기 전에는 WTO 같은 해외 시장 개척에 주의를 기울여야 할 필요성이 높음
	사회주의 시장경제	• 사회주의 시장경제와 직접 관련된 경제정책 변수 사이에는 피드백 루프가 없음 • 사회주의 시장경제가 완료되는 이유 때문에 거시경제정책과 직접 관련된 변수는 외부 세계, 국유기업 변환, 시장 자원 할당 등에 개방되어 있음	• 사회주의 시장경제와 경제정책 변수 사이의 피드백 루프가 충분하지 않음(주룽지는 사회주의 시장경제 인과지도에 대한 WTO 가입, 과학기술 개발, 사회주의 시장경제 사이의 인과관계를 인식함) • WTO 가입과 사회주의 시장경제 사이의 일관성을 찾기 어려움
국유기업 개혁		• 국유기업 개혁과 관련된 경제정책 변수 사이에는 피드백 루프가 없음 • 리펑이 국유기업의 성공적인 개혁을 위해 인정한 주요 변수는 사회보장 시스템, 국유경제, 재취업 보장 및 기업 부담 감소임 • 외국 경제 정책과 외국인 투자 간의 밀접한 인과관계에 대한 인식 부족	• 세계무역기구(WTO)에 가입한 후 국제무역시장의 확대는 과학기술의 발전, 외국 시장의 경쟁력 증대, 외국인 투자의 확대, 경제 요인과 관련된 관련 요소에 대한 인식 부족을 초래할 수 있다고 인지함

아시아 금융위기	• 동남아시아 국가 통화의 평가절하와 중국 경제의 복잡성은 루프에 반영되며, 동시에 동남아시아 금융위기의 인과 변수에는 중국 경제와 관련된 많은 요소가 있음을 인지 • 인민폐의 평가절하에 대해 생각할 가능성이 적음	• 동남아시아 국가들의 금융위기가 중국 경제에 미치는 영향은 분명하게 인식하고 있으며, WTO 가입 과정에서 시장경제와 금융위기의 가속화 가능성에 대해서는 더욱 신중할 것임 • 경제 솔루션과 관련된 특정 경제정책 간의 피드백 루프로는 충분하지 않으며, WTO 가입 후 발생한 일부 경제 문제로는 불충분한 구조적 문제가 있음

했다. 리펑의 사회주의 시장경제에 대한 인과지도에서 특이한 점은 사회주의 시장경제와 직접 관련 있는 경제정책변수 간의 피드백 루프가 없다는 것이다. 주목할 만한 점은 리펑이 인지하는 사회주의 시장 완성의 원인변수는 9개로 그중에서 경제정책과 무관한 사회주의 법제 통일, 입법공작 계획성, 행정관리체제 등의 변수들이 눈에 띈다. 이 부분은 주룽지의 사회주의 시장경제 인과지도상에서는 볼 수 없는 부분이다. 리펑의 인과지도에서 WTO 가입과 사회주의 시장경제 간의 연관성을 찾아보기는 어렵다. 리펑의 인과지도의 주요 분석내용은 위의 표를 통해 좀 더 자세하게 설명하도록 한다.

4장 2절에서는 리펑의 국유기업 개혁에 대한 인과지도를 분석했다. 장쩌민 집권시기 중국 정부가 직면한 주요 과제인 국유기업 개혁과 WTO 가입 문제는 매우 밀접한 관련이 있다. 국제시장 경제질서의 편입을 의미하는 WTO는 경제발전 과정에서 만성적 고질병으로 치부되던 국유기업 개혁에 추진동력을 불어넣을 매우 강력한 수단이었다. 따라서 4장 2절에서는 리펑의 연설문 중에서 중국 국유기업 개혁과 인과관계를 가지고 있는 정책변수를 모두 찾아 인과지도를 제작했다. 리펑의 국유기업 개혁 인과지도의 가장 큰 특징은 피드백 루프가 없다는 것이다. 인과지도에서 피드백 루프의 개수는 시스템 사고와 밀접한 관련이 있다. 피드백 루프의 많고 적음은 상당 부분 정책목표에 대한 다방면의 종합적 인지구조와 정비례한다고 볼 수 있다. 국유기업 개혁의 성공을 위해 리펑이 인지한 주요 원인변수는 사회보장제도, 국유경제, 재취업 보장, 기업 부담의 감소다. 리펑은 1995년 정부공작 보고에서 국유기업의 중요성을 강조한다. 그러나 리펑의 국유기업 인과지도에서는 국유기업 개혁과 관련 있는 경제변수 간의 피드백 루프를 찾을 수 없다. 국유기업 개혁 인과지도의 주요 변수인 국유기업은 들어오는 화살표가 4개, 나가는 화살표가 3개로 국유기업 개혁 자체가 리펑에게는 정책목표이자 정책목표 달성의 수단이면서 매개변수로 인식됨을 알 수 있다. 그러나 시장경쟁력 강화, 투자확대, 과학기술 발전 등 WTO 가입과 직접적으로 밀접한 관련을 가지는 변수 간의 인과관계 인지는 부족해 보인다. 그 밖에 국민경제발전을 위한 정책목표로 리펑의 직접적 정책수단변수는 국가재정수입, 농촌발전, 국유기업 개혁과 기술개선이었다. 그러나 그의 인과지도에서 보이는 수단변수나 매개변수는 매우 느슨한 연계성만을 가지고 있다. 일반적으로 시스템 다이내믹스 학자들에 따르면 피드백 루프에 대한 복잡한 인지구조는 정책결정자가 정책목표에 대한 의지를 가지고 견지해가며 추진할 수 있다고 본다. 리펑의 인과지도에서는 대외경제정책과 해외투자 간의 밀접한 인과관계 인지를 찾을 수 없다는 점으로 미루어볼 때, 리펑은 WTO 가입 이후 국제무역시장의 확대가 가져오는 기술 발전, 해외 시장경쟁력의 증가, 해외투자 확대 등 WTO와 직접적으로 관련 있는 경제변수의 상관관계 인지가 부족함을 알 수 있다. 이는 국유기업 개혁과 WTO 가입 간의 전체적인 시스템 사고의 가능성도 비교적 적었음을 보여주는 것이라 하겠다.

4장 3절에서는 리펑의 아시아 금융위기에 대한 인과지도를 분석했다. 1997년 태국에서 발생한 아시아 금융위기는 WTO 가입을 위한 협상 과정에 난제였다. 시장경제의 개방이 가져올 폐단을 이미 주변국의 사례를 통해 확인할 수 있었기 때문이다. 이 과정에서 중국은 아시아 경제에 주요한 책임자로 인민폐 평가절하 문제를 두고 심각하게 숙고한다. 만약, 아시아 금융위기 당시 경제정책책임자인 국무원 총리가 WTO 가입을 "금융위기의 역풍을 견딜 수 있는" 세계시장경제체제로 인식했다면 이는 WTO 가입 가속화 결정에 일정 부분 영향을 미쳤을 것이라 생각해볼 수 있다. 아시아 금융위기에 대한 리펑의 인과지도를 만들기 위해 본문에서는 아시아 금융위기의 경제 방면과 관련된 리펑의 연설문을 모두 수집하여 분석했다.

리펑의 인과지도에서는 동남아국가 화폐의 평가절하와 중국 경제 간에 복잡성 피드백 루프를 인지하고 있음을 알 수 있다. 동남아국가의 자국 화폐 평가 절차, 중국의 수출, 중국 경제, 아시아 경제발전, 동남아 경제위기 간에는 모두 양의 인과관계가 있다. 동남아국가 자국 화폐의 평가절하, 중국 경쟁력, 중국 경제, 동남아 금융위기 간에도 양의 인과관계를 가진다. 양의 인과관계의 주요 특징은 상호 발전의 연계성이 있어 주요 수단변수를 강화하려는 특성을 지닌다는 것이다. 이러한 복잡한 피드백 루프는 리펑의 인과지도에서 단지 아시아 금융위기 시 등장하는 부분이다.

그 밖에 주목할 부분은 그가 인지한 동남아 금융위기의 원인 중에는 중국과 관련된 경제변수가 비교적 많다는 것이다. 리펑의 인과지도에서는 리펑이 중국의 금융구조와 국유기업이 증권투기에 영향을 주어 동남아 금융위기에 부정적인 영향을 많이 제공했으며, 중국이 이율을 높이고 인민폐를 평가절하한 것도 동남아 금융위기에 영향을 줄 것이라 인식하고 있다. 이러한 견해는 리펑이 아시아 금융위기와 중국 경제의 상관관계에 대해 매우 밀접한 인식을 가지고 있었음을 보여준다. 분석 결과 리펑은 동남아국가의 금융위기 상황이 중국 경제에 가져온 영향을 명백하게 인지하고 있었으므로 시장경제를 가속화하고 금융위기를 발생시킬 가능성을 내포한 WTO 가입에 대해서도 부정적 인식을 가졌을 가능성이 높으며, 아마도 세계시장 경제질서 편입 과정에 매우 신중한 자세를 견지했을 것이라 미루어 짐작해볼 수 있다.

리펑의 인과지도를 분석한 4장 3절에서는 그가 인민폐 평가절하에 대한 딜레마 사고 가능성이 있는지 여부를 확인하려고 했다. 리펑은 주룽지에 비해 아시아 금융위기의 원인과 중국의 영향력 간에 상관성을 인지하고 있었으므로 계속해서 인민폐를 평가절하하지 않는 것이 아시아 금융위기와 중국 경제에 좋은 결과를 가져올 것이라고 주장한다. 그러나 리펑의 인과지도에서는 그가 인민폐 평가절하의 압력을 얼마나 이해하고 있었는지를 찾기 어렵다. 반대로 5장 주룽지의 인민폐 평가절하에 대한 인과지도에서는 그가 정책의 딜레마 상황을 인지했을 가능성이 높음을 알 수 있다. 이러한 정책결정자의 딜레마 사고 여부는 인과지도에서 찾아볼 수 있으며, 리펑의 인과지도에서 피드백 루프는 그가 아시아 금융위기와 중국 경제 간의 연관성을 비교적 밀접하게 인지했음을 알 수 있었다. 하지만 아시아 금융위기에 대한 딜레마 사고의 부재, 경제문제해결 대안과 관련된 구체적인 경제정책 변수 간의 피드백 루프 인지 부족은 WTO 가입 이후 야기될 경제문제에 대해 종합적 인지가 부족했을 가능성을 보여준다.

V

주룽지의 시스템 사고와 중국의 WTO 가입 정책 결정

1. 시장과 정부 역할에 대한 주룽지의 인과지도 분석
2. 국유기업 개혁에 대한 주룽지의 인과지도 분석
3. 아시아 금융위기에 대한 주룽지의 인과지도 분석
4. WTO 가입에 대한 주룽지의 견해

1.
시장과 정부 역할에 대한 주룽지의 인과지도 분석

WTO 가입이라는 정책 결정 과정에서 시장과 정부 역할에 대한 정책결정자의 인지는 핵심문제다. WTO 가입 과정과 시장의 확대는 밀접한 상관관계가 있으며, 시장에 대한 신뢰가 충분치 않았다면 정책결정자는 자유무역시장 개방에 대해 신중한 태도를 견지할 것이기 때문이다. 일반적으로 대외 경제학계에서 주룽지는 '케인스주의자'로 평가된다. 과거 계획경제에서 중국 정부는 하나의 강력한 정부였고, 경제체제 전환 과정에서도 정부가 강력한 역할을 담당했기 때문이다. 더욱 중요한 것으로 중국은 과거 번성했던 국가로 비록 근대에 쇠락이 있었지만, 경제도약과 성장은 모든 중국 정치가의 꿈이었다. 이를 위해 마오쩌둥은 직접적 추월노선을, 덩샤오핑은 간접적 추월노선을 선택했으며, 그 연장선상에서 주룽지 또한 중국 굴기를 위한 광대한 비전을 지녔다고 볼 수 있다. 중국의 재굴기를 위해 강대한 중앙정부가 반드시 필요했고, 이 과정에서 강력한 재정과 재원은 중국의 기초 인프라 구축에 필수요소였다. 기초 인프라 구축은 중국이 진정한 공업강국으로 도약하는 핵심 정책기반이었기 때문이다. 이처럼 웅대한 목표하에 주룽지는 큰 정부와 막대한 재정이 필요했으며, 케인스 경제학을 선택했다. 서양 경제학에서 화폐경제의 핵심은 이자율로, 이자율의 자율변동은 개인 투자를 확대한다. 하지만 중국에서 이자율은 정부가 관리하므로 대다수의 투자는 정부 주도이고, 민간투자의 이자율에 대한 민감도는 매우 낮아서 주룽지는 은행의 신용대출을 화폐정책의 핵심변수로 선택했다. 케인스주의와 화폐주의의 가장 큰 차이는 케인스주의는 시장이 불완전하므로 정부가 반드시 시장에 관여해야 한다는 입장이고, 화폐주의는 시장에 대한 정부의 최소한의 개입이라는 입장에 선다. 그렇다면 주룽지는 케인스주의자로 불릴 수 있을까? 사회주의 국가인 중국의 정책결정자에게 '케인스주의자'라는 호칭은 적절한 해석인가? WTO 가입이라는 정책 결정을 포함하여 1990년대 중국 정부의 수많은 경제정책 또한 케인스주의라는 각도에서 충분한 해석이 가능한가?

시장과 정부의 역할과 관련하여 1994년 11월 주룽지가 발표한 「현대기업제도개혁의 몇 가지 문제」[1]는 매우 대표성을 가진다.

첫째, 정부와 기업을 분리하기 위한 정부의 기능변화가 필요하다. 정부가 기능을 변화시키지 못한다면 정부-기업 분리는 계속해서 더욱 어려워질 것이고, 기업 또한 시장경제의 요구에 적절하게 대응할 수 없다. 현재 일부 정부 부문의 관료들은 기업에 이렇게 하라 저렇게 하라, 심지어 어떻게 해야 하는지에 대한 데드라인까지 제시하며 제멋대로 한다. 이것은 시장을 자원분배의 기초로 보는 것이 아니라 정부의 역량을 사용하여 마음대로 기업에 관여하는 것이다. 행정수단을 이용하여 단기간에 기업

1) 『十四大以来重要文献选编(中)』, 北京: 人民出版社, 1997年, 第1038页.

을 움직이기는 매우 쉽다. 하지만 이러한 방식은 절대로 개혁을 공고히 하거나 오래 지속시킬 수 없다. 정부와 기업이 분리되지 않으면, 국유기업도 제대로 움직일 수 없다. 노르웨이의 국유기업 비중은 50%를 넘었다. 한 가지 매우 중요한 특징으로 정부는 기업의 경영활동에 직접 관여하지 않고 단지 기업 경영자들과 매우 가깝다는 것이었다. 대기업의 CEO들은 정부와 의회에서 비준을 받아 임명되며, 정부는 주로 법의 집행을 관리감독하는 직능만 가지고 있었다. 우리도 해외 사례의 기업 관리 노하우를 배워서 참고해야 할 것이다.

둘째, 기업 내부의 경영관리에 신경 써야 한다. 과거 일부 지방에서는 어떤 제도개혁도 불필요하게 받아들이고 기업 내부 관리 부실로 위조상품 제조만 많아졌다. 시장경제는 전면개방에만 집중하여 다른 것들은 신경 쓰지도 않았다. 따라서 여전히 안으로 잘 살피고, 내부의 힘든 개혁을 통해 기업 기초제도의 건전성을 끌어올려야 한다.

셋째, 점진적으로 사회보장체제를 건립해야 한다. 현재 당중앙, 국무원은 모두 이 문제에 집중하고 있는데 심화된 국유기업 개혁의 가장 중요한 부분이다. 국유기업을 잘 운용하는 것은 점진적으로 기업이 파산과 노동자의 사임 및 퇴직이라는 두 가지 문제를 해결하는 것으로, 이를 잘 해결한다면 기업의 효율이 상승할 것이다.

연설문의 내용을 분석해보면 주요 내용은 정부와 기업 분리, 기업 내부 경영관리, 사회보장체제 건립 등 3개 부문으로 이루어져 있다. 정책결정자의 연설문 내용분석은 정책연구의 출발점이다. 하지만 연설문의 주요 내용과 전임 국무원 총리의 연설문에서 내용상의 차이를 찾아내기는 매우 어렵다. 일반적으로 양당정치를 도입한 한국이나 미국의 경우는 연설문 내용분석만으로도 분명하게 차이점을 찾을 수 있지만, 중국 정책결정자의 연설에서 정책의 차이점을 발견해내는 것은 거의 불가능하기 때문이다.

이 장에서는 세 가지 방면으로 나누어 주룽지의 시장경제, 국유기업 개혁 및 아시아 금융위기 인식에 대해 서술한다. 먼저, 리펑의 인과지도 분석과 동일하게 세계은행에서 제작한 국가경제발전 기능인과지도[2]를 이용하여 주룽지의 거시경제정책에 대한 인지를 분석한다. 이어서 1993년부터 1999년까지 주룽지의 연설문에서 경제성장도에 있는 주요 변수 간의 인과관계에 근거하여 아래와 같은 경제성장 인지에 대한 인과관계표를 만들어 인과지도를 제작한다.

〈표 5-1〉 주룽지의 거시경제정책 관련 인과관계표

중앙경제공작 보고 및 정부공작 보고를 포함한 주룽지의 연설문 분석(1993~1999)	
1993년 5월 12일 국가과학기술작업회의 개회식 연설	• 과학기술 발전 → 사회주의 시장경제(+) • 과학기술 발전 → 국민경제(+) • 과학기술 발전 → 경제강국(+) • 과학기술 발전 → 농촌경제(+) • 과학기술 발전 → 상품 품질(+) • 과학기술 발전 → 상업화(+) • 행정관리기구 개혁 → 국유기업 → 과학기술 발전(+) • 과학기술 발전 → 기술시장/정보시장/인재시장(+) • 경제와 과학기술의 일체화 → 경제발전(+) • 투자기구 조정 → 과학기술 발전(+) • 국제합작 교류 → 과학기술 발전(+) • 과학기술에 대한 지방재정 투입 → 과학기술 발전(+) • 기업의 과학기술 투자 → 과학기술 발전(+) • 인재 → 과학기술 발전(+) • 과학기술 인재 → 사회주의 정신문명(+)

2) World Bank staff, "East Asian Miracle: Economic Growth and Public Policy," Oxford University Press, 1993, Chapter 2, Figure 2.1, p. 88.

1993년 7월 7일 국가재정업무회의 연설	• 거시조정 → 경제 과열(-) • 경제 과열 → 통화팽창(+) • 통화팽창 → 경제발전(-) • 거시조정 → 금융질서(+) • 불법대금 → 금융질서(-) • 불법자본 축적 → 사회안정(-) • 구조조정 → 거시조정 → 자금보증 → 기초설비산업 국민경제(+) • 거시조정 → 통화안정(+) → 금융질서(+) • 중앙은행 관리기능 → 통화안정(+) → 금융질서(+)
1994년 7월 23일 국가재정 및 세무업무회의 연설	• 세금재정 질서 → 사회주의 시장경제(+) • 조세감면 → 세금 재정질서(-) • 재정적자 → 세금 재정질서(-) • 은행장부 → 세금 재정질서(-) • 불법자금 모금 → 세금 재정질서(-) • 세제분할 → 세금 재정질서(+)
1994년 11월 4일 현대 엔터프라이즈 시스템 시범사업 구축에 관한 전국회의 연설	• 정부직능 전환 → 정부-기업 분리(+) • 정부-기업 분리 → 시장경제(+) • 정부간섭 → 시장경제(-) • 정부-기업 분리 → 국유기업(+) • 정부간섭 → 국유기업(-) • 지방정부 관리 → 기업 내부경영(+) • 국유기업 개혁 → 사회보장제도(+) • 사회보장제도 → 국유기업 개혁(+) • 기업대출금 연체 → 자금고갈(+) • 수입 제어 → 철강석유공업 판매 적체 → 기업대출금 연체(+) • 은행 거시경제 통제 → 수입 제어(-)
1995년 5월 27일 국가과학기술회의 연설	• 과학기술 → 경제건설(+) • 과학기술 → 국민경제(+) • 국유기업 개혁 → 공업발전 → 기술투입(+) • 과학기술 발전 → 농업발전 → 국민경제(+) • 인재배양 → 과학발전(+)
1995년 12월 7일 중앙경제작업회의 연설	• 거시경제 조정 → 통화팽창(+) • 물가통제 → 농업강화 → 농민투입(+) • 인민은행 자산관리 → 농업신용거래 투입 → 농민 투입(+) • 수입분배제도 개혁 → 사회주의 시장경제(+)

	• 독점적 기업소득 → 사회주의 시장경제(-) • 국유기업 개혁 → 독점적 기업소득(-) • 대외개방 → 경제발전(+) • 세계무역기구 규칙 → 외국 세금개혁 → 사회주의 시장경제(+) • 세계무역기구 규칙 → 국내 현대화(+)
1997년 1월 8일 국가의 국유기업 직원을 위한 실무회의	• 농산품가격 상승 → 국유기업 이익(-) • 공업기업 원가 증가 → 국유기업 이익(-) • 국민수입 증가 → 국유기업 이익(-) • 중복건설 → 국유기업 이익(-) • 국유기업 인원 증가 → 국유기업 이윤(-) • 인수합병 장려 → 국유기업 이윤(+)
1997년 1월 18일 전국금융공작회의	• 국유기업 개혁 → 금융개혁(+) • 금융개혁 → 국유기업 개혁(+) • 채무누적 → 국유기업 개혁(-) • 기업자본금 부족 → 국유기업 개혁(-) • 외국계 은행환산(중서부 포함) → 투자환경 → 금융질서(+) • 주식시장금융 → 국유기업 개혁 → 경제발전(+) • 관리감독제도 → 금융제도(+)
1998년 3월 24일 국무원 제1차 전국회의 연설	• 경제체제 개혁 → 사회주의 경제체제(+) • 농업기반 지위 → 최적화된 경제구조 → 경제성장(+) • 과학기술 진보 → 경제발전(+) • 인재육성 → 경제발전(+) • 아시아 금융위기 → 경제발전(-) • 홍콩의 경제번영 → 경제발전(+) • 국내 경쟁력 → 경제발전(+) • 고정자산투입 규모 → 국내 경쟁력(+) • 인프라 투입 → 국내 경쟁력(+) • 기업기반 개조투자 → 국내 경쟁력(+) • 중복건설 → 경제발전(-) • 공기업 개혁 → 사회주의 경제체제(+) • 금융체제 개혁 → 사회주의 경제체제(+) • 정부기관 개혁 → 사회주의 경제체제(+) • 방직산업 개혁 → 공기업 개혁(+) • 기술선진화 → 최적화 경제구조(+) • 기술선진화 → 국제경쟁력(+) • 시장 최적화 자원 배분 → 공기업 개혁(+) → 금융규제 경제발전(+)

	• 정부기구 개혁 → 정부기업 분리(+) • 정부 부처 기능 분업 → 정부기구 개혁(+) • 식량기업 경영 메커니즘 전환 → 식량 유통체제 개혁(+)
1998년 5월 16일 중국공산당 중앙 · 국무부에서 개최된 국유기업 하급직원의 기본생활보장과 재취업 업무회의	• 재취업 확대 → 국유기업 개혁(+) • 맹목투자 → 경제발전(-) • 대외개방 → 국내경쟁(+)
1998년 6월 19일 국무원 제2차 전체회의 연설	• 직능분공 → 국무원기구 개혁
1999년 3월 5일 정부공작 보고	• 수출촉진 → 경제성장(+) • 인민폐 평가절하 없음 → 경제안정(+) • 농업발전 → 투입증가 → 농업수입(+)
2000년 중앙경제작업회의 연설	• 국유기업 회생 → 재무수입(+) • 수출증가 → 재정수입(+) • 농업수입 증가 → 국민경제(+) • 적극적 재정정책(국가채무 증가) → 경제발전(+) • 부실대출 → 재정수입(-) • 세계무역기구 → 기업경쟁력(+) → 기업이윤(-) • 세계무역기구 가입 → 시장 다원화 → 수출증가 → 기업이윤(+)
2000년 중앙경제작업회의 결론 연설	• 농민소득 증가 → 국민경제 발전(+) • 남은 양식 수매 → 곡물가격 안정 → 농민소득 증가(+) • 부실대출 → 공기업 이익(-) • 부실대출 → 은행 이익(-) • 공업 중복건설 → 경제발전(-) • 국유기업 이익 → 은행이익(-) • 급여지출 증가 → 재정수입(+)
2001년 1월 10일 재무 부서에서 운영하는 회사 정리 및 재구성 연설	• 재정부 관리 → 재정위기(-)
2001년 1월 14일 금융관리 강화 및 개진에 대한 연설	• 중앙금융관리 → 인민폐 안정(+) • 금융기구 개혁 → 경제발전(+) • 외환저축 증가 → 경제발전(+)

2002년 2월 24일 중국의 WTO 가입에 대한 연설	• 계획경제 관념 → 대외 경제관계(-) • 대외개방 → 중국경제(+) • 대외수출 → 국민경제(+) • 대외개방 → 무역량(+) • 무역량 → 해외투자(+) • 해외투자 → 중국 경제(+) • 세계무역기구 가입 → 해외수출(+) • 국가의 기업보호 → 국제시장경쟁(-) • 수출시장의 다원화 → 무역수지 흑자 → 중국 경제(+) • 세계무역기구 가입 → 국제시장 진입(+) • 중국 상품의 질 → 중국 경제(+) • 서비스 태도 → 소비량(-)

1) 시장과 정부 역할에 대한 인지

이 절에서는 주룽지가 시장경제에 대해 시스템 사고를 가지고 있는지를 확인하기 위해 경제정책변수 간에 피드백 루프(feedback loop)를 확인한다. 중국 경제정책의 총책임자가 시장경제에 대해 어떤 인식을 가지고 있는지는 WTO 가입 정책 결정에 중요한 부분이다. 주룽지의 인과지도를 도출하기 위해 먼저 주룽지의 연설문에서 인과관계를 지니는 주요 경제정책변수를 찾아 시장경제에 대한 인식을 확인한다. 리펑의 인과지도 분석 과정과 동일하게 세계은행에서 제작한 '국가경제성장 기능인과지도'(이하 '세계은행 인과지도')는 거시경제이론에서 조직한 국가경제성장 인과지도다. 고속 압축성장을 단행한 아시아 주요 국가(HPAE: High Performed Asia Economics)의 성장원인을 분석하기 위해 1993년 세계은행은 거시경제정책

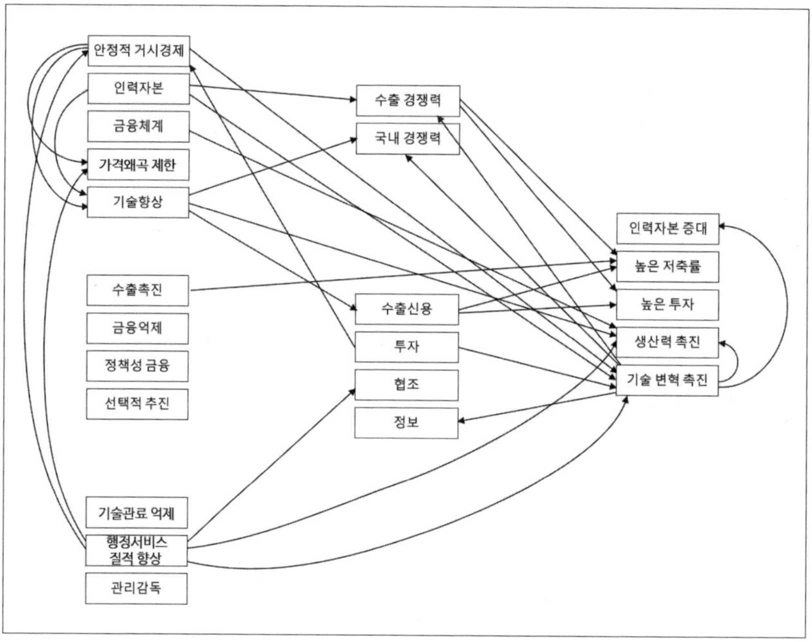

〈그림 5-1〉 경제발전 기능에 대한 주룽지의 인과지도

이론에 기초하여 아시아 특색의 경제발전 연구를 진행했다. 국가경제발전 기능인과지도는 기본적으로 국가경제발전에 필요한 거시경제정책 요인과 정책요소 간의 인과관계와 피드백 루프를 포함한다. 세계은행 인과지도는 거시경제학의 기본개념을 중심으로 구성된 것으로, 이는 거시경제정책의 주요 책임자인 중국 국무원 총리의 경제발전 기능에 대한 인식에 대해 좀 더 명확하게 분석할 수 있는 근거가 된다. 위의 표에서 변수는 중국 최고지도부가 거시경제정책 관련 연설문 중에서 여러 번 강조한 핵심단어로, 동일한 부분이 여럿 존재한다. 관건이 되는 변수는 정책변수 간의 피드백 루프와 인과관계다. 본문에서는 경제발전 기능인과지도에 근거하여 1993년부터 1999년까지 주룽지의 경제정책 관련 전체 연설문을

분석하여 경제발전 기능인과지도의 주요 변수를 찾고, Vensim PLE 프로그램을 이용해 인과지도를 만들었다. 만약 필자가 도출한 주룽지의 인과지도와 세계은행 인과지도가 매우 비슷하다면 이것은 주룽지가 거시경제에 대해 비교적 종합적이고 총체적인 이해를 가지고 있음을 뜻한다. 이와 관련해서는 아래에서 좀 더 자세하게 설명하도록 한다.

주룽지의 시장경제에 대한 인과지도는 네 가지 주요 특징을 가진다. 첫째, 주룽지의 경제발전 기능도에는 매우 많은 화살표가 존재한다. 둘째, 그중 수출경쟁과 국내경쟁과 관련된 화살표가 가장 많다. 셋째, 선택적 관여 변수 중에서 정책목표변수로 연결되는 화살표 개수는 단 1개뿐이다. 넷째, 기술발전변수는 가장 많은 화살표가 들어오는 목표변수일 뿐 아니라 2개의 화살표가 나가는 수단변수다. 주룽지의 경제발전 기능인과지도의 주요 특징을 정리하면 아래와 같다.

〈표 5-2〉 주룽지의 경제발전 기능인과지도의 주요 특징

		주요 특징	내용 함의
분석대상 시장경제	1	경제성장과 관련하여 인과성을 지닌 많은 변수를 인지하고 있음	중국 경제성장의 다양한 요소 사이의 상관관계에 대해 복잡한 이해를 가지고 있음
	2	수출경쟁은 국내경쟁과 더 관련 있음	시장 지향 경쟁 규칙에 더 많은 관심을 가짐
	3	선택적 개입변수에는 정책 대상 변수에 도달하는 화살표가 하나만 있음	국내 기업보다 경쟁이 치열한 시장 가격 경쟁 표준에 따른 경제개발 영향을 믿음
	4	기술개발변수에는 가장 많이 들어오는 화살표뿐만 아니라 나가는 화살표가 2개 있음	기술개발은 거시경제정책의 전체 방향에서 주요 변수임. 행정 서비스 최적화, 투자, 인적 자본 및 거시경제정책 안정화가 모두 기술개발에 영향을 미치는 주요 요인이라고 생각함

리펑의 인과지도와 달리, 주룽지의 경제발전 기능인과지도에는 매우 많은 화살표가 존재하며, 이것은 주룽지가 중국 경제성장 각 요소의 상관성에 대해 매우 복잡한 인식을 가지고 있음을 보여준다. 세계은행 인과지도의 인과관계 및 피드백 루프 구조와 비교해볼 때, 주룽지의 경제발전 기능도의 화살표 개수와 연계성은 리펑의 인과지도보다 많다. 이것은 그가 복잡한 경제정책변수 간의 연계성을 비교적 강하게 인지하고 있음을 보여준다. 물론 리펑과 주룽지 모두 정책 선택에서 감독과 행정서비스의 최적화 등과 관련한 화살표는 많다. 하지만 리펑의 인과지도와 비교했을 때 주룽지의 인과지도에는 수출경쟁과 국내경쟁에 관련한 화살표가 더욱 많은데, 이는 그가 시장 주도의 경쟁준칙을 중시함을 보여준다. 인과지도 분석에 따르면, 리펑은 국내기업 간의 경쟁력이 중국의 경제성장에 도움을 준다고 인지하고 있는 반면, 주룽지는 경제의 고속발전에서 시장가격경쟁과 기초설비를 더욱 중요한 수단이라고 인식하고 있다. 일반적으로 만약 정책결정자가 국내기업 경쟁력을 경제발전의 주요한 변수라고 인식한다면 대외개방에 신중한 태도를 견지할 가능성이 높다. 국내기업기술이 아직 국제수준에 도달하지 않은 상황에서는 자유무역시장의 직접 개방은 국내기업에 충격을 가져올 수 있기 때문이다. 이런 상황에서는 정책결정자가 자유무역시장 개방에 대해 신중한 태도를 견지할 수밖에 없다. 반대로 만약 정책결정자가 경제발전의 주요 변수를 시장의 가격경쟁으로 인식하고 있다면 대외개방정책에 좀 더 열린 태도를 보일 것이다.

또한, 선택적 관여정책에 대한 주룽지의 인과지도와 리펑의 인과도는 차이가 보인다. 주룽지의 인과지도에서 정책수단변수와 시장가격경쟁 간에는 많은 화살표로 인과관계를 보이며 밀접한 관련성을 나타내고 있는 반면, '선택적 관여'라는 정책변수에서 나오고 들어가는 화살표는 단한 가지뿐이다. 이것은 그가 '국내기업 경쟁력'이라는 변수보다 '시장가격경쟁'이라는 준칙이 경제발전에 미치는 영향력을 강하게 인지하고 있음을 보여준다. 이러한 관점은 그가 인지한 경제모델변수는 리펑보다 더 다양한 변수 간에 광범위하게 퍼져 있음을 알 수 있다. 그중 가장 핵심이 되는 변수는 기술발전이다. 기술발전변수는 들어오는 화살표 숫자가 많을 뿐 아니라 2개의 나가는 화살표를 가지고 있으므로 매개변수라고 할 수 있다. 매개변수는 일반적으로 정책결정자의 인지 분석에서 매우 중요하다. 매개변수 자체는 정책결정자의 주요 정책목표임과 동시에 다른 목표 설정을 위해 반드시 필요하다고 인지하는 수단변수이기 때문이다. 주룽지의 경제기능 인과지도에서 기술발전은 거시경제정책 전반에 걸친 주요 정책변수다. 그는 행정업무의 최적화, 투자, 인력자본, 안정적인 거시경제정책 등 모든 것이 기술발전에 영향을 주는 주요 변수라고 인지하고 있다. 주룽지의 인력자본변수에 대한 인식에서 주목할 만한 점은 인력자본이 수출경쟁, 생산력 증강, 기술발전 모두에서 일정한 작용을 한다는 것이다. 리펑의 경제발전 기능인과지도에서 인력자본은 단지 국내경쟁과 생산력 향상에 영향을 주는 변수로 나타난다. 리펑은 주룽지와 달리, 인력자본과 수출경쟁 간의 인과관계를 인식하지 못한 것으로 보인다. 이는 주룽지가 인력자본이 수출경쟁 간의 인과관계를 보이는 것으로 인식하는 것과는 다른 부분이다. 따라서 주룽지의 거시경제정책에 대한 인과지도 분석을 통해 그가 시장경쟁주도 원칙을 중심으로 전체 거시경제정책의 방향을 인지하고 있음을 알 수 있다. 주룽지의 거시경제정책 방향 중 정부 선택적 관여 변수와 국내경쟁원칙 변수는 리펑과는 달리 거시경제정책을 추진하는 정책의 핵심변수라고 보기는 어렵다. 주룽지의 인지 과정에서 출현한 시장중심의 원칙과 수출경쟁력, 기술발전, 인력자본과 전 지구적

외부경제는 모두 일정한 연계성을 보인다. 주룽지는 위와 같은 인식을 바탕으로 중국의 WTO 가입 정책문제에 대해 리펑보다 더욱 적극적인 태도로 협상 과정의 어려움을 극복하려고 했을 것임을 추론해볼 수 있다.

주룽지의 인과지도 분석을 통해 본문에서는 중국이 WTO에 가입할 때 중미협상에서 시장경제와 거시경제에 대한 주룽지의 인식이 어떤 작용을 했는지를 찾아보려 했다. 장쩌민 집권시기 경제무역 영역에서 주도적 지위를 차지한 주요 정책결정자인 주룽지의 시스템 사고에 대한 정책의 인지 변화는 특정 정책사안과 협상 과정에 일정 영향을 미치고 협상을 적극적인 방향으로 전환했을 것이라고 생각해볼 수 있다. 그러나 분석 기준은 아시아 국가 중 급속 압축경제발전 국가모델에 근거했다. 중국 또한 아시아 국가에 속하기는 하지만 기타 아시아 국가와는 다른 중국만의 특색, 즉 '사회주의 시장경제'라는 체제를 가지고 있다. 정책결정자의 인과지도 분석에서는 주룽지가 사회주의 시장경제를 어떻게 인식하고 있는지 찾을 수 없었다. 장쩌민 집권시기 사회주의 시장경제 추진은 이미 합의된 정책방향이었다. 그렇다면, 중국의 사회주의 시장경제는 어떤 정책배경에서 출현한 것인가? 중국 지도자의 최종목표인 '사회주의 시장경제'라는 개념을 주룽지는 어떻게 이해하고 있는가?

2) 사회주의 시장경제에 대한 인지

사회주의 시장경제에 대한 주룽지의 인과지도는 1993년부터 1999년까지의 연설문 중에서 사회주의 시장경제와 직접 관련이 있는 인

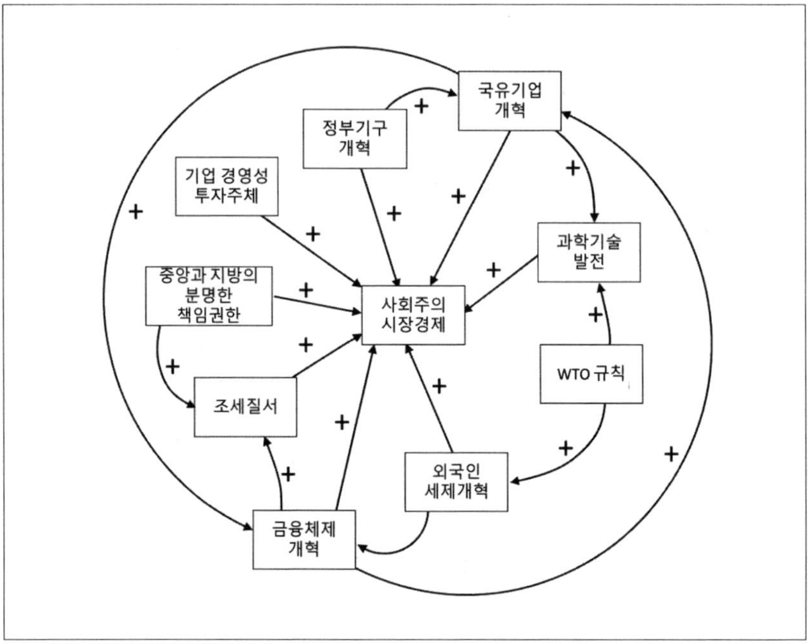

〈그림 5-2〉 주룽지의 사회주의 시장경제 인과지도

과관계 정책변수를 추출하여 제작한 것이다(〈표 5-1〉 주룽지의 인과관계표 참고).

(1) 사회주의 시장경제에 대한 주룽지의 인과관계 인식

주룽지는 1998년 중앙경제공작회의에서 "사회주의 시장경제 발전 조건하에서 속도기준은 반드시 예측성, 지도성이지 계획경제체제하의 명령성 기준이 아니다"라고 말했다. 사실, 사회주의 시장경제 발전은 리펑과 주룽지의 공통된 정책목표다. 주룽지의 사회주의 시장경제 인과지도에 따르면, 사회주의 시장경제는 수많은 정책변수의 최종 도달점이다. 주룽지가 인식하는 "사회주의 시장경제는 국유기업 개혁과 금융체제 개혁이라는 두 가지 변수 간의 피드백 루프로 구성되어 있다. 국유기업 개혁과 금융체제 개혁 간의 양의 피드백 루프는 1978년 이후 중국이 진행한 정부 개혁을 설명할 수 있다. 양의 피드백 루프의 기능 중 가장 중요한 것은 '촉진', '변화 증진', '확산 강화'다. 사실, 중국은 30년간 수많은 개혁을 통해 국내외 환경 변화에 적응하려 노력해왔고, 정부기구 개혁, 인사제도 개혁, 금융 개혁, 세무회계 개혁, 중앙-지방정부관계 조정 등 다방면에 걸쳐 많은 개혁을 단행해왔다(1982년, 1988년, 1993년, 2003년, 2008년). 개혁의 내용 또한 개혁 기간마다 달랐다. 개혁 초기에는 정부기구의 해산과 병합만 주로 이루어졌으나 이후 정부 부문의 기능, 운용방식, 주요 분담 등의 구체적 개혁내용이 출현했다. 그중 가장 중요한 것은 주룽지 총리가 1998년 진행한 제4차 개혁이다. 개혁을 통해 불필요하고 과도하게 집중된 정부 부문의 직능을 민간으로 전환시키려고 했다. 결과적으로 22개의 국무원 관련 경제 부문을 12개 줄였고, 3만 2천 명의 노동인원을 1만 6천 명으로 감소시켰으며, 이후 국무원 기능조정과 체제개혁을 지속적으로 진행했다. 1994년 중국 정부는 먼저 공무원제도와 간부인사제도 개혁을 심화시켰다. 주룽지의 인과지도에서 사회주의 시장경제의 많은 변수는 모두 정부기구 개혁, 중앙과 지방의 채권 분리, 조세질서와 세제 개혁, 국유기업 개혁 등 '개혁'과 관련되어 있다. 그러므로 주룽지의 국유기업 개혁과 금융개혁 간의 피드백 루프 인지, 그리고 수많은 개혁과 관련된 변수 인지는 주룽지가 총리로 재직하고 있던 시기 중국 정부가 개혁에 성공한 주된 원인 중 하나다. 사회주의 시장경제에 대한 주룽지의 인과지도에 대한 주요 분석 내용은 아래와 같다. 첫째, 주룽지가 인지한 '사회주의 시장경제'는 국유기업 개혁과 금융체제 개혁 간의 양의 피드백 루프로 구성된다. 둘째, 주룽지의 인과지도에는 국유기업 개혁과 WTO 규칙 및 과학기술 발전

〈표 5-3〉 사회주의 시장경제에 대한 주룽지의 인과지도

분석대상		주요 특징	내용 함의
사회주의 시장경제	1	사회주의 시장경제, 국유기업 개혁과 금융 시스템 개혁은 양의 피드백 루프로 구성	양의 피드백 루프의 가장 중요한 기능은 '확산'과 '강화': 경제정책 개혁에 대한 자극의 강화를 보여줌
	2	국유기업 개혁과 WTO 가입, 과학기술 개발 간의 인과관계에 대해 인식함	국유기업 개혁, 사회주의 시장경제 및 WTO 기준 테스트 간의 인과성에 대한 인식은 WTO 가입에 대한 낙관적 견해를 보여줌

간의 인과관계가 선명하게 보인다. 이러한 결과는 촉진, 변화 증가, 확산 강화라는 기본 특징을 가진 양의 피드백 루프로, 그가 비교적 강한 경제정책 개혁의 추동력을 가지고 WTO 가입에 대한 긍정적 시각을 가졌을 것임을 짐작하게 한다.

주룽지의 사회주의 시장경제 인과지도는 사회주의 시장경제의 생각을 반영했지만, 사회주의 시장경제와 직접적인 관계가 있는 피드백 루프는 존재하지 않는다. 동시에 사회주의 시장경제는 정책의 결과이지 어떤 특정 정책의 수단변수가 아니므로 사회주의 시장경제의 본질을 찾기는 매우 어렵다. 많은 개혁은 사회주의 시장경제에 도달하기 위한 하나의 수단이었다. 따라서 주룽지가 인식한 사회주의 시장경제의 주요 경제요소도 여전히 매우 모호하다고 하겠다.

(2) 사회주의 시장경제의 피드백 루프 인지

『주룽지 전기: 주룽지와 현대중국의 변혁』의 저자인 로렌스 브람(Laurence Brahm)은 주룽지의 경제관리 사고를 "관리를 받는 시장화"라고 정의했다.

또한 "주룽지의 배경은 국가계획에 뿌리를 내리고 있다. 그와 동시에 전통적인 사회주의 국가의 관여도구와 시장경제의 고전인 재정과 화폐정책도 함께 활용했다. 그는 이론충돌에 대한 불안이 없었으며, 이러한 대립되는 경제 기제들을 활용하여 이끌어가고 때때로 강력하게 밀어붙이며, 중국 경제를 시장경제의 길로 이끌었다"라고 말했다. 인과지도 분석에 따르면, 주룽지에 대한 로렌스의 견해는 충분히 이해된 것으로 보인다. 주룽지의 사회주의 시장경제 인식은 주요 경제개념 몇 가지로 분명하게 설명되지 않으며 사회주의 시장경제를 위해 필요한 개혁이 비교적 많아 보인다. 전통적인 사회주의 국가의 관여정책과 시장경제의 핵심인 재정과 화폐정책 간의 모순을 찾기는 어렵다. 사회주의 시장경제의 국유기업 개혁과 금융 개혁 간의 피드백 루프는 왜 중국 특색의 사회주의가 경제요소 간의 명확한 인과관계를 찾기 어려운지, 왜 현재 중국 사회주의에 대한 내용연구가 수사학적 연구에만 가까운지를 보여준다.

중국 특색의 사회주의에 대한 해석방식은 다음과 같이 네 가지 견해가 있다.

첫째, 중국은 자본주의의 길을 향해 가고 있는데 현재까지는 '원시자본주의 축적' 단계에 머물러 있다는 주장이다. 일부 학자들은 중국의 개혁이 실효성 측면에서는 의심할 바 없는 성공이지만, 추진 과정에서의 '점진적 개혁'은 러시아와 동유럽이 실행한 개혁처럼 늦게 진행하는 것뿐이라고 간주한다. 이 주장에 근거하면, 중국의 개혁개방정책은 시장경제의 '쇼크요법'이 아니라 이 과정에서 상대적으로 소수의 부유계층과 대량의 이탈농민 노동자를 만들어내는데, 이는 원시적으로 축적된 과정과 유사하다. 그래서 자본의 '원시' 축적이라는 가혹한 논리는 중국이 다른 선택의

여지없이 '규범화된' 자본주의 경제로 변화해야 한다고 주장한다.[3)]

둘째, 중국 특색의 사회주의는 자본주의와 사회주의의 융합체로 여겨진다. 프랑스학자 롤랑 레프는 "중국의 '현실사회주의'는 사실상 서방 자본주의에서 온 일종의 '현대화' 형식과 반자본주의의 '사회주의'인 민족주의가 혼합된 변종으로, 통하기만 한다면 사용하는 이른바 중국식의 특색을 보여주고 있다"라고 설명한다. 동유럽 폴란드과학원의 저명한 마르크스주의 이론가 아담 샤프는 중국이 당면한 제도는 이론상의 마르크스주의에는 부정적 입장이지만, "이것이 중국의 정치제도에 근본적인 사회주의 요소가 없음"을 의미하는 것은 아니라고 말한다. 또한 만약 현재 중국을 자본주의 제도로 인식한다면 잘못된 것이며, "어떤 각도에서 말하든, 오늘날 중국의 제도가 자본주의"라고 할 수는 없으나 "중국의 사회생활에 자본주의 요소가 증가하고 있다"[4)]라고는 말할 수 있을 것이라 주장한다.

셋째, 중국은 레닌이 제기한 '신경제정책' 단계에 있다. 일본 공산당 이론가인 후와 데쓰조(不破哲三)는 레닌의 시장경제에 대한 도전의 역사와 1949년 이후 중국이 걸어간 길은 매우 많은 부분에서 비슷하며, 중국의 발전 과정 또한 레닌이 실행한 신경제정책의 기초에서 발전하고 있다고 주장한다. 따라서 오늘날의 중국은 레닌이 말한 '신경제정책' 단계로 명명할 수 있다는 것이다. 한 중국학자는 덩샤오핑이 제기한 이론은 "적극적으로 레닌의 신경제정책을 평가"하며, "현대 자본주의 상황에 대한 평가"를 다시 하고, 부패와 가난의 공식을 깨뜨렸다고 말한다.[5)] 자본주의와 현

3) 徐觉哉, 『国外学者论中国特色社会主义』, 中国特色社会主义研究, 2008年.

4) 沙夫, 『我的中国观』, 当代世界社会主义问题, 2001年.

5) 徐觉哉, 『国外学术界热评中国特色社会主义(续)』, 社会科学报, 2008年.

재 건설 중인 사회주의의 공존문제는 중국 사회주의 건설과 공산당의 조건으로 다시 고민하게 했다는 것이다.

넷째, 중국 특색의 사회주의는 '후기 사회주의'로 인식한다. 미국 노스캐롤라이나주 듀크대학교의 아리프 딜리크(Arif Dirlik) 교수는 "중국 특색의 사회주의는 광범위한 쟁론을 만들었는데, 그것은 인간의 이데올로기 안에서 자본주의와 사회주의의 전통개념을 답습하는 데서 비롯되었다"라고 본다. 그는 현재 중국 사회주의의 거대한 변혁 요구는 우리의 사고구조와 충돌한다고 주장하면서 '후기 사회주의'라는 개념을 제기했다. 후기 사회주의라는 개념은 사회주의의 종말을 의미하는 것이 아니라 원래 있던 사회주의 개념의 모순에 직면하여 새롭고 부유한 방식으로 창조된 방식의 사회주의라는 것이다.

딜리크는 일부 서양학자들에 의해 중국이 단지 자본주의의 생산방식을 흡수한 것으로 중국 특색의 사회주의를 자본주의적 성격과 미래라는 논점으로 환원시키는 데 반대한다. 그는 "서양의 일부 사람들이 어떤 규제 없는 자유기업으로 중국 특색의 사회주의를 오해하고 있다"라고 말한다.[6)]

주룽지의 인과지도에서 국유기업과 금융체제 개혁 간의 양의 피드백 루프 안에 있는 모든 변수는 상호 밀접하게 연결되어 있다. 그중 주룽지의 인과지도에서 가장 중요한 매개변수는 WTO 규칙에 직접 영향을 받는 과학기술 발전이다. 또한 그는 기업 경영성 투자 주체인 중앙, 지방의 책임을 분리해야 사회주의 시장경제를 완성할 수 있다고 본다. 이 두 가지 수단변수는 경제발전 기능인과지도와 같이 모두 시장가격 주도의 경쟁준

---

6) 季塔连柯,『对毛泽东邓小平社会主义理论的比较研究』, 中共党史研究, 2001年.

칙과 관련이 있다. 주룽지는 1995년 전국과학기술대회에서 다음과 같이 말했다.

"일부 연구원들은 반드시 국가가 지지해야 한다는 데 이견은 없다. 하지만 거의 대부분 기술발전 역량은 기업 주도로 나아가야 하며, 그렇지 않으면 과학과 경제 간의 진정한 융합은 불가능할 뿐 아니라 과학기술이 경제발전의 질과 효율 향상을 실현할 수 없다."

주룽지가 말한 기술발전은 기업을 중심으로, 정부 기능변화의 견해 또한 정책 결정의 효율성과 관련있다. 그는 2000년 정부기능개혁공작방식회의에서 다음과 같이 말했다.

"우리는 일부 방식에서 개혁을 실행했는데, 그것은 각 부서의 책임제를 실행한 것이다. 국무원에서 관할하는 거의 모든 상황은 1개 부문에서 모두 책임지고 있다. 주관부문은 국무원 문건을 보도하고, 비준을 요청하고, 전달하고 지시를 내리며, 보도하기 전에 각 부서 간의 의견을 수렴하여 수많은 의견을 조율하여 일치된 합의점을 도출한다. 만약 의견들이 합의에 이르지 못할 경우, 어떤 부분에서 의견이 다른지, 이유가 무엇인지를 서술하게 한다. 과거에 일부 부서에서 만들어진 문건은 근본적으로 상의한 적이 없는 것이어서 문건 하나하나를 조율하러 다녀야 했고, 그 당시 국무원 내에 근무한 비서장 10명의 업무량은 이루 말할 수 없을 정도로 엄청났다. 현재는 단지 비서장 5명이 있는데, 우리는 직접 조율하지 않고 단지 주관부문에서 조율이 안 된 상황에서만 그들이 조율한 결과를 국무원에 전달한 후, 관련 비서가 조율하여 최종적으로 국무원에서 중재한다."

주룽지는 주관부서의 정책주도 집행권을 강조하고, 정부 부문의 인원감소를 주장한다. 또한 정부기구 개혁에 대해 많은 피드백 루프를 보이는데, 실제 정부기구 개혁에서도 큰 도전과 부담을 각오하고 실행한 것으로 보인다. 주룽지의 인과지도는 사회주의 시장경제라는 큰 틀에서 국유기업 개혁과 금융체제 개혁이라는 양대 기둥이 모두 WTO 규칙을 수단변수로 한 최종목표변수로 자리잡고 있다. 따라서 주룽지의 경제정책 인과지도는 중국의 WTO 가입정책과 구체적인 연관성을 지닌다고 할 수 있다. 비록 중국 정책결정자는 사회주의 시장경제의 인식 과정에서 공통점을 찾기 어렵고, 사회주의 시장경제의 이론적 배경과 관계된 요소를 찾기도 어렵다. 그러나 주룽지의 인과지도를 통해 이론상 '사회주의'와 '시장경제' 결합문제를 정리하고 개혁과 합법성, 개혁추진의 의의를 확인했다는 데 그 의미를 찾을 수 있었다.

2.
국유기업 개혁에 대한 주룽지의 인과지도 분석

톈예(田野)의 관점에 따르면, "중국의 국제체제 편입은 반드시 거쳐가야 하는 일종의 중요한 경로로, 중국은 1978년 이후 적극적으로 각종 국제제도에 참여했지만 어떤 국제제도 가입도 WTO처럼 어렵지는 않았다고 한다. 1986년 GATT 재신청부터 2001년 중국이 정식으로 WTO 구성원이 될 때까지 중국 국내 경제체제와 대외경제관계는 명백한 변화가 있었으며, 중국의 GATT/WTO 가입 동기 또한 미묘한 변화가 발생했다. 중국은 WTO 가입이 중국 무역에 가져올 거대한 수입에 집중했다. 그러나 미국은 중국에 영구적인 최혜국 지위를 부여하지 않고, EU도 일방적으로 중국에 수출 제한 조건을 내린 상태에서 중국은 다변화된 길을 통해 시장 문제를 해결하고자 했다."[7] 그러나 사회주의 시장경제의 목표가 확립됨에 따라 중국의 정책결정자는 WTO 가입이 중국의 경제개혁을 추진하는

7) 田野, 『国际制度, 预算软约束与承诺可信性: 中国加入WTO与国有企业改革的政治逻辑』, 『教学与研究』, 2011年, 第11期.

'단단한 닻'의 효과를 발휘할 수 있으며, 특히 국내기업의 시장경쟁이라는 제도적 환경에 자연스럽게 참여[8]할 수 있을 것으로 예상했다. 다시 말해, 계획경제에서 시장경제로의 제도적 전환 과정에서 중국 정부의 국유기업 개혁은 개혁의 핵심인 동시에 난제였다.

중국의 국유기업 개혁 과정은 크게 세 단계로 나누어진다. 1단계는 개혁개방이 시작된 1979년부터 1987년까지인데, 이 과정에서는 경영자 주권 확대 및 기업의 이윤보호가 국유기업 개혁의 핵심주제였다. 2단계는 1987년부터 1992년까지로, 이때는 경영승포제 실시를 개혁의 기본요점으로 했다. 3단계는 1992년부터 WTO 가입 전까지로, 제도에서부터 국가와 기업의 관계를 규정하고, 기업의 소유권과 경영권을 분리하는 시기였다. 본 연구가 핵심적으로 분석한 것은 3단계 시기의 국유기업 개혁으로 경영자와 노동자를 격려하고, 핵심으로 하는 1, 2단계와 달리 이 시기 개혁의 핵심은 기업의 소속관계였다. 20세기인 1990년대 초, 사회주의제도 아래 계획과 시장의 관계문제는 발전의 교착상태에 빠지게 했다. 동시에 사회주의 국가였던 소련의 해체는 사회주의를 신봉하는 모든 국가에 거대한 충격이 되었고, 계획체제 자체의 개혁은 피할 수 없는 것으로 인식되었다.[9] 1992년 10월, 중국공산당 14차 전국인민대표대회는 명확하게 중국 경제체제 개혁의 목표를 "사회주의 시장경제체제 건립"으로 명시하고, 사회주의 시장경제체제 건립을 가속화하는 경제개혁을 요구했다. 1993년 11월 중국공산당 13차 3중전회는 「중공중앙의 사회주의 시장경제체제 건립을 위한 약간의 중대한 문제 결의」를 통해 중국 국유기업 개

8) 盛斌,『中国对外贸易政策的政治经济分析』, 上海: 上海人民出版社, 2002年.

9) 参见邹东涛,『发展和改革蓝皮书(No.1): 中国改革开放30年(1978~2008)』, 北京: 社会科学文献出版社, 2008年.

혁의 방향을 "시장경제에 적응하고, 대량생산 요구를 사회화하며, 소유권을 분명히 하고, 책임과 권한을 명백히 하며, 정부와 기업을 분리하여 과학적인 현대기업관리제도를 정착하고, 현대기업제도를 건립함으로써 기업의 자율경영, 손익책임, 자가발전, 시장경제의 주체로 적응하는 것"으로 명백하게 규정했다.[10] 같은 해 12월, 「중화인민공화국 회사법」을 제정하고 정식으로 국유기업 개혁을 추진했다. 그 밖에 1995년 9월 중국공산당 14차 5중전회에서는 "시장과 산업정책을 중심으로 한 개혁은 시장과 기업 구조에서 투자를 유도하고 유기적으로 최적화된 구조를 만들어 강한 것을 선택하고 열성은 도태하도록 한다"라고 했다. 1997년 제8차 전국인민대표대회에서는 6개의 국유기업 개혁 활력방안을 제기했다. 1997년 9월과 1998년 3월에 열린 중국공산당 전국인민대표대회에서는 국유기업 개혁을 핵심과제로 선정했다. 1992년 5월 13일에는 개혁위원회, 국가계획위원회, 재정부, 인민은행, 국무원 생산사무실을 만들어 「주식유한회사 규범」과 「유한책임회사규범」을 공포하고, 주식 개혁에 관한 전체적인 정책과 제도를 정비했다. 1992년 제8차 전국인민상임위원회 제5차 회의에서는 「중화인민공화국 회사법」을 공포하여 주식제도의 법률적 근거를 마련했다.[11] 14차 전인대 이후 사회주의 시장경제 개혁모델의 개편은 국유기업 개혁의 경영모델을 시작으로 추진되었고, 14차 3중전회에서 「중화인민공화국 회사법」으로 결정되어 국유기업 개혁의 공사화를 중심내용으로 하는 제도의 본질적 개혁을 확립했다. 개혁개방에서부터 국유기업 개혁까지 일련의 과정은 중국 지도부의 핵심정책목표인 '경제발전'과 밀

10) 邹东涛, 『发展和改革蓝皮书(No.1): 中国改革开放30年(1978~2008)』, 北京: 社会科学文献出版社, 2008年.

11) 安银教, 「中国的国有企业改革与社会市场经济体制的未来」, 『中苏研究』, 1999年, 第94期.

접한 관련이 있다. 중국 국내경제의 복잡한 상황과 국유기업 개혁은 분리해서 생각할 수 없으므로 이 과정에서 정책결정자의 시스템 사고 여부가 중요하다. 다시 말해, 정책결정자가 국유기업 개혁정책의 목표인 무수한 변수 간의 상관관계를 인식하고 있었는지의 여부는 경제정책 총책임자의 합리적 사고의 핵심일 수 있다.

시스템 사고의 핵심은 피드백 사고(feedback thinking)가 존재하는지 여부에 있다. 구체적인 연구에 따르면, 시스템 사고는 종종 피드백 사고와 동의어로 사용되기도 하는데, 이는 피드백 루프의 존재가 시스템 사고의 중요한 부분이기 때문이다. 특정 정책에 대한 정책결정자의 피드백 사고 여부는 시스템 사고를 판단하는 중요한 수단이다. 피드백 루프를 강조하는 학자는 로버트 엑셀로드(Robert Axelord), 올레 홀스티(Ole Holsti), 매튜 본햄(G. Matthew Bonham) 등이며, 외교정책 결정 과정 연구에서도 인과지도 분석을 찾을 수 있다. 일반적으로 정책결정자는 거의 피드백 루프를 보이지 않는 것으로 연구되었고, 특정 정책에 대한 피드백 사고도 거의 발견되지 않았으나 주룽지의 경제정책에 대한 사고의 가장 큰 특징은 매우 풍부한 피드백 루프가 발견된다는 것이다. 그러므로 이러한 관점에서 본다면 주룽지는 시스템 사고에 매우 익숙한 정책결정자라고 할 수 있다.

본문은 이러한 관점에서 출발하여 주룽지가 국유기업 개혁 인과지도에서 보이는 피드백 루프를 분석하고, 1990년대 주룽지 총리의 사고체계를 서술한다. 아래는 14차, 15차 전인대 이후의 문헌을 참고하여 1993년 주룽지가 국무원 부총리를 맡았던 시점부터 1999년 중미 간 WTO 협상이 타결된 순간까지의 중요한 중앙경제 보고와 정부공작 보고를 참고했다. 이 장에서는 장쩌민 집권시기 두 총리의 국유기업 개혁에 대한 인지구조를 더욱 상세하게 비교하기 위해 국유기업 개혁 중심의 인과관계표를 분석하여 국유기업 개혁의 변수와 피드백 루프를 찾고, 중국 국무원 총리의 국유기업 개혁에 대한 피드백 사고 여부를 이해한다.

〈표 5-4〉 국유기업 개혁에 대한 주룽지의 인과관계표

중앙경제공작 보고 및 정부공작 보고에 대한 주룽지의 연설문 분석(1993~1999)	
1993년 5월 12일 국가과학기술작업회의 개회식 연설	• 과학기술 발전 → 사회주의 시장경제(+) • 과학기술 발전 → 국민경제(+) • 과학기술 발전 → 경제강국(+) • 과학기술 발전 → 농촌경제(+) • 과학기술 발전 → 상품질량(+) • 과학기술 발전 → 상업화(+) • 행정관리기구 개혁 → 국유기업 → 과학기술 발전(+) • 과학기술 발전 → 기술시장/정보시장/인재시장(+) • 경제와 과학기술 일체화 → 경제발전(+) • 투자기구 조정 → 과학기술 발전(+) • 국제합작 교류 → 과학기술 발전(+) • 지방재정의 과학기술 투입 → 과학기술 발전(+) • 기업의 과학기술에 대한 투자 → 과학기술 발전(+) • 인재 → 과학기술 발전(+) • 과학기술 인재 → 사회주의 정신문명(+)
1993년 7월 7일 전국금융업무회의의 총결산 연설	• 거시경제조정 → 경제과열(-) • 경제과열 → 통화팽창(+) • 통화팽창 → 경제발전(-) • 거시경제조정 → 금융질서(+) • 불법자금 대여 → 금융질서(-) • 불법자금 모음 → 사회안정(-) • 기구조정 → 거시조정 → 자금보증 → 기초설비, 산업 → 국민경제(+) • 거시조정 → 화폐가치 안정(+) → 금융질서(+) • 중앙은행 관리기능 → 화폐가치 안정(+) → 금융질서(+)
1994년 7월 23일 국가재정 및 세무업무회의 연설	• 제세질서 → 사회주의 시장경제(+) • 조세감면 → 제세질서(-) • 재정적자 → 제세질서(-) • 은행장부 → 제세질서(-) • 차용증세질서 위반 → 제세질서(-) • 불법자금 모집 → 제세질서(-)

	• 세제분할 → 제세질서(+)
1994년 11월 4일 현대 엔터프라이즈 시스템 시범사업 구축에 관한 전국회의 연설	• 정부기능 전환 → 정부와 기업 분리(+) • 정부와 기업 분리 → 시장경제(+) • 정부간섭 → 시장경제(-) • 정부간섭 → 국유기업(-) • 지방정부 관리 → 기업 내부 경영(+)) • 국유기업 → 사회보장제도 개혁(+)) • 사회보장제도 → 공기업 개혁(+)) • 기업 자금 연체 → 자금불안(+) • 수입통제 → 철강석유공업 자금적체 → 기업 상환금 연체(+) • 은행 거시경제 통제 → 수입통제 불능(-)
1995년 5월 27일 국가과학기술회의 연설	• 과학기술 → 경제건설(+) • 과학기술 → 국민경제(+) • 국유기업 개혁 → 공업발전 → 과학기술 투입(+) • 과학기술 발전 → 농업발전 → 국민경제(+) • 인재배양 → 과학발전(+)
1995년 12월 7일 중앙경제작업회의 연설	• 거시경제 통제 → 통화팽창(+) • 물가통제 → 농업강화 → 농민투입(+) • 인민은행 자산채권관리 → 농업신용대출 → 농민투입(+) • 수입분배제도 개혁 → 사회주의 시장경제(+) • 독점기업 수입 → 사회주의 시장경제(-) • 국유기업 개혁 → 독점기업 수입(-) • 대외개방 → 경제발전(+) • 세계무역기구 규칙 → 외국인 세제개혁 → 사회주의 시장경제(+) • 세계무역기구 규칙 → 국내 현대화(+)
1997년 1월 8일 국가의 국유기업 직원을 위한 실무회의	• 농산품 물가상승 → 국유기업 이윤(-) • 공업기업 원금증가 → 국유기업 이윤(-) • 국민수입 증가 → 국유기업 이윤(-) • 중복건설 → 국유기업 이윤(-) • 국유기업 인원다수 → 국유기업 이윤(-) • 인수합병 파산 독려 → 국유기업 이윤(+)
1997년 1월 18일 전국금융공작회의	• 국유기업 개혁 → 금융 개혁(+) • 금융 개혁 → 국유기업 개혁(+) • 비계획성 맹목적 프로그램 → 국유기업 개혁(-) • 채무누적 → 국유기업 개혁(-)

	• 기업자본금 부족 → 국유기업 개혁(-) • 외자은행 전국 확산(중서부지역 포함) → 투자환경 → 금융질서(+) • 주식시장 자금 → 국유기업 개혁 → 경제발전(+) • 관리감독제도 → 금융 개혁(+)
1998년 3월 24일 국무회의 첫 총회 연설	• 경제체제 개혁 → 사회주의 경제체제(+) • 농업기초지위 → 경제성장방식 전환 → 국민경제(+) • 과학기술 진보 → 경제발전(+) • 인재배양 → 경제발전(+) • 아시아 금융위기 → 경제발전(-) • 국내 경쟁력 → 경제발전(+) • 고정자산 투입규모 → 국내 경쟁력(+) • 기초 건설 투입 → 국내 경쟁력(+) • 기업 기초개조자금 투입 → 국내 경쟁력(+) • 중복투자 → 경제발전(-) • 국유기업 개혁 → 사회주의 경제체제(+) • 금융체제 개혁 → 사회주의 경제체제(+) • 정부기구 개혁 → 사회주의 경제체제(+) • 사찰특파원제도 → 정부-기업 분리 → 국유기업 개혁(+) • 방직업무 개혁 → 국유기업 개혁(+) • 기술의 선진화 → 경제기구의 우수성(+) • 기술의 선진화 → 국내 경쟁력(+) • 시장선진화 자원배분 → 국유기업 개혁(+) • 금융관리감독 → 경제발전(+) • 정부기구 개혁 → 정부-기업 분리(+) • 정부부문 기능분리 → 정부기구 개혁(+) • 분명한 중앙과 지방채무권리 → 사회주의 시장경제(+) • 기업경영성 투자주체 → 사회주의 시장경제(+) • 정부채무 통제 → 투자환경(+)
1998년 5월 16일 중국공산당 중앙위원회와 국유기업의 기본생활 보장 및 고용에 관한 국무원의 연설	• 재취업 → 국유기업 개혁(+) • 맹목적 투자 → 경제발전(-) • 대외개방 → 국내 경쟁력(+)
1998년 6월 19일 국무회의 제2차 총회 연설	• 기능분담 → 국무원기구 개혁(+)
1999년 3월 5일 정부공작 보고	• 수출촉진 → 경제성장(+) • 인민폐 평가절하 없음 → 경제안정(+) • 농업발전 → 투입증가 → 농업수입(+)

1) 국유기업 개혁에 대한 인과관계 인지

주룽지는 1998년 10월 「경제형세의 대한 약간의 문제」에서 국유기업 개혁 문제에 대한 담화를 통해 어느 정도 국유기업 개혁에 대한 태도를 보여주고 있다.

> "어떤 사람들은 국유기업 문제의 근원을 사유화에 두는데, 이것은 매우 잘못된 생각이다. 중국공산당은 제15차 전국대표대회에서 공유제도 다양한 형식이 가능하며, 주식제[12]도 가능하고, 중요기업도 주식제를 활용할 수 있으며, 국가도 일정량의 주식을 보유하여 회사를 지배할 수 있음을 천명했다. 기타 주식도 대중에게 발행 가능하며, 이것은 단지 소수인들만이 사고파는 것이 아님을 분명히 했다. 어제 나는 미국의 전 대통령 부시를 만났다. 그는 지금 비즈니스를 하고 있다면서 나에게 중국의 국유기업 사유화정책에 어떤 변화가 있는지 물었다. 나는 이렇게 대답했다. 우리가 말하는 주주제는 사유화를 말해본 적이 없다. 우리와 당신의 이해는 많이 다른 것 같다. 우리는 러시아가 실행한 사유화의 엄중성을 이미 목도했다. 그들은 기업을 원래의 공장장, 부장에게 팔았고 이것은 실질적으로 공업과두, 금융과두가 되어 경제를 통제했다. 러시아의 가장 큰 석유기업의 CEO가 중국에 와서 본인은 기업의 오너이면서 부총리이자, 부장으로 모든 일을 수행하고 정부에 속해 있다고 말했다.

---

12) 주식제 개혁. 회사조직 형태를 주식제로 전환하고 주식매입방식으로 서로 다른 소유자에게 소속된 자본을 집중시켜 경영 및 운영을 담당시키고 주주권익 평등, 동일 주식에 동등한 배당금 지급, 이익 공동 배분, 위험 공동 부담 등을 시행한다. 중국은 국유기업 개혁에서 기업 내부의 경영관리자주권 문제에 착안하여 승포제(承包制) 도입을 광범위하게 실시했지만 그 한계가 드러나자 중국 정부는 현대기업제도의 건립과 근본적인 경영계획을 위해서는 기업의 재산권 개혁이 수반되어야 한다고 결정하여 주식제의 실험, 매수합병 등 재산권의 개혁을 시도했다.

국유기업을 살리기 위해서는 사유화가 필요한 것이 아니라 공업의 중복건설을 멈추게 하는 게 더욱 중요하다."[13]

주룽지의 연설문에서 추출한 인과관계를 보여주는 언어는 위의 인과관계표에서 이미 정리했다. 아래 그림은 인과관계를 통해 도출된 주룽지의 국유기업 개혁에 대한 인과지도다.

주룽지 인과지도의 가장 큰 특징은 경제정책변수 간에 매우 많은 피드백 루프와 인과관계가 존재한다는 것이다. 인과지도에서 보여지는 것만 해도 거의 모든 변수 간에 연계관계를 찾을 수 있다. 국유기업 개혁에 대한 피드백 루프 개수는 로버트 액셀로드의 연구에 따르면 헨리 키신

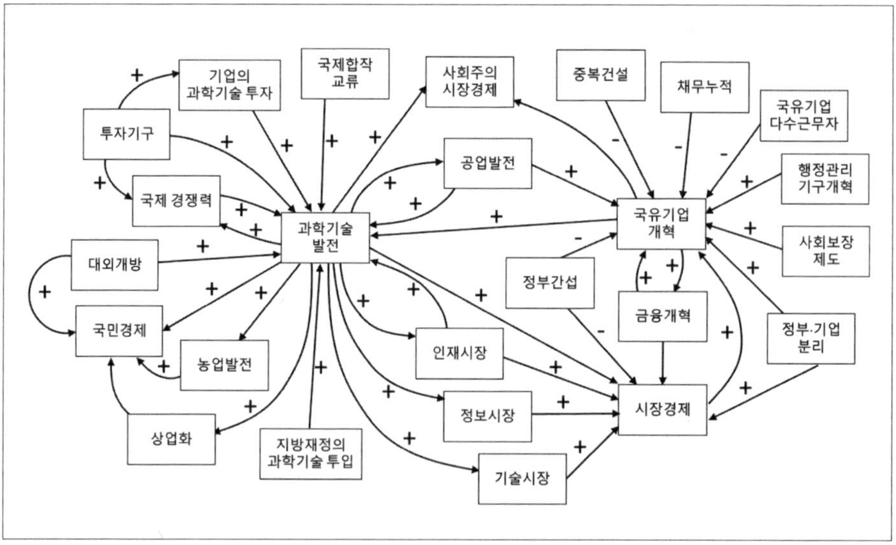

〈그림 5-3〉 주룽지의 국유기업 개혁 인과도

13) 『朱镕基讲话实录(第3卷)』, 北京: 人民出版社, 2011年, 第141页.

저(Henry Alfred Kissinger)의 인과지도에서 발견된 것과 기본적으로 거의 일치한다. 그만큼 많다는 것이다. 주룽지의 국유기업 개혁 인과지도의 주요 특징을 정리한 표는 아래와 같다.

주룽지 인과지도상의 가장 큰 특징은 매우 많은 피드백 루프와 매개변수가 있다는 것이다. 국유기업 개혁이라는 핵심정책변수 외에 시장경제와 과학기술 발전이라는 2개의 정책목표가 더 있는 것도 특이한 점이다. 그중 과학기술 발전은 목표변수임과 동시에 수단변수다. 이것을 '매개변수'라고 한다. 인과지도상의 매개변수는 반드시 정책의 핵심변수일 수밖에 없다. 정책결정자가 어떤 정책변수를 목표와 수단으로 인식하고 있

〈표 5-5〉 주룽지 국유기업 개혁 인과지도의 주요 특징

분석대상		주요 특징	내용 함의
국유기업 개혁	1	국유기업 개혁의 핵심정책변수 외에도 시장경제와 기술개발이라는 두 가지 정책목표가 있음. 동시에 이 세 가지 목표변수는 밀접한 관련을 보임	국제 시장에서 중국 제품의 경쟁력 향상 및 과학기술개발을 포함하여 중국 경제를 더욱 발전시키기 위해서는 WTO 가입이 불가피함. 특히 주룽지에게는 과학기술 발전이 경제성장의 주요 원동력이며 과학기술 발전은 다른 정책목표를 달성하는 데 없어서는 안 될 수단변수임
	2	과학과 기술의 발전은 매개변수일 뿐만 아니라 3개의 긍정적인 인과관계(양) 피드백 루프를 가지고 있음. 국제 경쟁력, 인재시장 및 산업개발의 긍정적 인과관계 사슬은 과학기술개발에 대한 주룽지의 시스템 사고를 반영하고 있음	국유기업 개혁, 국제 경쟁력 강화 및 과학기술 개발 같은 주요 경제 요인에 대해 시스템 사고를 하고 있음
	3	국유기업과 재무 개혁 사이에도 피드백 루프가 있음	

을 때는 정책목표를 달성하기 위해 많은 노력을 하게 된다. 과학기술 발전은 매개변수일 뿐 아니라 동시에 3개의 양의 피드백 루프를 가진다. 국제경쟁력, 인재시장, 공업발전이라는 양의 피드백 루프는 과학기술 발전에 대한 주룽지의 시스템 사고로 이해할 수 있다. 인과지도에서 피드백 루프는 정책전략의 지렛대 역할을 한다. 주룽지의 인과지도에서도 국유기업 인과지도에 대한 수많은 양의 피드백 루프를 발견할 수 있는데, 양의 피드백 루프는 변수 간의 상호작용을 유지하기 위해 쉼 없는 노력이 필요하다. 그렇지 않으면 두 변수 간의 상호작용을 유지하기가 어렵기 때문이다. 주룽지의 국유기업 개혁에 대한 인지의 핵심변수는 국유기업 개혁, 금융 개혁, 시장경제, 기술발전, 공업발전, 인재시장, 국제경쟁력 등 7개 변수다. 이것은 주룽지의 인지 과정에서 중요한 정책 지렛대로, 특히 정책에 많은 역할과 노력을 하게 만드는 변수를 의미한다. 좀 더 자세한 분석을 위해 다음 절에서는 주룽지의 인과지도에서 나타나는 피드백 루프 변수들만 추출하여 피드백 루프 인과지도를 다시 제작해보기로 한다.

2) 풍부한 피드백 루프 인지

주룽지가 인지하는 주요 정책변수인 기술발전, 금융위기, 국제경쟁력, 인재시장은 모두 국제경제질서 가입과 매우 밀접한 관련을 가진다. 중국이 자국의 기술력을 한 단계 더 발전시키고 중국 제품의 국제경쟁력을 높이기 위해 WTO 가입은 피할 수 없는 선택이기도 하다. 특히, 주룽지를 보면 과학발전을 경제발전의 주요 동력이자 기타 정책목표를 달성하기

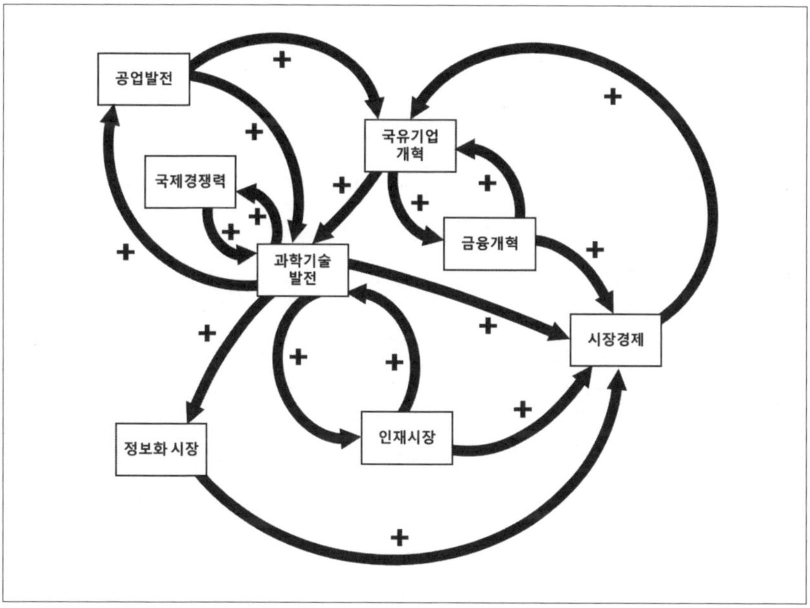

〈그림 5-4〉 국유기업 개혁 인지에서 주룽지의 피드백 루프 인과지도

위해 필수불가결한 수단변수로 인식하고 있다. 더욱 중요한 것은 그 자체로도 이미 정책의 목표변수가 되는 중요한 정책변수라는 것이다. 그러므로 주룽지의 인과지도 분석에서 과학기술은 절대로 간과할 수 없는 핵심 중의 핵심정책변수라고 할 수 있다. 1993년 주룽지는 전국과학기술공작회의 개막식에서 다음과 같이 말했다.

"과학기술은 생산성의 핵심으로 과학기술 진보는 반드시 보장되어야 한다. 몇 해를 지나오면서 중국의 과학기술 경비는 점차 증가했지만, 여전히 과학기술사업의 발전에 제대로 적응하지 못하고 있다. 현재 재정이 긴박한 상황에서 이 문제의 출구를 찾아 이를 해소하기 위해서는 투자구조를 한 단계 더 조정하고, 여러 경로와 다양한 층차의 전체

사회과학기술 투입체제에서 과학기술 경비의 재정투입을 증가시켜야 한다."

주룽지의 인과지도에는 국유기업 개혁과 금융 개혁 간에 피드백 루프가 존재한다. 인과지도에서 8개의 피드백 루프는 모두 양의 피드백 루프다. 양의 피드백 루프를 가진 변수는 일반적으로 선순환을 유지하고, 지속적인 투입을 필요로 한다. 만약 정책결정자의 인과지도에서 양의 피드백 루프가 출현한다면, 그것은 구조상 정책결정자가 그 정책의 집행에 지속적인 노력을 할 수밖에 없는 상황임을 보여준다. 주룽지의 경제사상[14]에 대한 양판(杨帆)의 분석에 따르면, 그 핵심은 "정부의 관여를 통해 안정된 경제발전의 길로 이끄는 것"이며, 구체적인 수단으로는 "기업규제를 완화하고 정부관리를 강화하며, 외국무역을 통해 재화를 창출하며, 기초설비 투자를 확대하고 공업체제를 완비하며, 통화팽창을 엄격하게 통제하고 은행을 개혁하여 자금융통을 촉진하는 것"으로 본다.

사실, 주룽지의 국유기업 개혁과 금융 개혁의 연관성에 대한 인지는 당시 그가 마주하고 있던 중대한 문제인 시장가격의 급속한 팽창을 통해 더욱 쉽게 이해할 수 있다. 1989년 톈안먼사태 이후 '좌우'는 재차 정치상의 핵심쟁점이 되었고, 경제상의 '평행이론'이 점점 득세했다. 1992년 덩샤오핑의 남순강화 이후 마침내 장기간에 걸친 정책결정자층의 정치노선 문제는 해결되었지만, 단기간에 걸친 정치노선 문제만 해결되었을 뿐 여전히 장기적으로 계획경제시기에 축적된 경제적 고질병 또는 시한폭탄은 여전히 경제에 정통한 전문가의 도움을 기다리고 있었다. 이러한 시대적

14) 杨帆,『朱镕基经济思想(上/下)』,『中国社会科学院经济研究所』, 2003年.

흐름 속에서 주룽지는 막중한 임무를 넘겨받은 것이다. 덩샤오핑의 남순강화 이후 중국의 경제 또한 급격하게 변화하여 각지에서 은행대출이 성행하고 남쪽과 북쪽의 연안 도시들에서는 부동산시장이 폭등하는 모습도 보였다. 시장이 계속해서 성장의 개선가를 부르고 있을 때, 주룽지는 빠르게 그 안에 내재된 위기를 간파하고 신용과 법의 규제 안에서 은행대출을 엄격하게 관리하여 1980년대에는 상상하기 어려운 경제의 연착륙을 만들어냈다.

현대경제학의 관점에서 분석해볼 때 당시 경제는 과도한 공급으로 과열현상과 물가상승이 필연적인 과정이었다. 만약 과열문제에 대한 처리가 조금이라도 늦어졌거나 방식에 오류가 있었다면, 경제에 엄청난 내상을 입혀 돌이킬 수 없는 상황을 만들었을 수도 있다. 주룽지는 경제과열 양상을 처리함과 동시에 물가도 안정적으로 유지하면서 1980년대 중국 경제가 당면한 '물가폭등'이라는 재난을 막아낼 수 있었다. 가격은 경제체제에서 가장 핵심이 되는 변수로, 안정된 물가의 보장은 경제 활동을 순조롭게 진행하는 기본적인 전제다. 주룽지가 경제를 주관하던 시기에 물가는 계속해서 안정상태였으며, 2000년 전후로 미미한 정도의 디플레이션이 있었으나 탁월한 경제재능을 발휘하며 더 이상의 악화 없이 잘 넘겼다. 장우창(张五常)은 과거에 주룽지의 물가안정능력을 높게 평가하면서 "내가 그의 위치에 있었다고 해도 그렇게까지 잘하지는 못했을 것"[15]이라고 말하기도 했다.

2009년 주룽지에 대한 개혁평가의 경제논단에 따르면, 국내물가의 안정 이후 주룽지의 주요 정책목표는 대외가격인 환율로 전환된 것으로

15) http://www.360doc.com/content/13/0813/13/2198695_306834520.html

보인다. 당시 달러에 대한 인민폐의 고정환율은 1 : 5.7이었지만, 시장기준환율은 1 : 10까지 치솟았다. 1994년 주룽지는 2개의 환율을 1 : 8.7로 조정하여 대외가격을 원활하게 했는데, 그해 대외무역에서 중국은 흑자를 기록했다. 환율 조정 역할과 더불어 주룽지의 중요한 경제사상인 외무부국(外貿富國: 해외무역을 통해 나라를 부강하게 함)도 역할을 했을 것이다. 중국은 경제발전, 재부(財富)의 축적이 내부생산에만 의존해서는 불충분하므로 반드시 대외무역을 통해 새롭고 강력한 추동력을 만들어내고, 상대적으로 저평가된 인력자원을 이용하여 비교우위의 노동집약산업과 기계공업을 발전시켜야 했다. 이렇게 대량의 외환을 벌어들인 후 다시 중화학공업에 투자하여 궁극적으로 공업강국의 전략목표를 실현한다는 것이다. 주룽지는 5년간의 짧은 기간 동안 자신의 의견을 관철시켜 중국을 WTO에 가입시켰으며, 외무부국의 사상에서 출발하여 세계경제의 압력을 이용하면서 국내 개혁을 주도했다.

리펑과 달리 주룽지는 중국 경제에서의 역할과 평가가 많은 편이다. 2009년 펑황왕(鳳凰網)의 평가를 보면,[16] 주룽지의 경제치세는 성공도 있고 실패도 있다고 한다. 역사상 주룽지의 가장 큰 공적은 중국에 초보적 시장경제체제를 건립한 것으로, 중국을 다시는 이전의 계획경제시대로 회귀시키지 않음에 있다. 여기에는 주룽지가 2001년 중국을 WTO에 가입시키고 큰 폭의 국유기업 개혁을 단행했으며, 시장화 사유를 통해 부동산과 자동차산업을 중국 경제발전의 새로운 엔진으로 구성하고, 대규모 경작지를 삼림으로 환원했으며, 고속도로 건설 등의 인프라 구축 등을 포함한다. 하지만 체제의 제약을 받은 탓에 주룽지의 많은 시장화 개혁도

16) http://blog.ifeng.com/article/3122716.html

성공적이었던 것만은 아니다. 사회분배의 불공정, 환경오염의 가속화, 의료 · 교육체제 개혁 등의 부문에서 성공적이지 못한 측면이 나타나기도 했다. 설령 그렇다고 해도 단지 10년간 중국 경제를 관리한 시간에 비해 주룽지는 여전히 역사의 단계에서 많은 공헌을 했다. 후진타오와 원자바오의 등장 이후 지속적인 중국 경제발전의 바탕에 주룽지의 역할이 있음을 기억해야 할 것이다. 2009년 중국은 GDP상 일본을 추월하여 세계 제2위가 되었는데, 여기서도 주룽지의 재임시기 발휘된 거대한 공로를 생각해보아야 할 것이다. 주룽지는 경제영역의 개혁 외에도 기구 개혁을 단행했지만, 실제 결과는 명확하게 드러나지 않았다. 정치체제 개혁 역시 큰 성과를 보이지는 못한 것으로 평가되고 있다. 일부에서는 주룽지의 기구개혁과 사회분배의 불공정성을 내세우며 주룽지에 대해 부정적으로 평가하지만, 중국 경제에 미친 공헌, 특히 WTO 가입 과정에서의 역할과 대규모 국유기업 개혁을 단행하여 중국을 세계 제2위의 경제대국으로 올려놓은 것은 어떤 형태로도 반박의 여지가 없어 보인다.

1999년 11월 2일 「중국의 세계무역기구 가입에 관한 협상의 몇 가지 견해」라는 보고가 당시 국무원 총리 주룽지에게 보내졌다. 당시 중국의 WTO 가입은 이미 15년 이상 장기간의 협상 상태였고, 중미 간의 WTO 협상은 거의 중단 상태나 마찬가지였다. 중국 국내에서는 정부관료, 학자, 기업을 포함하여 중국의 WTO 가입과 미래에 대한 근심이 팽배해지고 있었으며, 중국이 반드시 WTO에 가입해야 하는지의 여부를 두고 그 대가가 너무 크다는 의혹이 일었다. 이런 상황에서 1999년 중국의 협상 태도는 돌연 적극적으로 회귀하는데, 중미는 다시 한번 진전된 협상 결과를 내놓는다. 이 과정에서 주룽지 총리는 어떤 역할을 했을까? 위의 표는 국가경제무역위원회와 주룽지의 관계를 매우 명확하게 보여주고 있

〈표 5-6〉 국가경제무역위원회와 주룽지의 역할[17)]

	국가경제무역위원회	주룽지
1979	국가경제위원회(National Economic Council) 재건립	국가경제위원회 공작(1979~1987) 부총리 재임(1982~1987)
1988	국가경제위원회 폐지	상하이시장 재임(1987~1991)
1991	국가경제위원회가 생산사무소로 명칭 변경	부총리 재직(3월)
1992	국가발전위원회가 생산사무소로 명칭 변경	제14회 전국인민대회에서 5급 승진
1993	국가경제무역위원회 설립(3월)	부총리 재임(3월)
1998	국가경제무역위원회 기능 강화(3월)	총리 재임(3월)
2003	국가경제무역위원회 폐지(3월)	퇴직(3월)

다. 국가경제무역위원회의 쇠락 과정을 통해 주룽지가 매우 명확하게 중국 경제정책에 끼친 거대한 작용과 역할을 추론해볼 수 있다.

사실, 1993년 리펑이 총리로 재직하며 경제 개혁을 단행할 때 주룽지는 부총리였으며 주룽지의 추진 아래 1993년 국가경제무역위원회가 설립되었고, 중앙경제공작회의도 열렸다. 주룽지는 1998년 국유기업 개혁에서는 더 큰 역할을 담당하게 된다. 국유기업 개혁의 중요한 원인은 WTO 가입과도 밀접한 관련이 있다. 국유기업 개혁과 WTO 가입은 중국 전 사회의 관심이 집중된 중요한 두 가지 큰 문제였다. 세계에서 가장 큰 개발도상국인 중국의 WTO 가입은 국유기업 개혁을 가속화할 수 있는 강력한 동력이었다. 이에 대해 주룽지는 다음과 같이 말한다.

---

17) Jung, Joo Youn, "Retreat of the State? Restructuring the Chinese Central Bureaucracies in the Chinese Central Bureaucracies in the Era of Economic Globalization," China Review: Spring 2008, p. 105.

"중국은 가까운 시기에 WTO에 가입하리라는 기대가 있으므로 중국에서 진행되는 개혁은 매우 신중하게 이루어져야 하며, 스스로 미래의 치열한 경쟁에서 살아남을 시간은 충분하지 않다. 우리는 반드시 시간을 아껴 당중앙이 이미 확정한 대안으로 개혁을 진행하고 시기의 오차를 최소화하여 역사상의 오류를 범하지 않도록 해야 할 것이다."[18]

이와 같은 위기 상황에서 국유기업 개혁은 늦춰질 수 없이 계속해서 빠르게 단행되어야 했다. 중국은 1986년 GATT 회원국 지위 회복을 요구하기 시작했는데, 1995년 WTO가 성립한 후부터는 더욱 까다로워진 WTO 가입 과정에 직면해야 했다. 10여 년에 걸친 마라톤식 장기 협상은 마침내 1999년 11월 중미 간 성공적인 합의에 도달했고, 2001년 11월 10일 중국은 최종적으로 WTO 가입을 승인받았다.

과거 두 차례에 걸친 중국의 국유기업 개혁에서 시장은 계획경제의 제약에서 자유로울 수 없었고 진퇴양난의 상태였으므로 미완성일 수밖에 없었다. 국제경제조직으로서 WTO는 현대 세계시장경제의 기초에서 건립되었으므로 당시 중국의 국유기업은 공정한 경쟁에 대한 합의, 투명한 금융시스템, 법에 의거한 행정업무처리 등에 있어 상당한 격차가 있었다. 따라서 이 시기 중국의 WTO 가입협상은 난항을 겪을 수밖에 없었으며, 중국과 미국이 합의에 도달하는 것은 매우 요원해 보였다. 1993년 중국공산당 13차 3중전회에서도 "재산권을 분명히 하고, 권리와 책임을 명확히 하며, 정치와 기업을 분리하고, 관리과학의 현대화 기업제도"[19] 건립을 제안했다. 국유기업은 현대화 과정을 거치면서 시장경제로 진입했고, '이윤

18) 孔庆峒, "中国加入WTO与国企改革,"『改革与评论』, 2000年, 第5页.

19) 『十四大以来重要文献选编』(上), 北京: 人民出版社, 1996年, 第520页.

을 하부기관으로 돌려주는' 형태의 전환을 골자로 한 제도적 변화를 단행했다. 1997년 9월 중국공산당은 제15차 전국대표대회를 열었고, 전략적으로 국유경제 구조에서 소유제 구조로 조정하고 완전하게 하며, 그와 동시에 국유기업 개혁을 가속화하여 시장경제규칙에 부합하는 기업제도와 조직관리제도에 적응하고자 했다. 1999년 말 제15차 전국인민대표대회에서는 그 방안을 한 단계 더 구체화했고, 중국공산당 제15차 전국대회와 15차 4중전회의 결정은 국유기업 개혁과 현대 시장경제를 운용하는 규칙이 완전히 부합되었다. 중국은 WTO 가입에 장애가 되는 기본적인 규율들을 모두 정리하고자 많은 개혁을 단행했으며, 결과적으로 이러한 계획은 성공적인 WTO 가입의 초석이 된다. 아래 표는 주룽지와 리펑의 국유기업 개혁에 대한 인과지도를 비교한 것이다.

인과지도 분석의 핵심은 화살표의 방향에 있다. 화살표의 방향을 통해 목표, 수단, 매개변수와 피드백 루프를 알 수 있고 변수의 성질을 판단할 수 있다. 화살표의 방향이 밖으로 많은 경우를 '수단변수'로, 화살표의 방향이 안으로 많은 경우를 '목표변수'로 명명한다. 일반적인 상황에서 정책결정자가 인식하는 목표변수를 그 자체로 통제할 수 없으며, 기타 변수의 투입을 통해 영향을 준다. 주룽지의 인과지도에서 시장경제, 사회주의 시장경제와 국민경제는 모두 안으로 들어오는 화살표를 가지므로 '목표변수'라 할 수 있다. 주목할 만한 것은 주룽지의 인과지도에서 나타나는 시장과 관련 있는 변수는 매우 많은데, 국민경제, 정보시장, 사회주의 시장경제, 인재시장, 기술시장, 시장경제 등 여섯 가지다. 그중 안으로 들어오는 화살표가 가장 많은 최우선순위의 변수는 시장경제다. 중국 최고지도부의 주요 연설문은 모두 사회주의 시장경제 건설을 정책목표로 언급하는데, 이에 관해서는 리펑과 주룽지도 예외가 아니다. 주룽지의 인과지

〈표 5-7〉 주룽지와 리펑의 국유기업 개혁의 인과지도 비교

	주룽지	리펑
주요 정책목표 변수	시장경제 발전 국유기업 개혁 과학발전	국민경제발전
핵심 매개정책 변수	과학기술 발전	없음
인과지도에 출현한 시장	사회주의 시장경제 국민경제 시장경제 정보경제 기술경제	사회주의 시장경제 국민경제 국유경제
피드백 루프의 개수	8	0
주요 특징	피드백 루프 존재, 국유기업 개혁에 대한 시스템 사고/과학발전 실행을 위한 7개의 수단변수 중에서 WTO 가입과 관련된 대외개방, 국제합작 교류, 투자구조 변화 등 3개 변수가 있음/공업발전과 인재시장 간에 피드백 루프 존재/시장경제와 사회주의 시장경제가 동시에 나타남/국유기업 개혁의 장애요소 광범위하게 인지	국유경제 중요성 강조/국유기업 개혁에 대한 시스템 사고 부족(피드백 루프 구조 없음)/국유기업 개혁을 위해 필요한 수단변수에서 국유경제, 기업부담 가중은 주룽지 인과지도에서는 찾을 수 없는 부분임

도에서 나타나는 사회주의 시장경제와 시장경제는 주룽지와 리펑이 이해하는 경제범위의 차이를 분명하게 보여준다. 주룽지 인과지도의 사회주의 시장경제와 시장경제를 서로 다른 개념으로 이해하고 있었는지에 대해 증명할 방법은 없으나, 최소한 주룽지가 인식한 수많은 경제범위 영역을 알 수 있다. 그뿐만 아니라 다양한 경제형태 중에서 가장 중요한 목표변수로 인식한 것도 시장경제임을 알 수 있다. 주룽지는 시장경제와 국유기업 개혁을 상호 정비례적 영향을 미치는 관계로 보고, 국유기업 개혁의

성공을 성공적인 사회주의 시장경제 달성으로 인식한다. 그런데 사회주의 시장경제와 시장경제는 모두 과학기술 발전을 중심으로 하고 있다. 따라서 주룽지가 인식하는 시장경제와 사회주의 시장경제는 동시에 나타나지만, 그것이 그가 인식하는 두 가지 경제개념의 충돌이나 모순을 의미하지는 않는다고 해석할 수 있다.

핵심매개변수상의 화살표는 안과 밖으로 향하는 두 가지 방향을 모두 포함한다. 주룽지의 국유기업 개혁 인과지도에서 '과학발전'이라는 변수는 안으로 향하는 화살표 숫자가 최대 9개, 밖으로 향하는 화살표 숫자가 8개에 달한다. 단일 변수로는 최대라고 할 수 있다. 일반적으로 문헌분석에서 중국 WTO 가입의 국내 원인을 이야기할 때 강조하는 것은 국무원 총리를 중심으로 적극적으로 진행한 당시의 국유기업 개혁을 꼽는다. 리펑과 주룽지의 국유기업 개혁 인과지도를 비교할 때, 주룽지에게 과학기술 발전이 정책 결정에 미친 영향력은 매우 크다고 볼 수 있다. 일반적으로 인과지도 분석에서 가장 강조하는 것은 매개변수인데, 목표를 달성하기 위해 정책결정자가 핵심정책변수로 인지하는 동시에 그 자체로 정책목표가 되는 변수를 말한다. 주룽지의 인과지도에서 핵심매개변수는 과학기술 발전이다. 주룽지에게 과학기술은 그 자체로 정책목표이자, 다른 정책목표를 달성하기 위한 수단변수였다. 주룽지의 인과지도를 보면, WTO 가입을 위해 과학기술 발전은 매우 중요한 변수였으며, 동시에 WTO 가입을 통해 주룽지는 더욱 빠른 과학기술 발전을 이룰 것이라 인지하고 있었다. 주룽지의 인과지도에 나타나는 8개의 피드백 루프 중에서 5개의 피드백 루프는 과학기술 발전과 관련이 있으며, 모두 양의 피드백 루프를 가진다. 주룽지의 인지 구조에서 국제경쟁력과 공업발전은 과학기술 발전과 상호 연결된 관례를 가진다. 경제학 관점에서 국민경제발전은 농업에서 공업, 상업의 순서로 진행되고 확산된다. 그리고 이 과정에서 경제성장과 발전이 필연적으로 실행된다. 주룽지는 공업발전의 중요성을 강조했을 뿐 아니라 농촌 개혁의 중요성도 인지하고 있었다. 리펑의 인과 지도에서도 농업발전이라는 정책변수는 찾을 수 있지만, 문제는 농업발전과 기타 변수 간의 인과관계를 찾을 수 없었다. 사실, 농촌 개혁은 아시아 경제발전의 주요 특징이다. 농촌 개혁에 관한 주룽지 연설문의 특징은 사상의 통일을 강조하고 있다는 점이다. 그는 2000년 중앙경제공작회의에서 "농촌개혁사상 인식이 통일된다면 실행 과정에서 각종 어려움은 모두 극복될 수 있을 것이다"라고 말했다.

주룽지는 농촌 개혁 이외에 공업발전과 인재자원 활용방식에 대해서도 피드백 루프를 보인다. 이것은 그가 거시경제정책에 대한 종합적 시스템 사고를 가지고 있었음을 보여준다. 주룽지는 경제성장의 가장 기본적인 공식인 Y(경제성장) = f [L(노동력), K(자본), T(기술)]에 대한 이해가 매우 깊었던 것으로 보인다. 그의 인과지도에서는 이 세 가지 생산요소가 밀접하게 관련되어 있는 것을 볼 수 있기 때문이다. 반면, 리펑의 인과지도에서는 거시경제정책의 기본 생산요소에 대한 복잡한 관계인식의 피드백 루프가 드러나지 않는다. 주룽지와 리펑의 국유기업에 대한 차이점을 상세하게 분석하기 위해 본문에서는 주룽지와 리펑의 인과지도 비교 외에 중앙경제공작회의에서 보고된 문서들에 대한 분석을 진행했다. 중앙경제공작회의의 문서는 「정부공작 보고서」의 초안이 될 뿐 아니라 정부공작 보고서는 집단지도체제 협의의 결과물이 되기 때문이다. 대체로 정부의 공개된 문서는 모두 지도자들의 집단지도체제 안의 협상 과정을 거쳐 합의된 문헌이다. 그러므로 문서의 모든 내용을 주룽지와 리펑의 개인적 사고라고 단정할 수 없다. 그러나 중앙경제공작회의 보고 발표는 정부공작 보고보다 선행하므로 집단지도체제 간의 서로 다른 의견 또는 거시경제정책상의 차이점과 강조점을 좀 더 분명하게 찾아볼 수 있다.

중앙경제공작회의는 1993년 12월에 시작되었다. 1993년 7월, 당시 국무원 부총리이자 인민은행 총재였던 주룽지는 경제의 과열현상과 통화팽창을 통제하기 위해 더욱 박차를 가한다. 하지만 중국 경제의 과열현상은 계속해서 멈춰지지 않았다. 주룽지는 거시경제조정과 경제 연착륙을 토론하기 위해 중앙경제공작회의를 열었다. 중앙경제공작회의는 1994년을 시작으로 매년 12월 초 중국공산당과 국무원이 공동으로 주관하여 열었다. 중앙경제공작회의의 참가범위는 성(省), 자치구와 시당, 정부부처 책임자, 국무원 각 부문 주임, 국유기업의 주요 책임자, 인민해방군 등을 포함하는 매우 광범위한 형태였다. 회의에 참여하는 인원은 일반적으로 300명 전후였으며, 중앙과 지방의 당정 간부, 군, 무장경찰 등 주요 부문은 모두 거시경제정책 관련 토론에 참여했다. 중앙경제공작회의는 통상적으로 4일간 진행되는데, 회의 첫날은 당총서기와 국무원 총리가 먼저 보고한다. 일반적으로 당총서기는 보고에서 국내외 경제상황 분석과 판단을 제출하고 다음해 경제운영 이념 및 주요 경제목표를 제시한다. 국무원 총리는 정부대표 신분으로 다음해 경제의 주요 목표와 프로그램, 주요 정책의 동향 및 구체적인 정책 처리 방법을 제시한다. 둘째날에는 조별로 나누어 회의를 진행하는데, 첫째 날 당총서기와 국무원 총리가 발표한 보고에 대해 토론한다. 중요한 것으로 지방정부 간부는 각지의 경제상황에 대한 의견을 제출하고 경제 쇠락의 대안에 대한 자신의 의견을 개진한다는 점이다. 의견을 조정하여 수정된 문서도 이러한 과정을 동시에 거친다. 마지막 날에는 전날 토론한 내용에 기초하여 국무원 총리의 종합의견을 포함한 뒤 다음해 거시경제정책의 원칙과 방향을 결정한다.

〈표 5-8〉 중앙경제공작회의의 주요 내용표(1994~1999)

중앙경제공작회의 주요 내용	
1994년 11월 28일~12월 1일 장쩌민, 리펑, 주룽지 주요 연설문	1. 통화팽창 억제, 시장물가 안정 2. 농업투자유입 증가 3. 국유기업 중심의 심화 경제체제 개혁 4. 일부 단위의 맹목적 개인수입 증가와 사회집단의 소비경향을 극복하고 빈부지역의 대중, 저수입자와 기업노동자 생활의 어려움에 대한 관심 5. 대외개방을 한 단계 더 확대 6. 거시경제정책 조정 강화 및 개선
1995년 12월 5~7일 장쩌민, 리펑, 주룽지 주요 연설문	1. 지속적인 농촌개혁 심화, 농업발전의 새로운 기제 촉진 2. 국유기업 개혁 착수 3. 통화팽창 억제 4. 대외개방수준 향상, 국제협력과 경쟁에 적극 참여
1996년 12월 9~11일 장쩌민, 리펑, 주룽지 주요 연설문	1. 농업기초지위의 지속적 강화, 농업의 지속적 안정성장 촉진 2. 국유기업 개혁과 발전 가속화, 기업경제수익의 대량 제고 3. "큰, 전체, 작고 완전한" 및 낮은 수준의 중복 구조 문제를 점진적으로 해결 4. 거시경제 환경을 지속적으로 유지하고 경제질서를 표준화하고 수정 5. 새로운 사회주의 시장경제질서 확립을 적극적으로 장려 6. 외부 세계에 개방하는 새로운 상황에 적응하고 대외무역 및 외국인 투자 수준을 개선하기 위해 노력 7. 도시 및 농촌 거주자의 물질 및 문화 생활을 지속적으로 개선하고 조정된 경제 및 사회 개발 촉진
1997년 12월 9~11일 장쩌민, 리펑, 주룽지 주요 연설문	1. 농업 현황을 강화하고 농촌 경제를 종합적으로 발전 2. 국유기업의 운영 개선 3. 경제구조를 적극적으로 조정하고 최적화하여 국가경제의 전반적인 품질과 효율성을 향상시킴 4. 거시경제 규제 및 통제, 유리한 거시경제 환경 강화 및 개선 5. 개방을 더욱 확대하고 개방 수준을 지속적으로 개선 6. 도시와 농촌 지역에서 대중의 생활을 효과적으로 마련하고 사회적 안정 유지
1998년 12월 7~9일 장쩌민, 주룽지 주요 연설문	1. 농업 안정화 및 강화 2. 국유기업의 개혁 심화 3. 금융 업무에서 안정적인 통화 유지

1999년 11월 15~17일 장쩌민, 주룽지 주요 연설문	1. 통화정책의 역할 2. 과학기술 진보를 가속화하고 기술혁신 능력 향상 3. 국유기업 개혁을 중심으로 경제체제의 개혁 심화

출처: 필자가 연설문에서 발췌하고 정리함

위의 표는 1994년부터 1999년까지 중앙경제공작회의에서 주로 토론한 내용이다.

주룽지의 중앙경제공작 보고의 주요 내용은 리펑의 연설문보다 더 간단하다. 일반적으로 리펑은 거의 모든 경제공작 보고에서 최소 6~7개의 중점을 강조하는데, 주룽지의 중점은 3개를 넘지 않는다. 두 사람이 제기한 단어의 빈도수로만으로는 정책결정자의 시스템 인지 구조를 정확하게 파악하기 어렵다. 단어의 빈도와 연설자의 인지 구조는 완전히 부합하지 않는다. 사실, 시스템 다이내믹스는 이러한 통계내용 분석의 한계에서 탄생했다. 중앙경제공작회의의 주요 내용에 따르면, 리펑은 모든 회의에서 국유기업 개혁을 강조하고 있다. 또한 1994년과 1995년은 대외개방과 국제합작을 강조했다. 인과지도 분석을 통해 국유기업 개혁과 기타 WTO 가입과 관련된 주요 정책 변수 간 리펑의 관계 인식이 부족함을 알 수 있었으며, 정책목표와 수단변수 간의 피드백 루프와 시스템 사고가 없다는 것도 알게 되었다. 그러나 중앙경제공작회의의 주요 내용표에서는 주룽지가 과학과 경제 간의 관계를 어떻게 이해하고 있는지 알 수 있다. 주룽지는 1998년 중앙경제공작회의에서 "적극적으로 과학을 발전시키는 국가전략을 수립하고, 과학기술과 경제 간의 밀접한 결합을 크게 촉진시켜 경제성장에 대한 과학기술의 공헌율을 제고해야 한다"라고 강조했다. 또한 "금융은 기본설비건설과 과학기술 개선을 한 단계 더 지지해야 하며, 시장을 보장하고, 기업생산 유동자금의 필요성에 대해서도 지지해야 한다"라고 말했다. 주룽지가 연설문에서 제기한 '과학기술 발전'이라는 단어의 빈도는 높지 않고 연설문의 주요 내용에서 강조한 정책도 리펑보다 적지만, 그러한 단어의 빈도수만으로 단순히 정책에 대한 이해가 부족하다고 판단할 수는 없다. 어쩌면 그는 중국 전체 거시경제정책에 대한 많은 피드백 루프를 가지고 있어 더 많은 강조변수가 필요하지 않았을 수도 있다. 핵심매개변수와 기타 변수 간에는 모두 상호 밀접한 관계가 있다. 주룽지가 제기한 정책의 주요 내용은 리펑보다 적지만, 인과지도 분석을 통해 그가 거의 모든 거시경제정책의 주요 변수 간의 관계를 충분히 인식하고 있으며, 정책요소 간의 분산과 나열이 필요하지 않았음을 유추해볼 수 있다.

주룽지의 이와 같은 경제사상은 그의 뒤를 이은 원자바오 총리에게 연결된다. 표면적으로만 보면 주룽지는 개혁적인 성향으로 거대하고 많은 일을 처리하는 기질처럼 보이고 원자바오는 안정적이고 세밀한 업무를 진행한 것처럼 보이지만, 두 사람의 전략은 일치하며 두 사람의 목표 역시 중국을 세계 일류 공업강국으로 만드는 것이었다. 원자바오가 주도한 경제정책 이후 중국 경제는 매우 많은 실제적 변화가 일어났다. 첫째, 중국이 가지고 있던 자원의 성향이 변화했다. 자본의 축적에 따라 중국의 요소구조는 노동집약형에서 자본집약형으로 전환되었다. 둘째, 주룽지의 국유기업 개혁이 점진적으로 실행됨에 따라 중국의 재정수입은 2002년 후반기부터 고속 상승했고, 정부는 농민이나 약자들에게 재정수입을 돌려주었으며, 원자바오는 농민세를 폐지하고 사회보장체제를 건립했다. 이것은 주룽지의 수많은 미완성 사업을 이어서 완성한 것이라 볼 수 있다. 셋째, 중국의 공업체제는 점진적으로 개선되어갔다. 원자바오 시대에는 국가 주도의 대형 프로젝트를 진행하여 톈진에 에어버스 조립을 성공시켰는데, 이는 중국이 더 이상 가내수공업 중심에서 만족하지 않고 공업강국으로 발전했음을 보여주는 것이다. 넷째, 중국의 은행 시스템은 이미 초보적인 체계와 내용을 갖추고 있으며, 상대적으로 건강한 금융체제를 가지고 있다.

또한 현대화가 진행되는 과정에서 수많은 패러독스가 발생했으며 정리해야 할 문제가 많았다. 첫째, GDP 규모 문제다. GDP의 질이 매우 중요하지만, 중국은 현재도 여전히 성장하는 단계에 있으므로 GDP의 규모는 질적인 면이 전제가 된다. 둘째, GDP의 귀속 문제다. 오늘날 중국 내의 많은 사람들이 외국 기업에 불만을 가진다. "GDP는 중국 것이나 이윤은 그들이 가져간다"라는 것이다. 사실상 중국이 핵심적인 기술을 장악하기만 하면 이윤획득 문제는 크게 걱정할 필요가 없다. 셋째, 산업구조 문제다. 중국의 서비스업 비중은 선진국에 비해 매우 적지만, 중국의 목표는 공업강국이므로 여전히 제조업 중심이 될 수밖에 없다. 당연히 상하이(上海), 선전(深圳) 같은 현대 서비스업 발전도시를 배제시킬 수 없다. 넷째, 인민폐 국제화 문제다. 많은 경제학자들이 인민폐 국제화를 실현 불가능하다고 보는데, 이는 인민폐 국제화가 화폐주조세를 걷는 것보다 더 엄청난 크기의 국제화 화폐의 원가부담을 가져오기 때문이다. 따라서 인민폐 국제화는 당장 실현하기는 어려울 것으로 보인다. 당시 중국의 주요 목표는 덩샤오핑이 말한 "세 가지 유익성 여부"[20] 외에도 "균부(均富)"와 "사회 공평정의"가 있었다.

많은 경우, 균부와 공평정의는 상호 혼합되어 있다. 예를 들어 부패가

20) 사회주의 국가의 생산력 발전에 유익한가, 사회주의 국가의 종합적 국력증강에 유익한가, 국민의 생활수준 향상에 유익한가의 여부. 덩샤오핑(邓小平)이 1992년 남방순찰 때, 사회주의와 자본주의를 판단하는 기본 원칙으로 제시함.

없어도 빈부격차는 커지지만, 부패가 존재할 수밖에 없으므로 대중은 빈부격차의 원인을 부패로 돌린다. 사실상 부패는 일정 정도 이미 중국 경제의 윤활제로 인식되기도 하는데, 그렇다고 해서 반드시 부패가 정의롭다는 것을 의미하지는 않는다. 정부는 입법과 사법, 여론 등 다방면에서 부패 문제를 정리해야 한다. 다시 말해, 주룽지에서 원자바오에 이르는 기간 동안 중국 경제는 이미 시장경제의 기초가 되는 큰 정부를 형성했는데, 이는 서방경제학자들이 요구하는 "정부는 작을수록 좋고, 관리는 적을수록 좋다"라는 인식과 부합되지 않는다. 역사는 이미 이러한 발전의 길을 증명했으며, 이렇게 할 때만 경제는 또 한번의 성장을 하게 될 것이다.

3.
아시아 금융위기에 대한 주룽지의 인과지도 분석

주룽지의 인과지도 분석을 통해 그가 WTO 가입에 대한 중국 국내 정책의 주요 요소를 어떻게 이해하고 있는지, 국유기업에 대해서는 어느 정도의 피드백 사고가 있는지를 확인했다. 이 장의 주요 분석은 주룽지 총리가 WTO 가입의 국외정책 주요 변수인 아시아 금융위기를 어떻게 이해했는지, 동시에 금융위기 상황 시 인민폐 평가절하라는 정책딜레마 상황에 대해 인지하고 있었는지를 확인하고, 인과지도를 통해 정책결정자의 정책딜레마 사고의 가능성을 판단해본다.

이 장은 정책갈등과 정책딜레마의 차이라는 기본 개념에서 출발하여 주룽지의 연설문 분석을 통해 그가 아시아 금융위기를 어떻게 인식했는지를 살펴본다. 연설문 분석방법은 두 가지로 나눌 수 있다. 첫째, 분석의 중점은 지도자 연설문의 주요 내용이다. 둘째, 내용 분석에서 도출된 주요 정책 요소 간의 인과관계를 통해 인과지도를 제작한다. 인과지도를 이용하여 딜레마 사고의 가능성을 판단한다. 시스템 사고의 저명한 학자인 김

〈표 5-9〉 아시아 금융위기에 대한 주룽지의 인과표

주룽지 연설문 실록(제2, 3권) 1997~1998년 아시아 금융위기 중심	
1997년 1월 8일 기업 개혁을 적극적으로 촉진하고, 재취업 프로젝트를 적극적으로 시행	• 국유기업 이익 감소 → 사회 불안(+) • 원자재, 에너지 가격 → 국유기업 이익(-) • 가격 상승 → 국유기업 이익(-) • 기업 배분 → 국유기업 이익(-) • 반복건설 → 국유기업 이익(-) • 잉여 직원 → 국유기업 이익(-) • 외부 세계로의 개방 → 국유기업 이익(+) • 사회보장 시스템 → 잉여 직원(-) • 기업 합병 → 국유기업 이익(+)
1997년 5월 14일 미연방준비위원회 이사회와의 회의	• 농업 생산 → 안정화 가격(+) • 주식시장의 시장 조작 → 미국 주식시장 하락(+) • 국유기업의 주식시장 조작 → 중국 주식시장 상승(+) • 재취업보다 더 많은 근로자 → 중소기업 지분 보유 시스템(+) • 은행 대출 → 불량 부채(+)
1997년 11월 18일 재무 개혁 심화 및 재무 위험 방지	• 농업 정책 → 인플레이션(-) • 세금 개혁 → 재무 위험(-) • 재정 및 통화정책 적당히 강화 → 재무 위험(-) • 국유은행의 부실 자산 → 재무 위험(+) • 주식 선물시장 위반 → 재무 위험(+) • 정치와 은행의 미분리 → 재무 위험(+) • 정부와 기업의 미분리 → 재정 위험(+) • 과열된 부동산 개발 → 다수의 미수행 자산 → 재무 위험 은행 시스템 개혁 → 국유기업 개혁(+) • 상점 매점 → 투자 혜택(-) • 투자 혜택 → 국유기업 이익(+) • 중복건설 → 투자 혜택(-)
1997년 12월 11일 중앙경제작업회의에서의 결론	• 대량외채 → 금융위기(+) • 대량외채 → 동산투자(+) • 부동산투자 → 시장(-) • 비교우위산업 → 금융위기(-) • 거시경제조정 → 금융위기(-) • 중앙은행관리제도 → 동남아 금융위기(-) • 대량 외국채권 → 한국, 태국 금융위기(+) • 불량대출 → 금융감독제도(-)

	• 외환축적 → 금융위기(-) • 중복건설 → 상품시장(-) • 중복건설 → 국유기업(-) • 능력차등 없는 대우 → 국유기업(-) • 감원 → 국유기업(+) • 전면적 주식제 → 국유기업(-)
1997년 12월 12일 아시아 금융위기의 교훈을 진지하게 배움	• 중국 경제능력 → 금융위기(-) • 자본시장 개방 → 금융위기(+) • 중장기 외채 → 금융위기(+) • 투기역량 → 금융위기(+) • 인민폐 평가절하 → 홍콩화폐와 달러의 환율제도(-) • 동남아국가 화폐의 평가절하 → 중국 상품 경쟁력(-) • 거품경제 → 금융위기(+) • 대량 단기외채 → 금융위기(+) • 지방소비 → 금융위기(+) • 중앙은행 부패 → 금융위기(+) • 지방정부 간섭 → 중앙은행 부패(+) • 외환축적 → 금융위기(-) • 외환축적 → 홍콩위기(-) • 불법대출 → 금융위기(+) • 중복건설 → 금융위기(+)
1998년 6월 26일 루빈 미국 재무장관과의 만남	• 은행 개혁 → 중국 경제성장(+) • 개혁 → 안정금융(+) • 1992년, 1993년 부동산 과열 → 회수불능부채[악성부채](+) • 일본에 대한 미국의 영향력 → 엔화 안정화(+) • 엔화 안정화 → 동남아시아, 홍콩의 타격(-) • 홍콩화폐와 달러의 환율제도 → 홍콩 타격(-)
1998년 10월 20일 현재 경제 상황에 대한 몇 가지 질문	• 동남아국가 평가절하 → 중국 타격(-) • 인민폐 평가절하 → 동남아, 미국, 일본 수출(+) • 인민폐 평가절하 → 중국 경제(-) • 인민폐 평가절하 → 홍콩 경제(-) • 인민폐 평가절하 → 금융위기(+) • 인민폐 평가절하 → 수출(+) • 국내시장 → 중국 경제(+) • 외환축적 → 중국 경제(+) • 석유 민영화 → 석유값 하락(+) • 석유 민영화 → 석유기업 부실화(+)

	• 아시아 금융위기 → 중국 경제(-) • 공업발전 → 중국 경제(+) • 확장성 재정투자 → 중국 경제 → 세입(+) • 국가 기초설비 → 중국 경제발전(+) • 공공도로, 철도, 환경, 도시건설 등 거시경제조정 → 물가안정(+) • 양식문제 해결 → 물가안정(+) • 공업중복건설 → 개혁개방(-) • 사유화 → 개혁개방(-) • 사유화 양식기업 → 농촌 개혁(-)

동환은 정책결정자의 딜레마 사고를 판단할 수 있는 지표를 만들었다.[21] 정책딜레마 지표의 장점은 연설문의 내용 분석을 통해 정책결정자가 딜레마 사고를 하고 있는지 여부를 확인할 수 있을 뿐 아니라 인과지도 분석을 통해 정책결정자 본인이 인식하지 못하는 정책 결정 딜레마 상황도 판단할 수 있다는 것이다. 정책딜레마 연구는 이종범을 중심으로 하나의 정책이론체계를 갖추었으며, 이러한 이론을 통해 형식주의와 비일관성 정책현상을 설명할 수 있었다.[22] 이 장에서는 정책결정자의 연설문 내용 분석에 대한 현존방법의 한계를 넘어 인과지도 비교분석을 통해 인과지도 분석방법과 정책딜레마 연구 간의 연계성을 추론해본다. 1997년 아시아 금융위기에 대한 주룽지의 인과지도를 만들기 위해 본 연구는 1997년부터 1998년까지 주룽지가 아시아 금융위기 및 경제정책과 관련하여 발표한 연설문을 수집했다. 주룽지가 국무원 총리로 재직할 때의 거시경제정책에 대한 연설문은 매우 많아서 위의 인과관계표는 1997년 아시아 금융위기와 관련한 연설문 중에서 주요 인과관계 부분을 선택적으로 추출했

21) 김동환, 『김대중 대통령의 시스템 사고』, 선학사, 2004, 93쪽.

22) 소영진 · 이영철 · 윤견수 외, 『딜레마와 제도의 설계』, 나남, 2009.

다. 주요 참고문헌은 『주룽지 연설문 실록』 2권과 3권이다.

1) 아시아 금융위기의 인과관계 인지

1997년 태국에서 시작된 아시아 금융위기는 1998년 한국, 일본 등 많은 아시아 국가들에 연쇄적인 영향을 미쳤다. 또한 1997년은 리펑이 총리를 맡은 마지막 해로, 1998년부터 부총리였던 주룽지는 총리임무를 수행했다. 주룽지가 총리를 맡은 1998년에는 미래에 대한 위기감에 직면할

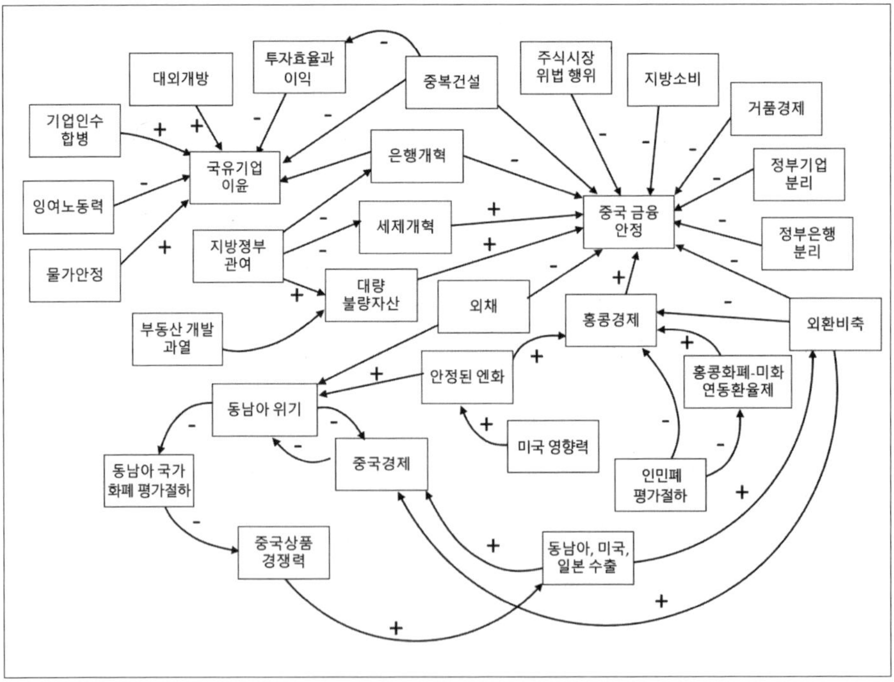

〈그림 5-5〉 주룽지의 1997년 아시아 금융위기 인과지도

수밖에 없었으며, 1998년 3월 25일 국무원 제1차 전체회의를 주최하면서 새로운 정신으로 위기의 시대에 임무를 완성할 것을 당부했다. 그는 "본 정부 임기의 5년은 세기를 뛰어넘는 5년으로, 개혁개방과 경제건설의 수많은 영역에서 공격과 방어를 반복하고 결전해야 하는 시기이며, 사회경제생활에서 수많은 난제들을 해결해야 한다. 우리의 임무는 매우 막중하고 난이도가 높으며, 위험도 높지만 동시에 밝은 미래의 희망이기도 하다. 첫 1년의 관건은 바로 첫 번째 전쟁에서의 필승이다"라고 말했다. 그가 총리를 맡았을 때 중국은 아시아 금융위기의 위험과 영향력을 여전히 강하게 받고 있었으므로 1998년 경제성장 8%, 물가상승 저지 3% 이내, 인민폐 환율의 안정성 보장을 주장했다. 경제체제 개혁역량을 확대하기 위해 진행한 3대 개혁은 국유기업 개혁, 금융체제 개혁, 정부기구 개혁이며, 5개 방면에서의 개혁은 식량유통체제, 투융자체제, 부동산제도, 의료보장과 조세제도 개선 부분이다. 따라서 주룽지의 인과지도에서는 동남아시아 위기에 대한 주요 원인을 찾기 어렵다. 주룽지의 아시아 금융위기에 대한 인과지도상의 주요 특징은 다음과 같다.

제4장 리펑의 인과지도 분석에서 리펑이 인식하고 있던 중국과 동남아 위기의 피드백 루프(상관관계)는 매우 분명하게 드러났다. 하지만 주룽지

〈표 5-10〉 아시아 금융위기에 대한 주룽지 인과지도의 주요 특징

분석대상		주요 특징	내용 함의
아시아 금융위기	1	동남아시아 금융위기와 중국 요인 간에는 직접적인 인과관계 및 피드백 루프가 없음	동남아시아 국가의 금융위기 원인과 중국 경제 간의 직접적 인과관계를 인지하고 있지 않음
	2	인민폐 평가절하에 대해 많은 피드백 루프를 가짐. 인민폐의 평가절하에 대한 정책딜레마가 있음	위안화 평가절하로 인해 발생한 다양한 정책문제에 대해 인지하고 있음

의 인과지도에서는 동남아 금융위기와 중국 요소 간의 직접적인 인과관계와 피드백 루프는 보이지 않는다. 주룽지는 또한 1997년 금융위기 시 미국이 적극적인 역할을 해야 한다고 주장했다. 반대로, 리펑은 1997년 아시아 금융위기 시 중국의 적극적인 역할을 주장했다. 이는 주룽지가 동남아 위기를 하나의 교훈으로 인식했으므로 동남아 금융위기의 주요 원인을 중국으로 보기보다 중국이 어떻게 금융위기를 극복할 수 있을지 그 방안에 더 주목했다고 해석하는 것이 더 바람직할 것이다. 두 사람은 중국의 금융안정을 위해 정책대안을 제시했지만 그 방법은 달랐다. 주룽지는 중국의 금융안정은 중국 정부의 지속적인 외환축적 증가, 해외부채 감소에서 온다고 강조했다. 리펑과 주룽지가 공통으로 강조한 것은 국가가 금융위기를 통제할 수 있다는 자신감이며, 중국의 금융안정은 통제가 가능한 변수라고 인지했다. 인과지도 분석을 통해 정책결정자가 어떤 변수를 통제할 수 있다고 인식하는지, 어떤 변수를 통제할 수 없는 외부변수로 인식하는지 알 수 있다. 정책결정자가 인지하는 통제 가능한 변수는 대량의 정책연구가 필요하고, 통제가 불가능한 변수는 정책결정자의 강력한 영향력이 미치지 못한다. 주룽지의 연설문은 계속해서 국유기업 개혁, 은행 개혁, 세제 개혁 및 지방소비와 중국 금융안정의 상관관계를 강조한다. 주룽지는 연설문에서 여러 차례 지방정부에 대한 불만을 표출했는데, 이는 리펑의 연설문에서는 찾기 어려운 부분이다. 이처럼 인과지도 분석을 통해 주룽지가 아시아 금융위기에 대해, 중국 경제안정 등 수많은 거시경제 요소 간의 복잡한 인과관계, 나아가 피드백 루프 구조를 어떻게 인지하는지 알 수 있다. 거시경제 변수 간에 인지하는 양의 피드백 루프는 주룽지가 리펑보다 중국 경제개혁의 방향에 있어 더욱 적극적인 역할을 담당할 것임을 보여준다.

2) 인민폐 평가절하와 인과관계 인지

주룽지의 인과지도에서 볼 수 있는 매우 중요한 특징은 인민폐 평가절하에 대한 인지인데, 인과지도에서 인민폐 평가절하 정책변수에는 들어오는 화살표가 1개도 나타나지 않고, 단지 나가는 화살표 5개만 보인다. 이는 인민폐 평가절하가 주룽지에게 매우 중요한 수단변수였음을 보여준다. 수단변수는 중국 경제안정, 국유기업 이윤 등 기타 정책목표를 달성하기 위해 생산작용을 하는 주요 정책변수다. 사실, 인민폐 평가절하는 중국 국유기업 개혁과 개편에 이익이 되지 않으며, 국제시장의 자금조달 및 국외시장에서 발행하는 절대다수의 국유기업 주식, 레드칩[23] 및 채권에도 커다란 충격을 가하는 일이었다. 인민폐 평가절하는 인민폐 자산가격이 떨어지므로 수입원자재 및 기기설비 가격이 올라가고, 외국투자자의 수익이 내려가며, 외환 리스크 부담이 증가하여 투자환경을 악화시킬 수 있기 때문이다. 주룽지의 인과지도를 통해 그가 아시아 금융위기에 대응하기 위해 미국, 일본, 홍콩시장, 국유기업 개혁 등 주요 상관변수를 어떻게 이해하고 있는지를 발견할 수 있다.

주룽지는 인민폐 평가절하가 중국의 수출에 청신호를 보낼 것임을 분명하게 인식했지만, 동시에 동남아 경제와 중국 경제의 상관관계, 양의 피드백 루프 또한 인식하고 있었다. 양의 피드백 루프는 주룽지의 피드백 사고를 보여주는데, 이것은 1997년 아시아 금융위기 시 "인민폐 평가절하를 하지 않겠다"라는 중국의 정책에도 영향을 주었다. 주룽지는 분명하게 인민폐 평가절하의 이익과 손실을 알고 있었지만, 정책딜레마 상황에서

23) 홍콩 증시에 상장된 중국 기업들의 주식을 통칭한 것

도 인민폐 안정을 보존하는 방법을 선택한다. 주룽지와 리펑은 1997년 아시아 금융위기 시 중국의 역할에 대한 이해도 달랐다. 주룽지는 아시아 금융위기를 극복하는 방법으로 엔화 안정의 중요성을 강조했다. 엔화를 안정시키기 위해서는 미국의 영향력이 중요하다는 점도 주장했다. 주룽지와 리펑은 미국의 역할인식에서 차이점을 보이는데, 사실 당시 아시아 무역만을 놓고 보면, 중국의 대일 수입제품, 특히 기계설비와 원자재 의존성이 매우 높아서 무역적자는 계속해서 늘어가는 상황이었다. 인민폐의 상대적 강세는 일본의 수입제품가격을 상대적으로 낮추어 중국의 대일 무역격차를 줄일 수 있었다. 반면, 인민폐의 평가절하는 중국의 대외무역 격차를 더욱 불평등하게 하고, 더욱 많은 무역장애를 가져오며, 중국의 대외무역에 손실을 입힐 가능성도 포함하고 있었다.

인민폐 평가절하, 홍콩시장과 중국 경제안정 간의 인과관계 인지는 주룽지 인과지도의 특징이다. 홍콩의 국제금융 중심지위를 보호하기 위해 인민폐를 평가절하할 수 없는 것도 하나의 중요한 요인이었다. 홍콩은 아시아 금융위기로 상당한 압력을 받아 홍콩 화폐환율의 안정을 유지하고 있었다. 경제질서와 장기 경제발전정책을 유지하기 위해 달러와 홍콩달러 환율을 유지하는 것은 당시 정책결정자들의 당연한 결정이자 유일한 선택이었다. 그렇다면 주룽지는 인민폐 평가절하에 대해 어떻게 이해했는가? 구체적인 분석을 위해 본문에서는 주룽지의 인과지도에서 인민폐 평가절하 변수들만 찾아서 위와 같은 인과지도를 다시 제작했다.

인과지도 분석에서 가장 주목할 것은 피드백 루프 여부다. 피드백 루프의 숫자는 정책결정자가 시스템 사고를 하는지 여부를 결정하는 중요한 요소다. 2개의 변수 간 피드백 루프가 양의 피드백 루프를 가지고 있을 때, 정책결정자는 건설적인 정책을 생산하는 것을 지지하게 된다. 그런데

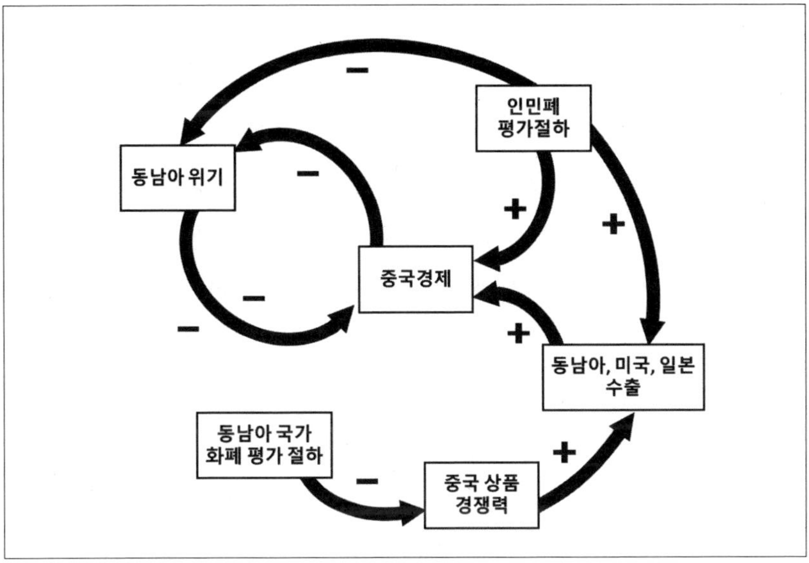

〈그림 5-6〉 주룽지의 인민폐 평가절하에 대한 딜레마 인식과 피드백 루프

양의 피드백 루프는 계속해서 양성 순환구조를 유지하기 위해 투입하지 않을 경우 악성 순환구조로 바뀔 가능성이 많다. 주룽지의 인과지도에서는 많은 피드백 루프가 보이는데, 이는 그가 아시아 금융위기에 대한 피드백 사고를 하고 있음을 분명히 보여준다.

위의 〈그림 5-6〉은 주룽지가 1997년 아시아 금융위기 종합 인과지도에서 인민폐 평가절하와 관련 있는 변수만을 부분적으로 추출한 것이다. 인민폐 평가절하에 대한 주룽지의 견해에서는 많은 피드백 루프를 발견할 수 있다. 인민폐 평가절하는 정책딜레마의 가능성을 가지고 있을 뿐 아니라 인민폐 평가절하와 관련 정책변수의 이해에도 시스템 사고를 가지고 있음을 보여준다. 인과지도에서 인민폐 평가절하 변수는 나가는 화살표만 있는데, 이는 통제 가능한 정책변수(controllable variable)임을 보여준다.

주룽지는 인민폐 평가절하에 대해 두 가지 견해를 가지고 있는데, 동남아 금융위기와 중국 경제 및 수출에 대한 생각에서 정책딜레마를 보이고 있다. 그는 인민폐 평가절하가 동남아 경제에 부작용을 일으킬 것이라고 인식했지만, 중국의 수출량 증가에 도움을 가져올 것이라 생각했으므로 중국 경제에는 긍정적 영향을 주리라고 인식했다. 하지만 그의 인과지도에서 변수 간의 관계를 볼 때, 전체적으로는 음의 피드백 루프인 (-)가 양의 피드백 루프인 (+)보다 많다. 이러한 상황은 전체적인 정책변수 간의 관계를 음의 피드백 루프가 지배하므로 자기균형(self-balancing)과 확산의 억제성향(decistion counteracting)을 보여준다. 음의 피드백 루프는 피드백 루프 내의 증가하는 변수를 직접적으로 감소시켜서 균형을 맞추려고 하는 구조를 가진다. 반대로, 하나의 변수가 감소하는 단계라면 음의 피드백 루프에서는 다른 하나의 변수를 끊임없이 상승시켜 균형을 이루려고 할 것이다. 음의 피드백 루프는 각 변수를 유지하는 성질을 가진다. 주룽지는 인민폐 평가절하에 대한 정책딜레마의 가능성을 보였지만, 결론적으로는 '인민폐 평가절하'라는 결정을 포기했다. 당시 상황은 그의 인지체계에서 음의 피드백 루프였으므로 변화를 억제하고 확산을 방지하며 최종적으로 안정화를 위해 나아갔다고 볼 수 있다.

4.
WTO 가입에 대한 주룽지의 견해

5장은 1993년부터 1999년까지 주룽지의 연설문에서 경제성장과 관련 있는 변수 간의 인과관계를 추출하여 주룽지의 시장경제, 국유기업 개혁 및 아시아 금융위기에 대한 인과지도를 분석했다. 먼저, 리펑의 인과지도 분석 과정과 동일하게 세계은행에서 제작한 국가경제성장 기능인과지도를 사용하여 주룽지의 거시경제에 대한 인식을 비교분석했다. 경제발전과 시장은 밀접한 관계를 가지므로 WTO 가입과 지도자의 시장경제에 대한 인식 또한 떼려야 뗄 수 없는 관계라고 할 수 있다. 그러므로 시장경제에 대한 정책결정자의 서로 다른 의견은 중국 WTO 가입의 정책결정에 일정한 영향을 미칠 수 있을 것이다. 이 문제에 답하기 위해 5장 1절에서 분석한 것은 주룽지의 시장경제에 대한 견해로, 시장경제에 대한 주룽지 인과지도의 주요 특징은 세 가지로 나눌 수 있다.

첫째, 주룽지의 경제성장 기능인과지도에서는 많은 화살표가 보인다. 이는 중국 경제성장에 필요한 경제정책변수 간의 연계성과 상관성에 대한 주룽지의 복잡한 인식을 나타내는 것이다. 세계은행 인과지도와 비교해볼 때 주룽지의 경제성장 기능인과도의 화살표 개수와 연관성은 매우 비슷하다. 이것은 그가 복잡한 거시경제정책 변수 간의 연계성을 풍부하게 인식하고 있음을 보여준다. WTO 가입 과정 자체는 한 국가의 수많은 경제발전 요소와 밀접한 관련을 가진다. 중국의 WTO 가입 과정도 국제통행질서에 근거하여 다자무역규칙을 준수하고, 무역정책과 관리의 투명성도 증진하여 중국의 국제경쟁력 향상에 이바지하며 경제체제 개혁을 추진할 수 있게 하는 기반이었다. 그러므로 주룽지의 경제성장 복잡성 인지는 중국의 WTO 가입에 영향을 주었을 것이라 생각해볼 수 있다.

둘째, 주룽지의 인과지도에서는 수출경쟁이나 국내경쟁과 관련된 화살표가 비교적 많이 나타난다. 중국의 WTO 가입은 국내 생산기구를 정리하고 국내기업의 수출경쟁력을 강화하는 데 도움을 준다. WTO 가입 이후 유입된 충분한 자금, 선진 기술력, 경험의 노하우는 중국 전통의 낙후된 산업을 개조하고 선진국의 산업전환을 이어받아 국외 기업과 제품의 진입장벽을 확대함으로써 민족기업의 위기의식을 고조시켜 끊임없는 높은 생산성과 효율, 국제경쟁력을 강화할 수 있기 때문이다. 주룽지는 이러한 WTO 가입과 관련 있는 변수 간의 복잡한 인과관계를 충분히 인식하고 있다.

셋째, 선택적 관여변수에서 정책목표변수에 도달한 화살표는 단지 1개만 나타난다. 주룽지는 기초설비투자와 선택적 관여정책의 이해 측면에서 리펑과 다르다. 주룽지가 인식하는 거의 모든 정책수단변수와 시장가격 경쟁규칙은 밀접한 관련이 있다. 이것은 그가 시장가격 경쟁규칙이 가져올 경제발전의 영향력을 신뢰하고 있음을 의미한다. 장쩌민 집권시기 경제영역에서 주도적 지위를 가지고 있던 주요 정책결정자, 주룽지의 시장가격 경쟁규칙에 대한 인식은 WTO 가입을 위한 협상 과정에서 적극적인 방향전환에 일정 역할을 담당했으리라 추측해볼 수 있다.

사회주의 시장경제에 대한 주룽지의 인식을 좀 더 정확히 이해하기 위해 본 연구는 리펑의 시장경제에 대한 인과지도에 기초하여 주룽지의 사회주의 시장경제 인과지도를 제작했다. 주룽지의 사회주의 시장경제 인과지도는 사회주의 시장경제에 대한 사고를 반영하지만, 사회주의 시장경제와 직접 관련이 있는 피드백 루프는 존재하지 않았다. 또한 사회주의 시장경제는 정책의 결과일 뿐 어떤 정책의 수단변수로는 인식하지 않았으므로 사회주의 시장경제의 본질을 찾기 어려웠다. 그러나 주룽지의 사회주의 시장경제 인과지도를 통해 다음과 같은 주요 분석 결과를 찾아낼 수 있다.

첫째, 주룽지가 인지한 '사회주의 시장경제'는 국유기업 개혁과 금융 개혁 간의 양의 피드백 루프 안에서 구성된다. 주룽지의 인과지도가 보여주는 사회주의 시장경제의 양대 기둥은 국유기업 개혁과 금융 개혁이며, 이것은 WTO 규범을 수단변수로 하는 정책의 최종목표다. 그러므로 주룽지의 경제정책 인과지도는 모두 중국 WTO 가입의 정책과 구체적인 연결성을 가진다고 해석할 수 있다. 그 밖에 그의 연설문에서 가장 강조되는 부분은 사회주의 시장경제인데, 인과지도에서는 밀접한 연계성을 찾기 어려웠다. 중국 정책결정자들의 사회주의 시장경제 인식 과정에서 공통점이나 이론적 배경이 되는 정책변수는 찾기 어려웠지만, 주룽지의 인과지도를 통해 '사회주의'와 '시장경제'의 결합문제, 개혁의 합법성과 심화된 개혁의지를 확인할 수 있는 인과관계를 발견한 것이 큰 의의가 있다고 하겠다.

둘째, 주룽지의 인과지도에서 국유기업 개혁과 WTO 규범 및 과학기술 발전 간의 인과관계를 발견할 수 있었다. 변수 간의 인과관계는 양의

〈표 5-11〉 주룽지의 인과지도 종합분석

분석내용		주요 분석 결과	WTO 가입에 대한 생각
시장경제	거시경제 정책	• 수출경쟁과 국내경쟁 사이에 많은 화살표가 있음 • 선택적 개입 변수에는 정책목표 변수에 도달하는 화살표가 하나만 있음	• 중국 경제성장의 다양한 요소 사이의 상관관계에 대해 복잡한 이해를 가지고 있음 • WTO 가입은 중국의 국제경쟁력 강화와 경제구조 조정 촉진에 도움이 될 것으로 인식함 • 모든 정책수단변수와 시장가격경쟁 기준은 밀접한 관련이 있음(이것은 시장가격 경쟁 표준에 의해 경제발전에 영향을 미친다고 인식함을 의미)
	사회주의 시장경제	• 주룽지가 인정한 '사회주의 시장경제'는 국유기업 개혁과 금융 시스템 개혁 사이에 양의 피드백 루프로 구성 • 국유기업 개혁과 WTO 벤치마킹, 과학기술 개발 간의 인과관계 인지함	• 양의 피드백 루프의 가장 중요한 기능은 '향상', '변화', '확산'임. 이 피드백 루프는 경제정책 개혁에 대한 자극의 강화를 나타냄 • 국유기업 개혁, 사회주의 시장경제 및 WTO 준테스트 간의 인과성에 대한 인식은 WTO 가입에 대한 낙관적 견해를 보여줌
국유기업 개혁		• 국유기업 개혁의 핵심정책변수 외에도 시장경제와 기술개발이라는 두 가지 정책목표가 있음 • 동시에 이 세 가지 목표변수는 밀접한 관련이 있음 • 기술개발은 중간 변수일 뿐만 아니라 3개의 긍정적 인과관계 피드백 루프를 가지고 있음 • 국제경쟁력, 인재시장 및 산업 개발의 긍정적 인과관계는 과학기술 개발에 대한 주룽지의 시스템 사고 반영 • 국유기업과 재무 개혁 사이에 피드백 루프를 가지고 있음	• 국유기업 개혁, 국제경쟁력 강화, 과학기술 개발 같은 주요 경제 요인에 대해 전체적이고 체계적으로 이해하고 있음 • 그중에서도 과학기술 발전과 세계무역기구(WTO) 가입 사이의 관계를 중요하게 간주함 • 국제시장에서 중국의 기술을 더욱 발전시키고 중국 제품의 경쟁력을 높이기 위해 WTO에 가입하는 것을 불가피하게 봄 • 과학기술 발전은 경제성장의 주요 원동력이며, 다른 정책목표를 달성하는 데 없어서는 안 될 수단으로 인식함

아시아 금융위기	• 동남아시아 금융위기와 관련 중국 요인 간에 직접적인 인과관계와 피드백 루프는 없음 • 인민폐 평가절하에 대한 의견은 많은 피드백 루프가 있음 • 인민폐 평가절하에 대한 정책딜레마가 있음	• 의사결정자들은 동남아시아 국가 금융위기의 원인과 중국 경제 간의 연관성에 대해 잘 모르고 있으며, 시장경제와 금융위기는 WTO 가입 과정을 가속화할 가능성이 높음 • 인민폐 평가절하와 관련된 정책 요소를 포함하고, 거시경제정책의 이해도 체계적으로 하고 있음

피드백 루프 구조를 보이는데, 양의 피드백 루프 구조는 '촉진', '변화 증가', '확산 강화' 같은 특징을 가지므로 주룽지가 경제정책 개혁에 대한 강한 추진력을 가지고 WTO 가입에 적극적인 태도를 보였을 것이라고 짐작해볼 수 있었다. 이와 같은 부분은 리펑의 사회주의 시장경제 인과지도에서는 발견되지 않는 부분이다. 주룽지 인과지도의 주요 분석내용은 위의 종합분석표를 참고하기 바란다.

5장 2절에서는 주룽지의 국유기업 개혁에 대한 인과지도를 분석했다. 장쩌민 집권시기 정부가 직면한 주요 과제는 국유기업 개혁과 WTO 가입 문제였는데, 이 두 가지는 매우 밀접한 관련이 있었다. 국제경제질서의 편입을 의미하는 WTO 가입을 통해 경제발전의 만성적이고 고질적 병폐였던 국유기업을 개혁할 명분을 확보할 수 있었기 때문이다. 그러므로 5장 2절에서는 주룽지의 연설문 중에서 중국 국유기업 개혁과 인과관계를 가지는 수많은 정책변수를 추출하여 인과지도를 만들었다. 국유기업 개혁에 대한 주룽지 인과지도의 주요 특징은 다음과 같다. 첫째, 국유기업 개혁의 핵심정책변수 외에 시장경제와 과학기술 발전이라는 두 가지 정책목표가 존재한다. 또한 이 세 가지 정책목표 간에는 매우 밀접한 인과관계가 있다. 둘째, 과학발전은 그 자체로 목표이자 수단인 매개변수로, 3개의 양의 피드백 루프를 가진다. 국제경쟁력, 인재시장, 공업발전 간의 양의 피드백 루프는 주룽지가 과학기술 발전에 대해 시스템 사고를 하고 있음을 보여준다. 셋째, 주룽지는 국유기업 개혁과 금융 개혁 간에도 피드백 루프를 인식하고 있다. 일반적으로 인과지도에서의 피드백 루프는 정책의 전략적 지렛대(policy leverage) 역할로 인지되는데, 주룽지의 국유기업 개혁 인과지도에서는 많은 피드백 루프가 양의 피드백 루프로 형성되어 있다. 양의 피드백 루프는 변수 간의 상호작용을 유지하기 위해 지속적인 노력이 필요하다. 그렇지 않은 경우 두 가지 변수 간의 상호작용이 선순환으로 유지되기 어렵기 때문이다. 주룽지는 국유기업 인지의 핵심 변수로 국유기업 개혁, 금융 개혁, 시장경제, 과학기술 발전, 공업발전, 인재시장, 국제경쟁력 등 7개 변수를 인지하는데, 이는 주룽지의 인식에서 가장 중요한 정책 전략의 지렛대로 많은 노력을 투입할 정책들이 무엇인지를 보여준다. 그가 인지한 양의 피드백 루프를 가진 주요 정책변수들은 그가 이러한 국유기업 개혁 요소에 대해 전체적이고 구조적 인지를 하고 있음을 보여준다. 그중에서도 과학기술 발전과 WTO 가입 관계는 매우 밀접하다. 만약 중국의 기술이 한 단계 발전하여 국제시장에서 중국 제품의 경쟁력을 향상시킬 수 있다면, WTO 가입은 이를 도울 수 있는 좋은 기회가 될 수 있다. 특히, 주룽지에게 과학기술 발전은 경제발전의 주요 동력이자, 다른 정책목표 달성을 위해 필요한 수단변수다. 더욱 중요한 것은 그 자체로도 이미 매우 중요한 정책의 결과변수라는 것이다. 그러므로 '과학발전'은 주룽지의 경제정책에서 절대로 간과해서는 안 되는 핵심정책의 전략적 지렛대다.

5장 3절에서는 주룽지의 아시아 금융위기에 대한 인과지도 분석을 진행했다. 1997년 태국에서 발생한 금융위기는 WTO 가입을 앞둔 중국의 난제였다. 시장경제의 개방이 가져올 폐단을 주변국의 사례를 통해 미리 확인하는 계기가 되었기 때문이다. 이 과정에서 중국은 아시아 경제의 중요한 책임자로서 인민폐를 평가절하할 것인지 말 것인지를 두고 심각한 고민을 하게 된다. 만약 경제정책 책임자인 국무원 총리가 금융위기를 세계가 극복할 수 있는 체제라고 인식한다면 이것은 아마도 WTO라는 규범의 진입에도 긍정적인 태도를 가질 가능성이 높다고 볼 수 있다. 주룽지의 인과지도에서는 동남아시아 금융위기와 중국 간의 관련 변수 간 인과관계나 피드백 루프는 찾을 수 없었다. 반면, 리펑의 인과지도 분석에서는 매우 분명하게 리펑이 중국과 동남아시아 금융위기 간의 피드백 루프를 인지하고 있는 것을 발견할 수 있었다. 주룽지는 1997년 아시아 금융위기 시 미국이 적극적인 역할을 해야 한다고 생각했지만, 리펑은 1997년 아시아 금융위기에서 중국의 적극적인 역할을 더욱 강하게 인식했음을 알 수 있었다. 이것은 주룽지가 동남아 금융위기를 하나의 교훈으로 인식하고, 동남아 위기의 발생원인보다는 그것을 극복하는 방안에 더 집중하고 있었다는 해석이 가능하다. 동남아 금융위기에 대한 주룽지의 인과관계 인식과 복잡한 양의 피드백 루프는 리펑보다 경제 개혁에 더욱 적극적이었으며, 시장경제와 금융위기를 가속화시킬 수 있는 WTO 가입에도 비교적 긍정적인 태도를 견지했을 가능성이 높다는 것을 보여준다.

주룽지의 인과지도에서 두 번째 특징은 그가 인민폐 평가절하에 대한 딜레마 사고의 가능성을 가지고 있었다는 것이다. 주룽지는 인민폐 평가절하가 중국의 수출에 명백하게 양호한 효과를 가져오리라는 것을 인식하고 있었다. 그와 동시에 동남아 경제와 중국 경제의 상관관계를 양의 피드백 루프로 인식하고 있었다. 양의 피드백 루프가 나타내는 것은 주룽지의 피드백 사고이며, 이는 1997년 아시아 금융위기 시 인민폐 평가절하 정책에 영향을 미쳤다. 주룽지는 인민폐 평가절하의 이익과 손실을 분명하게 인지했지만, 중국 경제에 대한 시스템 사고가 있었으므로 정책딜레마 상황에서 여전히 인민폐를 안정시키는 결정을 했고, 결과적으로 중국 경제발전을 지속적으로 추진할 수 있었다. 국무원 총리의 인민폐 평가절하에 대한 딜레마 사고 여부는 거시경제정책에 대한 전체적인 구조인지를 보여준다. 종합적으로, 주룽지 인과지도의 피드백 루프는 그가 시장가격 경쟁중심의 시장경제를 신뢰했고, 국유기업 개혁과 WTO 가입 규칙 간의 복잡성 관계를 인지했으며, 아시아 금융위기에 대해 시스템적 이해를 하고 있었음을 보여준다. 이와 같은 주룽지의 인식체계는 지속적인 WTO 가입정책에 적극적이고 긍정적인 영향을 가져왔을 것이라고 볼 수 있다.

Ⅵ

종합분석 및 결론

1. 두 총리가 인식한 WTO 가입 견해에 대한 종합분석
2. 두 총리의 시스템 사고가 중국 WTO 가입에 미친 영향
3. 중국 외교정책 결정 연구와 시스템 사고
4. 시스템 사고 연구의 한계와 발전방향

1.
두 총리가 인식한 WTO 가입 견해에 대한 종합분석

이 장은 앞의 두 장에서 진행한 인과지도 분석에 근거하여 두 총리가 인식한 WTO 가입에 대한 견해를 종합적으로 분석한다. 나아가 인과지도 분석 결과가 중국의 대외경제정책에 미치는 함의를 도출해보고자 한다. 4장과 5장에서 리펑과 주룽지 총리의 인과지도 분석을 통해 다음과 같은 종합결과표를 만들어낼 수 있다.

〈표 6-1〉 리펑과 주룽지의 인과지도 종합분석표

	리펑	주룽지
시장경제 인과지도 특징	• 거시경제안정과 가격왜곡 간의 피드백 루프 구조 존재 • 정책변수 간 주요 인과관계는 선택적 관여 정책변수 위주로 구성 • 사회주의 시장경제와 직접 관련 있는 경제정책변수 간의 피드백 루프는 없음	• 선택적 관여 정책변수 중 정책목표변수에 도달하는 화살표 숫자는 단 1개이며, 수출경쟁과 국내경쟁 간에는 밀접한 인과관계를 보임 • 주룽지가 인식하는 '사회주의 시장경제'는 국유기업 개혁과 금융체제 개혁 간의 양의 피드백 루프 안에서 구성됨 • 기술발전변수는 들어오고 나가는 화살표가 가장 많은 매개변수이므로 주룽지 경제정책의 핵심변수로 인지됨
주요 함의	• WTO 가입 이후 무역시장 확대가 가져올 가격왜곡의 불안정성 인지 가능성 존재 • 경제성장모델의 주요 변수들은 국내 경쟁준칙을 중심으로 생산성 초과에 집중되어 있음. 시장에 대한 정부의 적극적인 관여 중심의 경제정책을 중시함	• 주룽지는 중국 경제성장의 각 요소 간 상관성에 대해 복잡성 인지구조를 보이며, 비교적 시장 중심의 경쟁준칙을 중시함 • 시장경제에 대한 주룽지의 견해는 WTO 가입이 중국의 국제경쟁력과 과학기술 발전에 도움을 준다고 인식함
국유기업 개혁 인과지도 특징	• 국유기업 개혁과 경제 관련 정책변수 간에는 피드백 루프 없음	• 국유기업 개혁과 WTO 규범, 과학기술 발전 사이에는 인과관계가 존재함 • 과학기술 발전은 매개변수일 뿐 아니라 동시에 3개의 양의 피드백 루프 구조를 보임. 국유기업 개혁과 금융개혁 간에도 피드백 루프가 존재함
주요 함의	• WTO 가입 이후, 국제무역시장의 확대가 가져올 과학기술 발전, 국외 시장경쟁력의 증가, 외국투자 기회 확대 등 WTO와 직접 연관된 경제요소의 상관관계 인지가 부족함. 이것은 국유기업과 WTO 간에 종합적 시스템 사고가 비교적 부족함을 나타냄	• 주룽지는 과학기술 발전과 WTO 가입 간의 관계를 밀접하게 인지하고 있음. 한 단계 발전된 중국 과학기술과 국제시장에서 중국 제품의 경쟁력 향상을 위해 WTO 가입은 중국 경제성장의 동력이자, 다른 정책목표 달성을 위해서도 없어서는 안 될 수단변수로 인식

아시아 금융위기 인과지도 특징	• 동남아국가 화폐의 평가절하와 중국 경제 간의 복잡성 피드백 루프 인지 • 인민폐 평가절하에 대한 딜레마 사고 가능성은 낮음	• 동남아 금융위기와 중국 간에 직접적인 인과관계와 피드백 루프는 보이지 않음 • 아시아 금융위기에 대한 많은 피드백 루프 보임 • 인민폐 평가절하에 대한 딜레마 사고 가능성 존재
주요 함의	• 동남아국가의 금융위기 상황이 중국 경제에 가져올 영향을 명확하게 인지하고, 국내 기업경쟁을 경제발전의 중요한 준칙으로 간주하는 개발도상국의 정책결정자는 시장경제 개방에 대해 비교적 신중한 태도를 견지할 가능성이 높음	• 정책결정자가 동남아국가의 금융위기 원인과 중국 경제 간의 연관성에 대한 인지를 하지 못하고, 시장 중심의 경쟁준칙을 경제성장 주요 원칙으로 간주하는 경우, 시장개방에 대해 비교적 낙관적 태도를 보일 가능성이 높음. 인민폐 평가절하에 대한 딜레마 사고는 거시경제정책에 대한 종합적 이해역량을 보여줌
중국 WTO 가입 과정의 함의	• 리펑의 국내경쟁력 강화 중심의 경제성장, 국유기업 개혁 및 아시아 금융위기에 대한 인식은 국내경쟁력이 일정 수준에 도달하지 않은 상태에서의 시장개방에 대해 비교적 신중한 태도를 견지할 가능성이 높음을 보여줌	• 주룽지의 시장가격경쟁 중심의 경제성장 인식, 국유기업 개혁과 아시아 금융위기에 대한 시스템 사고는 시장기능에 대한 신뢰도가 높고, WTO 중심의 세계시장경제 질서를 비교적 쉽게 받아들일 가능성이 높음을 보여줌

1) 시장경제에 대한 인식

장쩌민 집권 10년간의 시기는 중국이 전통 계획경제에서 온전한 형태의 시장경제로 전환되는 시기였다. 1990년대 초, 중국은 경제과열 문제에 직면해야 했고, 1990년대 말에는 아시아 금융위기에 대응해야 했다.

이 과정에서 시대는 영웅을 필요로 했으며, 당시 경제정책을 책임진 리펑과 주룽지 두 총리는 "불을 꺼야 하는 소방관"의 임무를 순조롭게 처리하여 경제체제 전환 과정의 내외적 도전을 막아내야 할 중대한 사명이 있었다. 경제체제 전환 과정은 매우 어렵고 복잡했으며, 생각만큼 쉽지 않은 여정이었다. 이 과정에서 각종 모순이 다시 한번 적나라한 모습을 드러냈고 이익집단 간의 충돌도 끊임없이 나타났으므로 경제정책 총책임자의 시장경제에 대한 시스템 사고는 이 과정에서 중요한 영향력을 발휘할 수밖에 없었다.

리펑과 주룽지의 거시경제정책 인과지도를 통해 주룽지와 리펑이 정부의 시장개입 정도를 어떻게 인지하고 있는지 분명히 알 수 있었다. 이러한 차이를 통해 직간접적으로 정책결정자가 거시경제정책에 대해 어떤 인과성 사고를 가지고 정책을 실행했는지를 알 수 있었다. 국무원 총리의 거시경제정책에 대한 인식은 한 국가의 거시경제정책 조류를 이해하는 중요한 요소다. 이를 통해 정책결정자가 정부와 시장에 대해 어떻게 인식하고 있는지 알 수 있기 때문이다. 정부의 시장개입 최소화를 주장하는 정책결정자와 정부의 시장개입을 긍정적으로 인식하는 정책결정자의 정책결정은 같을 수 없다. 만약 정책결정자가 정부의 시장에 대한 역할 인식이 같지 않음에도 같은 정책을 도출했다면 정책의 집행 과정에서 그 차이가 드러날 것이라고 추론해볼 수 있다. 중국이 WTO 가입 정책 결정 과정에서 경제성장을 위해 경쟁을 시장의 중심에 둘 것인가, 시장을 경제의 중심에 둘 것인가 하는 문제는 정부의 시장에 대한 개입 정도와 밀접한 관련이 있다. 첫째, 개발도상국의 정책결정자가 국내기업경쟁을 경제성장의 중요한 원칙으로 여긴다면 시장개방에 대해 비교적 신중한 태도를 견지할 것이다. 반대로, 시장 중심의 경쟁준칙을 경제성장의 동력으로 보는 경우는 세계시장경제의 경쟁력을 향상시키기 위해 적극적으로 WTO 가입을 지지하게 될 것이다. 둘째, 정부의 시장에 대한 개입을 최소화해야 한다고 인식하면 시장의 자율가격경쟁원칙이 생산력과 경제발전에 도움을 줄 것이라고 신뢰할 것이다. 이런 상황에서는 정부의 시장에 대한 신뢰가 강하므로 WTO 중심의 세계시장경제질서를 쉽게 받아들일 가능성이 높다.

필자는 거시경제 각도에서 리펑과 주룽지의 인과지도를 제작했고, 인과지도에서 두 총리의 경제기능에 대한 서로 다른 인식을 찾을 수 있었다. 리펑의 시장경제에 대한 인식의 주요 특징은 첫째, 거시경제안정과 가격왜곡 간에 피드백 루프가 존재한다. 둘째, 정책변수 간의 주요 인과관계는 선택적 관여정책을 중심으로 구성되어 있다. 셋째, 사회주의 시장경제와 직접적으로 관련 있는 경제정책변수 간에는 피드백 루프가 존재하지 않는다. 그뿐만 아니라 리펑의 경제발전모델의 주요 변수는 국내경쟁 중심의 생산력 발전에 편중되어 있다. 따라서 그는 비교적 정부의 적극적 관여가 중심이 되는 경제정책을 중시함을 알 수 있었다.

반면, 주룽지의 인과지도는 다음과 같은 세 가지 특징으로 정리할 수 있다. 첫째, 선택적 관여변수 중에 정책목표에 도달하는 화살표는 단 하나뿐이지만, 수출경쟁과 국내경쟁 간에는 밀접한 인과관계를 보인다. 둘째, 주룽지가 인식하는 '사회주의 시장경제'는 국유기업 개혁과 금융 개혁 간의 양의 피드백 루프 안에서 구성된다. 셋째, 주룽지가 인식하는 과학기술발전은 들어가고 나가는 화살표 개수가 가장 많은 매개변수로 주룽지 정책의 핵심변수다. 이것은 주룽지가 중국 경제성장의 각 요소 간의 상관성에 대해 복잡성 인지 구조를 가지고 있으며, 시장 중심의 경쟁준칙을 비교적 중시함을 보여준다. 시장경제에 대한 그의 인식은 WTO에 가입하는 것이 중국의 국제경쟁력을 향상시키고 과학기술을 발전시키는 데 도움을 준다는 견해로 이어진다. 주룽지는 정책 선택에서 시장가격경쟁과 기초설비투자가 중심이 될 것이며, 반대로 리펑은 정부의 시장에 대한 관여정책에 더욱 적극적일 가능성이 높다. 장쩌민 집권시기 경제정책 방면에서 리펑과 주룽지는 보수파와 개혁파를 대표하며 서로 다른 의견을 보여왔다. 그러므로 리펑과 주룽지의 거시경제에 대한 서로 다른 정책방향은 중미 간 WTO 협상이라는 대외정책 과정에 영향을 주었을 것이다.

2) 국유기업 개혁에 대한 인지

중국의 WTO 문제는 일반적으로 당시 중국 국유기업 개혁의 절박함으로 설명할 수 있다. 중국 정부는 1990년대 이후 WTO 가입에 속도를 내기 시작하는데, 이 과정에서 점진적으로 국유기업에 대한 고강도 구조조정에는 반드시 사회 반대세력에 대한 강력한 대응이 필요함을 인식한다. 중국은 WTO 가입방식을 통해 대외개방을 실행하고 반대세력에 압력을 가하며 국내 산업구조 개선에 속도를 낸다. 지속 가능한 경제발전은 대량의 투자를 필요로 하고, 자금부족 문제를 해결하기 위해 중국은 WTO 가입을 위해 노력함과 동시에 해외선진기술을 흡수하기 위한 노력도 계속 병행한다.

국유기업 개혁에 대한 리펑의 인과지도에서는 국유기업 개혁과 관련된 경제정책변수 간의 피드백 루프가 보이지 않는다. 그는 WTO 가입 이후 국제무역시장이 확대되면서 파생될 수 있는 과학기술 발전, 국외시장 경쟁력 강화, 외국의 투자확대 등 WTO 가입과 직접 관련이 있는 경제요소들에 대한 상관관계 인지가 부족한 것으로 보인다. 이것은 리펑이 국유기업 개혁과 WTO 가입 간의 총체적인 시스템 사고가 비교적 적음을 보여준다. 반면, 주룽지의 인과지도상의 가장 큰 특징은 국유기업과 관련된 매우 많은 피드백 루프와 매개변수를 가지고 있다는 것이다. 그는 국유기업 개혁과 WTO 규범 및 과학기술 발전 간의 인과관계를 분명하게 인지하고 있다. 과학기술 발전은 매개변수일 뿐 아니라 3개의 양의 피드백 루프를 가지고 있다. 국유기업 개혁과 금융 개혁 간에도 동일한 피드백 루프를 가지고 있으므로 주룽지는 과학기술 발전과 WTO 가입 간의 관계를 매우 밀접하게 인지하고 있다고 할 수 있다. 주룽지에게 중국의 기술력 진보와 중국 제품의 국제시장 경쟁력 향상을 가능하게 하는 WTO 가입은 정책목표 달성을 위해 없어서는 안 될 정책의 수단변수였다. 주룽지의 인과지도에서 피드백 루프를 보이는 주요 변수는 다음과 같다. 피드백 루프를 보이는 부분은 정책전략의 지렛대(policy leverage)로, 주룽지의 국유기업 개혁 인과지도에는 매우 많은 피드백 루프와 인과관계를 찾을 수 있다. 주룽지의 국유기업 개혁 인과지도에서 피드백 루프만 보면, 주룽지는 국유기업 개혁에 대해 시스템 사고를 하고 있다고 볼 수 있다.

당시 국내 산업 구조조정을 위해 중국이 도입한 정책은 외부의 힘을 필요로 했다. 국유기업의 구조조정 문제와 관련 산업부문 및 지방정부 간에는 이해관계와 정치적 이데올로기, 안정된 취업 등의 문제가 존재했으므로 구조조정은 점점 더 난항을 겪을 수밖에 없었다. 중국 정부는 WTO 가입을 통해 해외자본과 국제적 규범을 도입하고, 국내 기업구조 개혁의 반대세력을 약화시켜 강력한 국유기업 추진동력을 얻을 수 있었다. 이런 과정에서 당시 국무원 총리였던 주룽지는 매우 중요한 역할을 담당했다. 주룽지는 지속적인 국내경제 발전을 위해 반드시 WTO 가입이 필요함을 역설했다. 그는 중국의 WTO 가입은 위기가 아니라 개혁을 완성할 수 있는 매우 좋은 기회라고 생각했다(정주연, 2008).

주룽지의 국유기업 인과지도 분석을 통해 그가 풍부한 피드백 사고를 하고 있음을 알 수 있었다. 피드백 루프는 주룽지가 피드백 사고에 기초한 전략적 사고에 익숙한 정책결정자임을 보여준다. 사실 주룽지의 국유은행 개혁은 당시 많은 경제학자들의 반대에 직면했으며, 국유은행 자체의 회복능력도 매우 낮은 단계였다. 그러나 10년도 되지 않아 주룽지는 정책결정의 정확성을 증명했다. 총리는 경제학자가 가진 '현미경' 시각뿐 아니라 장기적 안목의 '망원경' 시각을 가져야 한다. 주룽지가 당시 WTO 가입을 추진할 때 많은 매체는 미국에 너무 많은 양보를 하고 있으며, 일부 매체에서는 현대판 '리훙장'이라며 비난했다. 모든 상황을 지나온 지금의 관점에서 보면, 당시 WTO 가입에 대한 주룽지의 적극적 협상추진은 중국 경제발전의 원동력이자, 정확히 세계 경제를 예측한 판단이었다. 오늘날에도 주룽지의 국유기업 개혁에 대한 쟁론과 평가는 다양하다. 하지만 부정할 수 없는 한 가지는 "만약 당시 주룽지가 국유기업 문제에 대해 칼을 들지 않았다면 중국 경제는 현재 이만큼 성공적으로 발전하기 어려웠을 것"이라는 사실이다. 이러한 일련의 평가들은 주룽지의 시스템 사고를 뒷받침하는 후대의 평가들이며, 주룽지가 수많은 경제요소에 대해 단선적 사고가 아닌 동태적 사고를 하고 있었음을 보여주는 중요한 내용이라고 하겠다.

3) 아시아 금융위기에 대한 인식

장쩌민 집권시기, 1997년 금융위기에 대한 두 총리의 인식 차이는 인과지도상에서도 분명하게 반영된다. 아시아 금융위기에 대한 리펑의 인과지도에서는 두 가지 특징을 보인다. 첫째, 동남아국가 화폐의 평가절하와 중국 경제 간의 복잡한 피드백 루프다. 둘째, 인민폐 평가절하에 대한 딜레마 사고 가능성이 비교적 적다는 점이다. 이러한 결과는 리펑이 동남아국가의 금융위기가 중국 경제에 가져올 영향을 명확하게 인식하고 있었음을 보여준다. 이러한 견해는 정책결정자가 시장 대외개방에서도 비교적 신중한 태도를 취할 것이라 추론할 수 있는 근거가 된다. 하지만 주룽지의 아시아 금융위기에 대한 인과지도에서는 동남아 금융위기와 중국 간의 직접적인 인과관계 또는 피드백 루프가 전혀 보이지 않는다.

리펑의 인과지도와 비교했을 때, 주룽지 인과지도가 가지는 세 가지 특징은 다음과 같다. 첫째, 주룽지는 인민폐 평가절하가 동남아 위기에 미칠 영향에 대한 인식이 분명했던 것으로 보인다. 둘째, 주룽지는 인민폐 평가절하에 대한 딜레마 사고의 가능성을 가지고 있다. 인민폐 평가절하에 대한 딜레마 사고는 거시경제정책에 대해 종합적인 시스템 이해 능력을 가지고 있음을 의미한다. 셋째, 아시아 금융위기 극복을 위한 방안으로 주룽지는 일본과 미국의 작용을 명확하게 인지하고 있다. 주룽지와 리펑 사이의 이 세 가지 인식 차이는 1998년 중국과 미국 간에 WTO 가입을 위한 협상 태도의 변화를 설명하는 중요한 근거가 될 수 있다. 그 밖에 주룽지가 아시아 금융위기에서 미국과 일본의 작용을 인식하고 있는 부분은 리펑의 인과지도에서는 보이지 않는 부분이다. 이것은 주룽지가 매우 분명하게 중국이 미래에 대응해야 할 세계 무역시장에 대한 인식을 가지고 있었음을 보여주는 부분이다.

1997년 아시아 금융위기가 발생한 후 주룽지는 재차 강력한 정책수단을 통해 전 세계에 자신의 경제정책에 대한 통제능력을 보여주었다. 당시 동남아국가의 화폐는 거의 붕괴된 상태였는데, 여기서 주룽지는 전 세계를 향해 인민폐 평가절하를 하지 않을 것임을 약속했다. 이 약속은 중국의 저력을 보여주는 것으로, 중국은 당시 자본흐름이 유동적이지 않았고, 외자비축이 충분한 상태임을 의미하는 것이었다. 위기 시 경쟁성 평가절하는 각 국가에서 자주 사용하는 수법이지만, 주룽지는 인민폐 평가절하를 채택하지 않고 오히려 인민폐를 통해 안정된 아시아 경제질서를 확립하고자 했다. 주룽지는 위기시점에서 재정팽창정책을 채택하여 국제경제학계에서는 그를 '케인스주의자'라 했다. 또한 국채를 대규모로 발행하여 기초 인프라 건설에 투자했는데, 이를 두고 일부에서는 '적자총리'라 비아냥거리기도 했다. 이에 대해 주룽지는 "나는 적자총리가 아니다. 나는 내 아들과 손자세대를 위해 우량자산을 남겨주려고 할 뿐이다"라고 응수했다. 오늘날 중국 각지의 고속도로는 인도 총리를 포함한 대부분의 개발도상국이 부러워하는 교통 인프라시설 구축을 보여주고 있다.

2.
두 총리의 시스템 사고가 중국 WTO 가입에 미친 영향

장쩌민 집권시기의 정치적 맥락은 이전과 달랐다. 1989년 톈안먼사태를 겪으면서 형성된 장쩌민 체제의 정책 결정 상황은 1992년 덩샤오핑의 남순강화 전후로 변화가 시작되었다. 중국은 내부 정치상황 외에도 '세계화'라는 큰 흐름에 직면해야 했다. 이 시기에 중국 지도부는 WTO 가입을 결정하고, 미국과의 협상을 진행한다. 2001년 중국이 WTO 가입 협상에 성공할 때까지는 15년이라는 긴 시간이 필요했다. 이 시기에 미국 대통령은 클린턴으로, 당시 중미관계는 미국의 베오그라드 중국대사관 오폭사건으로 긴장관계가 정점으로 치닫고 있던 시점이었다. 그러나 중국은 WTO 가입을 위한 미국과의 협상을 성공적으로 이끌어냈다. 협상 성공의 원인은 여러 가지가 있을 수 있다. 특히, 미국 클린턴 정부의 동아시아 정책이 중국에 대한 완화정책으로 전환된 것은 중요한 원인이라 볼 수 있을 것이다. 그러나 본문에서 그보다 더욱 주목한 것은 중국 정책결정자의 경제발전 목표에 대한 사고체계였다. 그런데 정책결정자의 사고는 결코 그 당시의 정치적 맥락과 무관하지 않다. 장쩌민 집권시기 정책 결정의 맥락은 다음 세 가지를 포괄한다.

첫째, 중국사회의 변동이다. 장쩌민 집권시기, 중국 경제는 연평균 10%의 고속 성장을 하고 있었고, 대외무역 의존도도 계속해서 증가하고 있었다. 인민의 생활수준도 급속도로 높아지는 동시에 중국사회에는 양극화와 사회질서의 불안정 문제가 발생했다. 따라서 중국 지도부는 경제발전과 사회문제라는 두 가지 정책문제를 동시에 대응하면서 해결해야 하는 상황이었다.

둘째, 중국 지도부가 반드시 해결해야 하는 국내 정책문제 중 가장 큰 것은 국유기업 개혁과 금융 개혁 문제였다. 중국은 내부 개혁을 추진하는 동시에 외부 금융위기에도 대처해야 했으므로 급속도로 변화하는 국제경제환경에서 어떻게 국내정책 개혁을 진행해야 하는지 중국 지도부에게는 절박한 문제였다. 따라서 중국의 WTO 가입은 국내 국유기업 개혁의 동력이 될 수 있었다.

셋째, 중국 지도부는 자본주의 시장경제와 사회주의 시장경제의 인식문제를 해결할 필요가 있었다. 집단지도체제, 특히 책임분담을 특징으로 하는 경제정책 총책임자인 총리의 시장경제에 대한 인식은 정책문제에 대한 서로 다른 대응방식을 보일 수밖에 없었다.

이러한 정책맥락에 대한 이해를 바탕으로 본 연구는 장쩌민 집권시기 중국 정부의 WTO 가입을 위한 미국과의 협상을 사례로 정책결정자의 사고체계를 분석했다. 중미관계가 상대적으로 원만했던 1990년대 초, 국무원 총리이자 대외경제정책의 총책임자 신분으로 미국과의 협상을 추진하던 리펑은 WTO 협상에 실패했는데, 중미관계가 악화된 1990년대 후반기 주룽지 총리는 협상에 성공했다. 그렇다면 두 정책결정자의 사고체계는 미국과의 WTO 협상에 어떤 작용을 했는가? 대외경제정책의 총책임자는 핵심 경제요소에 대해 시스템 사고를 하고 있었는가?

본 연구는 위와 같은 질문을 제기하고, 중국 정부의 정책 결정에 대한 블랙박스를 찾기 위해 새로운 연구방법인 시스템 사고를 제안했다. 또한 두 총리의 인과지도 분석을 통해 중국 정책결정자의 시스템 사고 여부를 확인했다. 중국의 WTO 가입 사례는 정책결정자의 시스템 사고가 중미 양국의 장기간 협상 과정에서 어떻게 작용했는지를 분명하게 보여준다. 이전에는 중미 간의 관계가 긴장상태였던 주룽지 집권시기에 WTO 가입협상이 최종적으로 어떻게 성공했는지를 설명하기가 어려웠다. 본문에서는 정책결정자의 시스템 사고, 또는 시스템 사고의 작용이 그 원인 중의 하나였을 것으로 해석한다. 과거 연구에서도 지도자의 정책언어를 내용적으로 분석하여 정책결정자의 생각의 차이를 발견하려는 노력은 계속 있었으나 이 방법은 본질적인 한계가 있어 사고의 차이를 분명히 찾아내기가 매우 어려웠다. 본 연구는 두 총리의 사상체계 분석을 통해 중국 외교정책 결정 과정에 미친 영향을 찾고자 했다. 실증분석을 위해 장쩌민 집권 10년간의 중국 WTO 가입 과정을 사례로, 아래 3개 방면에서 당시 경제정책 총책임자인 리펑과 주룽지의 사상체계를 분석했다.

첫째, 두 총리의 정부와 시장에 대한 역할 인지다. 본문에서는 경제발전기능모델의 인지지도를 통해 장쩌민 집권시기 대표적인 보수파와 개혁파였던 리펑과 주룽지 총리의 정책 갈등 및 시장에서의 정부 역할을 어떻게 인지했는지를 살펴보고자 했다. 이 분석의 가장 큰 의의는 주룽지와 리펑의 개혁 정도에 대한 실증분석이 가능하다는 것이다. 필자는 거시경제 시각에서 출발하여 국가경제발전의 기능인과지도를 제작하고, 제작된 인과지도와 두 총리의 인과지도를 비교했다. 주룽지의 기초설비 투자정책은 선택적 관여정책에 우선한다. 리펑의 인과지도와 비교할 때, 주룽지는 시장 주도의 경쟁준칙을 더욱 중시하는 것으로 보인다. 이것은 주룽지가 시장가격경쟁준칙이 국내기업경쟁보다 경제발전에 더 많은 영향을 미칠 것으로 보고 있음을 알 수 있다. 따라서 주룽지와 리펑의 거시경제정책 인과지도 비교분석은 주룽지가 시장가격경쟁을 중심으로 기초설비투자에 주목할 것이며, 이 같은 그의 사고체계는 중국의 WTO 가입 과정에도 적극적인 역할을 했을 것이라 생각해볼 수 있다.

둘째, 장쩌민 집권시기 중국 정부가 직면한 가장 큰 문제였던 국유기업 개혁에 대한 두 총리의 사상체계다. 본 연구는 국유기업 개혁의 인과관계 분석을 진행하면서 그들의 시스템 사고를 연구했다. 인과지도 분석에서는 매우 분명하게 두 총리가 국유기업 개혁에 대해 다른 견해를 나타내고 있음을 보여주었다. 주룽지와 리펑의 인과지도를 비교하면 첫째, 주룽지는 국유기업 개혁에 대한 시스템 사고를 보이는데, 그의 인과지도에는 3개의 양의 피드백 루프가 있다. 반면, 리펑의 인과지도에서는 피드백 루프가 하나도 보이지 않는다. 둘째, 과학기술 발전은 주룽지 인과지도에서 핵심변수다. 과학기술 발전 변수를 중심으로 수많은 화살표가 들어가고 나가는 모습을 볼 때, 주룽지는 리펑보다 중국이 대응해야 할 미래 시장에 대해 더욱 복잡한 구조를 인지하고 있던 것으로 보인다. 셋째, 주룽지의 인과지도에 등장하는 시장과 경제는 매우 다양하다. 국민경제, 정보시장, 사회주의 시장경제, 인재시장, 기술시장, 시장경제 등 총 여섯 가지인데, 그중 가장 많은 화살표가 들어오는 목표변수는 시장경제다.

셋째, 장쩌민 집권시기 아시아 금융위기에 대응하는 두 총리의 대처방안과 사고체계다. 1997년 아시아 금융위기를 처리하는 방법에 대한 주룽지와 리펑의 인과지도 분석에서 볼 수 있듯이 두 총리는 1997년 아시아 금융위기에 대해서도 서로 다른 견해를 보인다. 주룽지와 리펑의 인과지도를 비교하면 첫째, 주룽지는 인민폐 평가절하가 동남아 금융위기에 가져올 영향을 분명히 인식하고 있다. 둘째, 주룽지는 아시아 금융위기를 극복하기 위한 방안으로 일본과 미국의 역할을 분명히 인식하고 있다.

주룽지와 리펑의 서로 다른 관점은 1998년 중국과 미국의 WTO 가입협상의 태도변화를 설명할 수 있는 하나의 이유가 된다. 인과지도 분석을 통해 주룽지가 인민폐 평가절하에 직면하여 이미 정책딜레마(policy dilemma) 상태에 직면했으며, 이는 주룽지가 리펑보다 거시경제정책에 대해 깊게 이해하고 있었음을 보여준다. 그뿐만 아니라 주룽지는 아시아 금융위기 시 미국과 일본의 작용을 분명하게 인지하고 있지만, 리펑의 인과지도에서는 이러한 부분이 발견되지 않는다. 이는 주룽지가 리펑에 비해 중국이 미래 세계무역시장에 대응해야 한다는 점을 더욱 분명하게 인식하고 있는 부분이라고 볼 수 있다.

위와 같은 리펑과 주룽지의 인과지도 분석을 통해 본문에서는 아래와 같은 종합적 결론을 도출했다. 주룽지와 리펑은 시장경제발전에 대한 국가 개입 정도에 대해 서로 다르게 인식하고 있다. 그뿐만 아니라 주룽지는 WTO 가입 후에 얻을 수 있는 과학기술 진보가 중국 경제발전에 매우 중요한 요소임을 인지하는 시스템 사고를 보인다. 리펑은 국내경쟁력 강화 위주의 경제성장, 국유기업과 금융위기에 대한 인식에서 국내경쟁력이 일정한 수준에 도달하기 전에 시장을 개방하는 데는 비교적 신중한 태도를 견지했을 것임을 추론해볼 수 있었다. 반면, 주룽지의 시장가격경쟁 중심의 경제성장과 국유기업 개혁, 아시아 금융위기에 대한 시스템 사고는 그가 시장기능에 대한 신뢰도가 매우 강하며, WTO 중심의 세계시장 질서를 받아들이기도 상대적으로 쉬웠을 것임을 보여준다. 따라서 장쩌민 집권시기 경제영역의 주요 정책결정자인 주룽지의 시스템 사고는 특정 정책사항과 협상 과정에서 영향을 미쳤을 것이라 추론해볼 수 있다. 중미관계가 불안정한 상황에서 중미 양국이 협상에 성공한 원인 중의 하나는 경제방면에서 주룽지의 시스템 사고 때문이라고 보여진다. 이는 중미 협상 과정에서 중요한 작용을 했을 것이며, 협상 태도를 적극적으로 전환하게 한 하나의 원인일 수 있다.

3.
중국 외교정책 결정 연구와 시스템 사고

본문에서는 정책결정자(대외경제정책 총책임자인 리펑과 주룽지)의 WTO 가입에 대한 견해(시장경제, 국유기업, 아시아 금융위기에 대한 시스템 사고 여부)를 중국이 WTO에 가입한 중요한 원인 중의 하나로 보았다. 3, 4, 5장 분석에서는 정책결정자의 합리성을 알아보기 위해 '시스템 사고'라는 개념을 도입하여 인과지도를 통해 주룽지와 리펑의 시장경제, 국유기업 개혁 및 아시아 금융위기에 대해 시스템 사고를 하는지 여부를 분석했다. 경제정책은 정책의 효과를 기준으로 정책결정자의 합리성을 판단할 수 있다. 일반적으로 경제정책상의 변수는 매우 분명하고 명확한 논리관계를 가지므로 변수간의 인과관계와 피드백 루프 또한 비교적 쉽게 찾을 수 있다. 본문에서는 피드백 루프를 통해 정책결정자의 시스템 사고 여부를 확인하고자 했다.

두 정책결정자인 리펑과 주룽지의 인과지도 분석을 통해 본문에서는 정책결정자 주룽지의 '시스템 사고'가 중국 경제정책의 방향에 일정 부분 영향을 미쳤음을 확인할 수 있었다. "시스템 사고를 가진 정책결정자"의 대외정책은 총체적이고 거시적 전략사고의 특징을 가진다. 그렇다면,

정책결정자의 사고체계인 시스템 사고는 중국 대외경제정책의 총괄적 전략에 어떤 함의를 가지는가?

개혁개방 이래로 중국은 2개의 중대한 외부 위기를 맞이했다. 첫째는 1997년 동남아 금융위기였는데, 당시 동남아국가가 채택한 고정환율제는 자본흐름의 개방을 초래하여 이들 국가의 고정환율을 붕괴시켰다. 당시 중국도 고정환율제와 자본계정관리제를 실행하여 비교적 그 피해가 크지 않았다고는 하지만, 이는 개혁의 효과와 함께 주룽지의 경제정책에 대한 통제가 아무런 역할을 하지 않았다고 볼 수는 없을 것이다. 두 번째는 2009년의 미국 금융위기였는데, 중국은 자본계정관리제로 인해 상업은행에서 많은 자본이 미국으로 유입되지 않아서 금융에 심각한 피해를 입지는 않았다. 국제화된 중국은행이 2007년 15%의 이윤을 얻고, 기타 은행까지 합치면 2007년 이윤이 30% 이상 증가한 것이다. 이것은 덩샤오핑이 제정한 점진적 개혁전략과 주룽지의 시장화라는 경로 선택이 위기 극복에 큰 공을 세웠다고 보아야 할 것이다. 주룽지가 동남아 금융위기에 대응한 전략은 원자바오 때까지 이어져 재정팽창정책을 통해 내부 요구를 자극하고 위축된 외부 요구를 보충하는 방식이 계속되었다. 재정의 주요 투입방향은 기초 인프라 구축뿐 아니라 국내 소비요구를 자극하고 사회보장제도를 확충하는 방향이다.

덩샤오핑과 주룽지가 주창한 '해외무역부국' 전략은 이미 성공했다. 오늘날의 중국은 해외무역부국 전략은 이미 더 이상 사용되지 않아도 좋을 시점에 이르렀다고 할 만큼 '내수부국'을 필요로 하게 되었다. 내수부국은 중국이 해외무역을 포기한다거나 해외무역 규모를 축소하는 것이 아니라 내수시장의 교역 규모도 해외교역 규모와 비례해서 증가해야 함을 의미한다. 만약 주룽지의 개혁이 '부국'의 실현이라면 중국 경제에서 정책결정자의 임무는 부국의 기초하에 '부민'을 만드는 것이다. 중국이 점진적으로 후기 공업화 단계에 진입함에 따라 정부 주도의 투자는 점진적으로 감소하고 재정자금의 많은 부분이 사회보장을 위해 사용되고 있다. 중국은 '부국'이든 '부민'이든 시장경제의 기초에서 큰 정부를 유지하고 큰 재정구조 골격을 유지할 것이다. 이러한 큰 규모의 재정구조가 몇십 년 안에 쉽게 변할 수 있는 것은 아니므로 중국 경제는 당분간 주룽지의 영향권 안에서 급작스러운 변화를 배제한 채 정책을 실행해갈 것이라 예상해 볼 수 있다. 우리는 중국 대외경제정책에서 '시스템 사고를 가진 정책결정자'의 전체적이고 종합적 전략의 특징을 발견할 수 있다. 다시 말해, 중국 대외경제정책의 종합적 전략 특징은 정책결정자의 사고체계와도 관련이 있다.

중국 대외경제정책의 전략적 특징은 '경제요소'라는 단일 변량에만 국한되어 있지 않다. 모든 국가는 각자 추구하는 전략적 목표가 있다. 하지만 중국의 FTA전략을 보면 여타 국가와는 매우 다른 특징을 보인다. 중국의 FTA는 양국의 교역비용 감소와 경제개방 영역 확대뿐만 아니라 비경제요소도 고려하는 듯 보인다. 예를 들어 아세안과의 FTA에서 중국은 동아시아 통합의 주도권을, 칠레, 호주, 노르웨이, 아일랜드, 뉴질랜드 등의 국가와의 FTA에서는 에너지, 자원, 음식의 수요를, 파키스탄, 코스타리카와의 FTA에서는 국가안전문제에 대한 고려를, 홍콩, 마카오, 싱가포르, 대만과의 FTA에서는 실질적으로 화교의 정치문화 방면의 영향력 확대를 고려한 측면이 있다. 중국 FTA협상의 형식은 협력국의 특징에 따라 조정되며, 이는 중국 대외경제정책의 전략적 특징과 상관이 있다. 일부 협상 과정은 경제이익에만 국한된 것이 아니라 종합적 전략목적을 고려하여 진행된다.

둘째, 중국이 대외정책을 제정할 때는 경제체제 안전을 중요한 고려요소로 둔다. 예를 들어 중국은 에너지자원 안전문제를 중시하는데, 이는 국민경제와 직결되는 중요한 문제이기 때문이다. 대규모 경제개방은 원자재와 에너지자원 확대를 요구했고, 중국은 해외투자수입자원을 통해 국내시장의 수요 · 공급과 균형을 맞추고자 했다. 중국이 장기간 높은 수준의 외환보유고를 축적한 것도 안전을 위한 환율정책의 안정성 때문이었다. 순수한 경제학적 입장에서 보더라도 국제수지의 여유분과 과도한 외환 보유고 축적을 모두 달성시키기는 매우 어렵다고 본다.

우선 화폐 불태화 정책(sterilization policy)[1)]을 통해 지속적으로 외환을 구매하는 과정은 통화팽창의 압력을 가중시킨다. 외환 매입은 이윤비용의 지출도 가중시킨다. 그럼에도 중국의 외환 축적은 2년의 수입액을 초과하고 계속해서 확대되었다. 주목할 것은 중국의 외환 축적과 수입액을 비교했을 때 아시아 외환위기 이후인 2000년부터 증가하기 시작했다는 것이다. 이것은 중국의 환율정책이 단순히 경제의 수단으로만 작용하는 것이 아니라 경제체제의 장기적 안정을 유지하기 위해 전략적이고 총체적으로 운용된다는 것을 보여준다.

둘째, 중국의 대외원조에서 대외경제정책의 전략적 특성을 찾아낼 수 있다. 한국경제개발연구소(KIEP, 2010)에 따르면 중국 대외원조 동기의 특수성은 중국의 소프트파워 확대에 있다고 한다. 중국 대외원조의 동기는 대국형 경제의 지속적인 경제성장의 필요성(자원획득)과 체제전환 국가의 특수성(지속적인 개혁 필요와 발전도상국의 특수성, 선진국과의 잠재적 모순 예방 차원), 그

1) 해외 부문으로부터 외자유입이 늘어 국내통화량이 증가하고 물가상승이 일어날 경우 이를 상쇄하기 위해 취해지는 정책을 말한다. 구체적으로는 중앙은행이 통화안정증권 같은 통화채를 발행해 시중의 돈을 환수한다든지, 재할금리를 인상한다든지, 지급준비율을 올린다는지 하는 정책을 말한다.

리고 장기적인 정치외교성 주도권 추구(소프트파워 확대, 주도적 지역통합) 등이 있다. 이상의 세 가지는 중국이 확대하고자 하는 전략적 동기에서 찾아볼 수 있다. 본 연구가 주목한 것은 중국 대외경제정책의 전략적 특징의 배후에는 단순한 경제적 이익이라는 논리(경제상의 합리성)뿐 아니라 정책 결정 심층에 중국 정책결정자의 시스템 사고가 있다는 점이다.

1) 중국 현능정치 하의 정책 결정

중국의 굴기는 세계가 주목한 현상으로 그 원인은 여러 가지로 다양하고 복잡하지만, 한 가지 부정할 수 없는 것은 정책결정자의 역할이다. 중국 지도자는 복잡한 국내외 환경에 직면하여 대담하고 확실한 의지를 가지고 정책 결정에 임했고, 최종적으로 경제성장이라는 기본 목표를 달성할 수 있었다. 경제성장과 사회문제 모두를 해결해야 하는 모순된 상황의 사회주의 시장경제 수립이라는 정책목표 아래 중국 지도부는 지속적으로 개혁개방정책을 추진하고, WTO에 가입했으며, 경제 세계화를 성공적으로 달성했다. 일부 학자들은 중국 경제발전의 원인 분석에서 미국의 '비토크라시(vetocracy)'와 중국의 현능정치(meritocracy)를 비교하며 정책 결정 과정에서 정책결정자의 역할을 설명한다. 프랜시스 후쿠야마(Francis Fukuyama)는 『정치질서와 정치쇠퇴(Political Order and Political Decay)』라는 책에서 미국의 정치체계인 민주주의는 쇠퇴하여 이미 '비토크라시'로 변질되었다고 말한다. 많은 사람이 미국의 사법과 행정 간의 견제와 감독 기능을 우월하다고 평가하는데, 이 체제의 양호함을 유지하기 위해서는 반드시 정치적 적수에 대한 기본 신임이 필요하며 상호 타협에 대한 이해가 선행되어야 한다. 만약 신뢰정신이 상실된다면, 헌정민주제가 단지 반대를 위한 반대체제로서의 '부결제(vetocracy)'가 될 것이다. 과도한 정책 결정 참여는 이익집단과 여론계 및 수많은 국가 기구 등의 과도한 부결권 사용을 허용하여 정책 결정의 효율을 저하시키고 국가권력의 약화를 가져올 수 있다. 미국의 민주주의는 기본적으로 견제와 균형 원칙을 통해 운영되며, 독재정치의 위험을 방지할 수 있다. 분권적 견제와 균형은 상대적으로 국가권력의 성질을 독립적으로 만들어 서로 다른 국가기관들의 상호 견제를 가능하게 하므로 서양에서는 그 기원이 유구하다. 하지만 현재 미국은 이러한 분권적 견제와 균형원칙의 부작용이 점차 증가하고 있다. 경제위기시 의회는 끝없는 투쟁을 진행하며 예산안을 통과시키지 않고, 미국 정부는 결국 '셧다운(shut down)'이라는 최후의 수단을 사용할 수밖에 없다. 프랜시스 후쿠야마는 현재 미국 정부는 어떻게 하면 더 효율적으로 국가를 운영할지에 대해 고민하는 것이 아니라 상호 통제하고 부결하는 행위에만 몰두해 있다며 강도 높게 비판했다.

한편, 중국 정치는 미국의 비토크라시와는 서로 다른 관점에서 '현능정치'라고 불린다. 중국은 1997년 아시아 금융위기의 영향을 거의 받지 않은 국가로, "중국 체제 내에 2008년 미국 금융위기에 대응 가능한 적절한 시스템이 이미 존재하는 것이 아닌가?"라는 인식에서 '베이징 컨센서스'가 비교적 큰 작용을 한 것으로 보인다. 국내외 학자들은 '베이징 컨센서스'와 '워싱턴 컨센서스' 간의 차이를 중국 부흥의 구조적 원인으로 설명하기도 한다. '중국 특색의 사회주의'라는 기치 아래 중국은 마오쩌둥사상과 덩샤오핑 이론, 장쩌민의 삼개대표론 이론에 기초하여 '사회주의'라는 기본 구조 안에서 개혁개방정책을 실행해왔다. 물론 정책집행 과정에서 예상 밖에 수많은 일이 발생했지만, 중국 정부는 계속해서 베이징 컨센서스의 기본체제 모형을 유지해왔다. 중국은 워싱턴 컨센서스와 다른 중국만의 독특한 정부 운영방식을 가지는데, 공산당 주도의 정치행정방식과 중공중앙정치국 상무위원회의 집단지도체제가 대표적인 예다. 그중에서도 중국의 '현능정치'는 중국 정책결정자의 역할 측면에서 중요한 특징을 가진다. 장영락의 견해에 따르면, 현능정치는 중국공산당의 인재운용방식으로 도덕적 품성(현)을 가지고 있으면서 업무능력(능)을 갖춘 인재를 선발하는 중국만의 정치시스템이라 말한다. 중국식 현능정치는 미국과 달리 이익집단과 여론의 개입을 크게 고려하지 않는데, 중국식 '민주'라고 불릴 수 있다. 그렇다면, 정책 결정에서 중국 정책결정자의 '현능함'은 어떻게 판단할 수 있으며, 어떻게 연구되어야 하는가?

2) 중국 정책결정자의 시스템 사고

중국 정책결정자의 '현능함'은 일반적으로 정책 결정 연구에서 '합리성'이라는 개념으로 설명한다. 합리성(rationality)은 정책 결정 연구에서 매우 보편적인 개념으로, 정책 결정 과정에서 정책결정자의 주체적 작용을 강조한다. 합리성에 대한 다른 이해는 서로 다른 정치연구학파를 탄생시켰다. 허버트 사이먼(Herbert A. Simon)은 정책결정 과정에서 문제의 배경, 가치선호, 이해의 맥락(context)과 범위(range), 시간, 기술, 지원 및 정책 결정의 결과 등의 측면에서 발생하는 현실적 한계를 제시하며, '제한적 합리성(bounded rationality)'이라는 개념을 제시했다. 제한적 합리성이라는 개념은 행태주의(behaviorism)의 탄생을 촉진했으며, 특히 방법론 측면에서 행태주의는 자연과학의 실증방법을 강조하고 양적 분석을 통해 경험적 수치에 기초하여 정치과학을 완성할 수 있다고 생각했다. 하지만 행태주의자들은 행위를 완전한 피동으로 보고 행위의 주동성과 동태성(dynamics)이라는 특징을 간과했는데, 이러한 측면에서 행태주의 역시 한쪽으로만 편중된 견해라는 의견이 대두했다.

행태주의에 대한 비판적 사고에서 '시스템 다이내믹스(system dynamics)'라는 학문이 탄생했다. 행태주의와는 다르게 시스템 다이내믹스에서의 합리성이란 정책 결정에 절대적 지위를 가지지 않는다. 시스템 다이내믹스 학자들은 합리성이란 절대적일 수 없으며, 합리성의 가정 또한 중요한 의미를 지닐 수 없다고 지적한다. 따라서 정책 연구에서는 합리성의 절대적 지위가 중요한 것이 아니라 합리성과 관련 있는 변수를 연구하는 것이 더 의미 있다고 본다. 정보, 시간, 비용 등 정책 결정에 영향을 주는 수많은 다양한 변수가 정책결정자의 결정에 영향을 주기 때문이다. 시스템 다이내믹스 학자들은 합리성의 절대성을 강조하기보다는 시스템의 구조를 더욱 강조하는데, 시스템 다이내믹스 학자들의 핵심개념은 바로 '시스템 사고'다.

본문은 정책결정자의 합리성에서 한 단계 더 나아간 개념인 '시스템 사고'라는 각도에서 중국 외교정책 결정 과정에서 정책결정자 개인의 인지요소를 확인하고자 했다. 이 연구의 중요한 의의는 중국 외교정책 결정 연구의 영역을 한 단계 더 확대시켰다는 데 있다. 과거 시스템 사고와 인과지도 분석방법이 미국 정책 결정 연구에서 응용된 사례가 있으나 본문에서는 중국 정책 결정 연구에도 그 범위를 확장시켰다는 데 연구의 의의가 있다.

4.
시스템 사고 연구의 한계와 발전방향

1) 내용 분석의 한계

이 책은 '시스템 사고' 실증방법을 사용하여 중국 외교정책 결정을 연구하고 지도자의 사상체계가 정책 결정 과정에서 어떤 영향을 미치는지를 확인하고자 했으나 전체적인 구조에서 여전히 많은 한계를 가진다. 수많은 복잡한 인지 과정들은 분명하지 못한 부분이 있으며, 관점의 기술에서도 불완전한 부분이 많다. 중국 지도자, 특히 국무원 총리였던 리펑과 주룽지의 국내외 사상체계 연구가 부족하여 이 방면의 기존 연구논문 분석이 매우 부족하다. 또한 중국의 사회주의 초급단계와 관련한 지도자들의 인지행태 분석기술이 미흡한 점도 이 책이 가지는 한계다. 장쩌민 집권 10년간 중국 정부는 사회주의 시장경제 체제를 위해 많은 비용과 시간을 투입했고, 수많은 경제정책 수단을 사용했다. 이 책에서는 그중에서도 WTO 가입과 관련된 요소들만 분석대상으로 했으므로 경제정책과 관련된 모든 요소를 포괄하여 분석할 수 없었다. 이 책은 일정 정도상 한계가 있지만, 행태주의 연구의 한계를 극복하고 합리성에서 한 단계 더 나아간 '시스템 사고'라는 개념에 입각하여 분석했다는 점에서는 학술상의 공헌을 했다고 본다.

2) 정책언어 분석의 신뢰성

일부 학자들은 중국 관료체계 중에서 총리의 발언이 그들 개인의 가치와 선호를 보여주는 것은 아니라고 말한다. 특히 공개적인 장소에서의 발언 중 거의 대부분은 집단지도체제에서 결정된 내용에 대한 반복일 뿐이라는 것이다. 필자도 이 의견에 일정 부분 깊이 동의한다. 이 문제를 나름 최소화하기 위해 공개장소에서의 연설문 외에 본문에서는 정책결정자의 일기나 기자와의 문답 등 다방면의 자료를 보충하고자 했다. 리펑의 경우 공개장소의 연설문 외에도 중국 경제에 관한 일기 형식의 매우 많은 저술이 있다. 1984년부터 2006년까지 리펑의 거시경제정책 보고, 연설문, 문장, 기자들과의 대담 같은 관련 원고는 총 270편, 약 120만 자에 해당하는 분량이다. 그중에는 이미 공개적으로 발표한 문장도 포함된다. 그 밖에 2003년에는 1983년부터 2003년까지의 기록인 『시장과 조정: 리펑 경제일기』라는 책이 출판되었다. 이 책에서 리펑은 국무원과 전국인민상임위원회의 업무를 담당했던 20년간의 일기를 중심축으로 자신의 거시경제정책에 관한 견해를 피력하고 있다. 리펑은 11차 3중전회 이후 국무원 부서장, 부총리, 총리로 있으면서 주관 경제업무를 담당했고, 전국인민상임위원회 위원장이던 5년간 상임위 경제입법 및 감독 담당 업무 외에도 중앙집단지도체제의 구성원으로 경제업무의 중요한 정책 결정에 참여했다. 따라서 리펑은 11차 3중전회 이래로 중국의 개혁개방과 경제발전의 전 과정에 참여한 경험이 있으므로 거시경제에 대한 수많은 연설문과 경제 일기는 그의 경제업무에 대한 사고와 경험을 이해할 수 있는 비교적 신뢰성 있는 자료라고 할 수 있다.

주룽지의 연설문이나 정책언어 분석도 나름의 충분한 신뢰성을 가진다. 『주룽지 연설문 실록』의 원고는 기본적으로 녹취 자료를 바탕으로 문자기록과 자필로 교정한 편집본을 포함하여 구성되었다. 주로 주룽지가 국무원 부총리를 역임한 시점인 1991년 4월부터 1998년 3월까지, 국무원 총리를 역임한 시점인 1998년 3월부터 2003년 3월까지의 주요 연설문, 담화, 문장, 서신, 공문 등 348편으로 구성되어 있다. 이 내용들은 모두 주룽지 본인이 비준한 이후에 출판된 것이다. 필자는 지도자 언어분석의 신뢰성을 보장하기 위해 주룽지가 총리로 재직한 시점의 기자와의 문답 자료까지 포괄적으로 확인하고 분석했다. 주룽지가 기자들의 질문에 직접 답변한 내용은 다음과 같은 내용을 포함한다. 첫째, 1998년 3월 국무원 총리를 역임한 전후 5회에 걸친 기자와의 공식적인 질의응답을 포함한다. 둘째, 주룽지가 외국 기자들과의 인터뷰에서 답변한 내용과 중국 국내에서 비공개된 내용을 포함한다. 셋째, 주룽지가 발표한 연설문과 질의응답의 전문 내용을 포함한다. 넷째, 주룽지가 출장을 갔을 때 홍콩 기자들과의 인터뷰 전문을 포함한다. 일부에서 정책언어 분석의 신뢰성에 대해 많은 의심을 하고 있지만, 이 책에서 분석한 리펑과 주룽지의 정책언어 분석은 일정 부분 실제 그들의 사고체계를 반영할 수 있으며, 충분한 연구 의의와 가치가 있다고 생각한다.

3) 시스템 사고 연구의 발전방향

2020년 현재, 코로나19는 전 인류를 전염병 공포 속으로 몰아넣고 있다. 그러나 이 같은 공포는 올해 급작스럽게 등장한 사건이 아니다. 10여 년 전에도 조류 인플루엔자와 돼지 인플루엔자 바이러스가 결합된 새로운 H1N1바이러스(신종플루)가 급속도로 확산되었고, 당시 몇몇 논평가는 이 바이러스가 5억 명을 감염시키고 수천만 명의 목숨을 앗아간 1918년 스페인독감 수준의 대유행병이 될 것이라고 경고했다. 당장 이용 가능한 백신이 없던 상태에서 보건당국이 할 수 있는 일은 바이러스의 전파 속도를 가능한 한 늦추는 것이었다. 바이러스의 전파 속도를 늦추기 위해 미국 질병관리본부(CDC)는 의사들에게 신종플루 사례가 발생하면 당국에 즉시 신고해달라고 요청했지만, 결과는 언제나 1~2주 후에나 알 수 있었다. 사람들은 며칠씩 앓고 난 뒤에야 의사를 찾아갔고, 이 정보가 질병관리본부까지 전달되는 데는 시간이 걸렸기 때문이다. 또 보건당국의 입장에서는 이렇게 2주 후에 온 정보를 취합하여 일주일에 한 번 통계를 낼 수밖에 없었다. 그런데 3주는 빠른 속도로 퍼져가는 바이러스를 잡기에 너무도 역부족인 시간이었다. 보건당국은 예방을 위한 골든타임을 이미 놓쳐버렸고 바이러스는 대비도 하기 전에 무서운 속도로 퍼져나갔다.

이제 사람들은 전염성 질병의 속도를 늦추고 이를 해결할 수 있는 방법을 찾기 위해 '데이터'에 집중했다. 2009년 구글(Google)의 엔지니어들이 과학저널 「네이처」에 게재한 논문에서 희망을 보았기 때문이다. 이 논문은 구글이 겨울철 미국에서 독감의 확산을 미리 '예측'할 수 있다고 주장했는데, 그 예측은 단순히 '유행한다, 유행하지 않는다'의 수준을 넘어 특정 주의 어느 지역에서 유행할지까지 매우 '디테일'한 수준까지 가능하다고 강조했다. 이와 같은 자신감은 매일 전 세계에서 구글에 보내는 검색 질문 30억 개 이상의 데이터에 기반하고 있었다. 구글은 2003년과 2008년 사이 계절독감의 확산과 관련해 미국인이 가장 많이 입력한 5천만 개의 검색어와 질병관리본부의 데이터를 비교했다. 사람들이 인터넷에서 검색한 내용을 바탕으로 독감 바이러스에 감염된 사람을 식별할 수 있으리라 생각했다. 구글은 질병관리본부의 2007년, 2008년 실제 독감 환자 기록과 대조했을 때 예측력이 있는 검색어를 찾기 위해 4억 5천만 개라는 어마어마한 수의 수학적 모델을 검토했다. 구글의 검색어는 독감이 어디로 퍼져 가는지를 실시간에 가깝게 알려주었다. 그렇게 해서 2009년 H1N1 위기가 닥치자 시간차가 발생하는 정부의 공식 통계보다 구글의 시스템이 훨씬 더 유용하고 시기적절한 지표라는 사실이 판명됐다. 공중보건담당자들은 이제 소중한 정보로 무장하게 됐다. 놀랍게도 구글의 방법은 샘플 채취용 면봉을 배포할 필요도 없었고, 동네 내과마다 연락할 필요도 없었으며, 오직 '빅데이터'만 있으면 가능했다. 이제 사람들은 다음번 대유행병이 돌 때쯤이면 전 세계가 빅데이터를 활용하여 질병의 확산을 미리 예측하고 예방하게 될 것이라고 믿었다.

그 후 10년, 우리는 전 세계적 전염병인 코로나19를 맞이했다. 전염병은 충분히 예측 가능하며 사전에 예방할 수 있다고 믿었던 희망은 왜 사라졌을까? 빅데이터가 10년 전보다 더 풍부하며 기술이 더 발전했음에도 왜 전염병은 예방되지 못하고 바이러스는 전 세계로 퍼지고 있는가? 결론부터 말하자면, 데이터의 상관성은 현상이나 문제의 '원인'을 근원적으로 찾아내지 못하기 때문이다. 필자는 정보의 질적 이용으로서 '빅데이터'의 가치를 부정하지 않는다. 그러나 빅데이터가 '이유'는 모른 채 '결론'만 알게 되는 단순한 상관성(correlation)에 집중하고 있다는 점을 간과해서는 안

될 것이다. 데이터의 유용성은 새로운 시대의 변화를 가져온다. 다만 그 변화 속에서 현상의 원인에 집중하는 인과성을 간과하고 결론만 말한다면 장기적 통찰을 통한 대비는 어려울 수 있다. 2009년 빅데이터를 통해 새로운 바이러스의 발견으로 모든 전염병을 예측할 수 있으리라 믿었던 순진한 기대가 2020년 코로나19를 통해 무너진 것이 이를 반증한다.

이제 데이터는 단순히 유통기한이 지난 폐기물이 아니다. 데이터는 비즈니스의 원자재로 새로운 형태의 경제적 가치를 창출하고 있으며, 새로운 서비스와 혁신의 원천이다. 우리는 일상에서 데이터가 기반이 된 정보사회의 결실을 매일 경험하고 있다. 사람들은 매일 휴대전화를 들고 다니고, 노트북으로 작업하며, 사무실에서는 모두 대량의 데이터를 보관할 수 있는 보안시스템을 갖추고 있다. 컴퓨터가 모든 사람의 일상에 필수품이 되면서 데이터는 계속해서 축적되고 있으며, 이제 데이터는 질적 데이터의 이용을 고민하는 '빅데이터'의 시대를 마주하고 있다.

21세기는 '빅데이터의 시대'라고 한다. 무수히 쏟아지는 정보의 홍수 속에서 얼마나 적합한 정보를 도출하여 전략의 필요지점에 개입할 것인가는 모든 정책결정자가 고민하는 문제가 아닐 수 없다. 이 책은 빅데이터가 강조하는 상관관계에만 지나치게 집중할 경우, 실질적인 해법과 거리가 먼 정책이 도출될 우려가 있다는 점을 지적하고 빅데이터 시대에 정책결정자의 '시스템 사고'가 가지는 의의를 재조명하고, 이 개념을 중국 외교정책 결정 과정의 연구방법에 적용해보고자 했다.

알리바바그룹의 CEO 마윈 회장은 이렇게 말했다.

> "2030년까지 세계는 계획경제와 시장경제의 효율을 놓고 쟁론을 벌였다. 100년 전인 1930년대의 세계경제는 미국식 자본주의 시장의 승

리를 보았고, 소련식 계획경제의 패배를 보았다. 하지만 2030년에는 계획경제가 더욱 우월한 시대를 맞이하게 될 것이다. 빅데이터 시대에는 계획경제 시대에 통제 가능할 것이라 생각했지만 이루지 못한 온전한 정보와 시장에 대한 데이터 수집이 가능해지기 때문이다. 계획경제에 성공하는 네 가지 관건이 되는 요소는 '전면적이고', '정확하며', '신속하고', '적절한' 정보수집 시스템에 있다. 이 모든 요소가 갖추어진 빅데이터 시대에는 계획경제 시스템이 우수해질 수 있다."

마윈은 빅데이터 시대의 시장에서 소형기업은 전면적 정보자원 획득이 사실상 매우 어려우므로 시장경제의 폐단은 더욱더 속출하게 되고, 오히려 계획경제가 다시 한번 부흥할 수도 있다고 말한다. 중국은 세계 최고의 인구를 보유한 국가이므로 이미 '태생적 빅데이터'의 생산이 담보되어 있다. 여기에 산업화, 도시화 및 네트워크의 증가함에 따라 사람들이 사용하는 '데이터'의 양은 앞으로도 더 늘어날 전망이다. 미국은 전체 인구의 60%인 약 2억 명의 사람들이 문자 메시지를 사용하고 있는데, 메시지를 보내는 경우가 거의 없다. 반면 미국보다 4배 이상의 인구를 가진 중국에서는 6억 5천만 명이 넘는 활동적인 사용자가 텍스트와 음성 메시지를 비슷한 비중으로 사용하고 있다. 이렇게 본다면 텐센트는 구글보다 3배 이상 많은 양의 데이터를 가지고 있으며 서면과 구두 자연어를 직접 이해할 수 있는 응용 프로그램 개발에 결코 뒤지지 않는 조건을 가진 셈이다. 중국의 데이터는 개인정보 활용에 대한 높은 수준의 보안이 없기 때문에 단순히 휴대폰으로 보내는 문자 메시지뿐 아니라 교통, 사진, 진단용 의료 스캔, 자동차 사고 데이터, 은행 입출금, 농지 위성 영상 등 다양한 분야에서 제약 없이 데이터를 활용한 인공지능 응용 프로그램 개발이 가능하다.

중국은 개인 데이터 공유에 대해 거부감이 없는 문화를 가지고 있는데, 이는 향후 빅데이터를 활용한 인공지능 정책에서 여타 선진 유럽국을 능가할 수 있는 잠재력으로 활용될 수 있다. 미국과 유럽은 개인정보 수집을 엄격하게 제한하고 개인의 데이터 공유자를 엄격하게 처벌한다. 예를 들어, 미국에서는 개인의 의료정보가 개인 소유이며, 허가 없이 고용주, 보험회사, 심지어 가족과도 공유할 수 없다. 미국 정부는 법원의 지침이 없는 한 미국 내 개인정보 수집이나 추적을 명시적으로 금지하고 있어 미국이 가장 중요한 인공지능 연구분야로 생각하고 있는 잠재적 테러리스트의 추적 인공지능조차 어려움에 직면하고 있다. 그뿐만 아니라 미국은 정부 내에서도 다른 부서와의 데이터 공유가 엄격하게 제한되어 있다. 아주 특수한 경우를 제외하고는 학자금 대출을 담당하는 정부 기관조차 개인 납세 신고서를 볼 수 없다. 미국 연방법은 학교가 이민국 관리로부터 학생의 시민권을 조회할 수 없다고 규정하고 있어 미국 불법 이민자는 추방될 우려 없이 공립학교에 다닐 수 있다. 개인정보법의 보호가 사생활의 보호 측면에서는 유용할 수 있지만, 기계학습을 통한 인공지능 응용프로그램 구축이나 기술 혁신 활동에는 제한요소가 된다. 알고리즘을 연구하는 연구자들에게 충분한 데이터는 연구의 원천이다. 중국은 이와 같은 원천 데이터의 제약이 없다는 점에서 인공지능 정책 분야에 거대한 잠재력을 가지고 있다고 하겠다. 중국이 가지는 또 하나의 잠재력은 정치구조에 있다. 중국의 정치구조는 다른 나라에서 어렵거나 불가능한 주요 실험사업에 적합하기 때문이다. 예를 들어, 무인자동차를 연구실에서 개발했다고 해도 실제로 이를 활용하기 위해서는 무인자동차 전용도로가 있어야 가능하다. 대부분의 서구 국가에서는 무인자동차 전용도로를 만들기 위한 정치적 합의가 어렵지만, 정부의 힘이 강력한 중국은 특정공간을 지정하기 쉽다.

우리는 코로나19 상황을 겪으며 중국의 AI 빅데이터를 통한 확진자의 빠른 동선 분석과 지도, 드론 로봇을 통한 열체크와 생필품 배송, 핀테크에 기반을 둔 긴급재난지원금 분배의 효율성을 분명히 보았다. 빅데이터 시대를 주도하는 중국의 기술력만큼이나 중국 정책결정자의 결정이 전 세계 경제에 미치는 영향력은 앞으로도 계속 확대될 것이다. 수많은 데이터의 홍수 속에서 장기적인 정책 비전을 인지하고 시스템 구조에서 정책개입 지점을 찾아내는 것은 단순히 중국의 문제만은 아니며, 이제 빅데이터 시대를 살아가는 전 세계 정책결정자에게 무엇보다 필요한 사고체계가 아닐 수 없다. 본 연구를 시작으로 정책 결정 과정에서 시스템 사고 연구가 확장되어 빅데이터 시대에 응용할 수 있는 연구방법으로 더욱 발전하기를 기대한다.

부록

1. 접근방법에 따라 분류한 중국 대외정책 연구방법론 비교표
2. 시대별로 분류한 중국 대외정책 연구방법론 비교표

1.
접근방법에 따라 분류한 중국 대외정책 연구방법론 비교표

중국 대외정책 연구방법론(접근방법)					
접근방법	핵심 주제	주요 전제	방법론적 의미	방법론적 한계	대표 학자
거시적 접근 (국제체제와 환경요인)	국익	중국은 우방국의 경제, 군사력 등 국익에 부합하는 합리적 대외정책 결정	냉전 시대 이데올로기적 관점에서 벗어난 외교 연구의 학술성 제고	객관성과 학술성을 제고한 만큼 역설적으로 중국 대외정책만이 가지고 있는 특수성을 상대적으로 약화시킴	Allen Whiting; Donald Zagoria; Thomas W. Robinson; Peter Van Ness; Michael Yahuda; Melvin Gurtov
	전략적 삼각관계*	중국은 미국과 러시아 사이의 전략적 삼각 이해관계 변화를 중국 대외정책의 주요 원인으로 파악	냉전 시기, 중소분쟁 상황에서 '연미반소(聯美反蘇)' 같은 중국의 외교적 행보를 설명하는 유용한 도구	다양한 요인이 영향을 미치고 있는 현재 다각화된 국제질서 안에서는 한계 지역 강대국으로의 아시아적 차원과 국제 체제적 차원의 차이를 단일화된 체제 수준으로만 적용	Gerald Segal; Douglas T. Stuart; Lowell Dittmer; Kenneth G. Lieberthal 등

미시적 접근 (국내 정치와 지도자 개인)	역사. 문화	중국의 역사문화적 전통이 중국 대외정책에 영향을 미친다는 관점	중국 외교가 유가와 법가 사상의 영향을 받아 이상주의와 현실주의적 성향을 모두 가지고 있기에 이러한 철학적 바탕이 중국 개혁개방 이후의 외교 안에서 잘 나타난다고 설명	중국만의 독자적이고 차별화된 외교 이념의 지나친 강조	John K. Fairbank; Mark Mancall; Albert Feuerwerker; Morris Rossabi 등
	이데올로기	중국은 마르크스·레닌주의와 마오쩌둥(毛澤東) 사상에 영향을 받은 대외정책 결정	건국 초기부터 1960년대까지 중국의 대외정책과 행위인 마오쩌둥의 '모순론'에 근거한 중간지대론, 제3세계론 등을 분석하는 데 상당히 유용한 틀 제공 서구의 논리와 연구 방식에서 탈피하여 중국 대외정책이 가지는 특수성을 연구에 접목	개혁개방을 거친 현대 중국의 대외정책은 너무도 복잡한 요소가 많이 개입되어 역사나 이데올로기적 접근만으로는 해석적 한계	Wang, FeiLing; Sutter; Robert G.; Christensen; Thomas J. 등
	정책 결정 기구	개혁개방 이후 중국 사회조직이 제도화 과정을 거침에 따라 정책 결정 기구 연구 강화	중국 외사영도소조 같은 중요한 대외정책결정 기구에 대한 분석으로 확대	조직 내부의 개인의 역할이나 외부 역학관계가 배제되는 한계	Lu Ning; Carol Lee Hamrin; Suisheng Zhao 등

	파벌정치	중국 권력 '파벌' 간의 역학관계와 상호작용을 중국 대외정책의 중요한 요소로 인식하는 연구방법	중국의 특수성을 '파벌정치'라는 개념으로 규정하고 이를 중국 대외정책 연구에 적용하여 분석	파벌투쟁과 대외정책 간의 연계성을 검증할 방법이 없으며, 파벌과 무관한 중립적인 세력 배제	Lowell Dittmer; Yu-Shan Wu; Tang Tsou 등
	정책결정자 개인	권력이 고도로 집중된 사회주의 국가에서는 대외정책결정자 개인의 세계관, 가치관, 이념 등이 중국 대외정책 결정의 핵심요소	지도자의 역할이 중요한 중국 대외정책 연구에 유의미한 틀 제공	정책결정자 한 사람에게만 집중함으로써 복잡한 대외정책의 다양한 요소를 단순화	Samuel Kim; Michael Oksenberg; Lucian Pye; John Gittings 등
미시-거시 연계접근	국제적 제약요인+ 국내적 결정요인	중국 대외정책결정에서 구조와 행위자의 상호작용을 동시에 강조	중국의 자본주의 국제경제체제로의 전환 과정에서 실용적이고 개방적인 대외정책으로의 변환을 설명하는 유용한 틀 제공 미시와 거시라는 단일 층차에서 가지는 단점 보완	어느 한 수준에서 거시적인 것이 다른 수준에서는 미시 수준이 될 수 있으므로 근본적인 모호함이 있음	James Rosenau; Robert Putnam; Samuel Kim 등

* 전략적 삼각관계는 과거 중국의 힘이 미소 양국보다 훨씬 작았으므로 엄밀한 구조적 현실주의의 논리에서는 애초에 성립하지 않는다는 논의가 가능할 수 있다. 그러나 필자가 이를 거시적 접근방법의 일부로 분류한 것은 '전략적 삼각관계'라는 용어 자체가 기본적으로 국제환경과 체제적 요인에서 탄생했으므로 이와 같은 점에서 전략적 삼각관계를 '거시적'으로 분류했음을 밝힌다.

2.
시대별로 분류한 중국 대외정책 연구방법론 비교표

중국 대외정책 연구방법론(시대별)		
시대	주요 연구 경향	대표 학자 및 연구
1960년대 이전	전통 역사학파 (역사학자의 시각에서 대외정책 분석)	John King Fairbank; Mark Mancall; Albert Feuerwerker; Morris Rossabi
	이데올로기학파 (중국 혁명 시대를 주로 설명함)	Benjanmin I. Schwartz; Maurice Meisner; Wang, Fei-Ling; Sutter; Robert G.; Christensen; Thomas J.
	합리적 행태주의 (국가 안보 중점연구)	Allen Whiting; Donald Zagoria; Thomas W. Robinson; Peter Van Ness; Michael Yahuda; Melvin Gurtov
1960년대	파벌 연구학파 (문화대혁명 시기 특성 반영)	Tang Tsou; Lowell Dittmer; Yu-Shan Wu
1970년대 이후	개혁개방 이후 국제사회에서 중국의 위상과 역할이 급격히 증가하면서 중국 외교행위는 더욱 '다양'하고 '복잡'한 형태로 나타났으며, 이로 인해 다층적 연구를 보임	

	개인 중심	Rozman, "*The Chinese Debate About Soviet Socialism, 1978-1985*"; Whitting, "*China Eyes Japan*"; Shambough, "*Beautiful Imperialist*"; Yong Deng and Feiling Wang eds., "*In the Eyes of the Dragon, China Views the World*"
	문화 중심	Chih-yu Shih, "*The Spirit of China's Foreign Policy: A Psychocultural View*"; Johnston, "*Cultural Realism: Strategic Culture and Grand Strategy in Chinese History*"; Hunt, "*The Genesis of Chinese Communist Foreign Policy*"; Huiyun Feng, "*Chinese strategic culture and foreign policy decision-making: Confucianism, leadership and war*".
	국내 사회, 정치	Friedman and SungChull Kim eds., "*Regional Cooperation and its Enemies in Northeast Asia*"; Segal ed., "*Chinese Politics and Foreign Policy Reform*"; Swaine and Henry, "*China, Demestic Change and Foreign Policy*"; Yong Deng and FeiLing Wang, "*China Rising: Power and Motivation in Chinese Foreign Policy*"; Johnston and Ross eds., "*New Directions in the study of china's Foreign Policy*".
	정책 결정 기구와 과정	QuanSheng Zhao, "*Interpreting Chinese Foreign Policy*"; Ning Lu, "*The Dynamics of China's Foreign Policy*"; Lampton ed., "*The Making of Chinese Foreign and Security Policy in the era of Reform, 1978-2000*".

참고문헌

국내문헌

강준영 · 전병곤. 『한 권으로 이해하는 중국』. 서울: 지영사. 2000. 278-319쪽.

김기수. 『국제통화 금융체제와 세계경제패권』. 서울: 살림출판사. 2011.

김도훈 · 문태훈 · 김동환. 『시스템 다이내믹스』. 대영문화사. 1994.

김동환 · 안지영. 「녹색성장에 관한 이명박 대통령의 인지지도 분석」, 『한국시스템 다이내믹스연구』. 제10권 제4호. 2009.

———. 『시스템 사고: 시스템으로 생각하기』. 선학사. 2004.

김동훈. 『미중 무역관계 2025』. 김병국 · 전재성 외 공편. 2012.

김병국 · 전재성 · 차두현 · 최강 공편. 『미중관계 2025』. 서울: 동아시아연구원. 2012.

김익수. 「중국의 WTO 가입이 동아시아 한국경제에 미치는 영향」. 대외경제정책연구원, 정책연구 99-09. 1999.

김재철. 『중국의 외교전략과 국제질서』. 서울: 폴리테이아. 2007.

———. 「패권, 다극화 그리고 중미관계」. 『한국국제정치논총』 제42집 4호. 2002.

김철환. 『환율이론과 국제수지』. 서울: 시그마프레스. 2010.

김충렬. 『중국철학사1』. 서울: 예문서원. 1996.

김치욱. 「미, 중 경제패권과 동아시아 경제질서」. 이태환 편. 『동아시아 경제와 안보: 미중의 패권경쟁과 대응전략』. 서울: 세종연구소. 2012.

김태호. 「중국의 정치 엘리트 연구」. 정재호 편. 『중국정치연구론: 영역, 쟁점, 방법 및 교류』. 서울: 나남출판. 2000. 31-67쪽.

———. 「중국의 정치엘리트 연구」. 정재호 편. 『중국정치연구론: 영역, 쟁점, 방법 및 교류』. 나남.

2003.

김호준.「21세기 미 · 중 관계의 결정요인」.『대한정치학회보』 10집 3호. 2003.

김흥규.「미중관계 분석」. 외교안보연구원 분석보고서. 2009.

대우경제연구소.「중국 WTO 가입전망과 영향 분석」. 통권 99-D-05. 1999.

산업연구원.「중국의 WTO 가입전망과 우리의 대응방안」. 정책자문자료 99-05-242. 1999.

서진영.『21세기 중국외교정책』. 서울: 폴리테이아. 2007.

소영진 · 이영철 · 윤견수 외.『딜레마와 제도의 설계』. 나남. 2009.

손열.「미중관계와 동아시아: 경제아키텍처를 둘러싼 전략적 경쟁」. 김병국 · 전재성 외 공편. 2012.

신종호.「국제전략환경의 변화와 중미관계」.『중소연구』 통권 106호. 2005.

외교통상부.「미중 WTO양자협상 내용」. 2000.

______.「중국의 WTO 가입전망 및 영향」. 1999.

유진석.「중국의 WTO 가입 및 영향」. 삼성경제연구소. 1999.

이동률.「중국민족주의가 대외관계에 미치는 영향: 중미관계를 중심으로」.『국제정치논총』 제41집 3호. 2001.

______.「중국비젼 2020: 초강대국화 전략의 과제」. 이동률 편.『중국의 미래를 말하다: 글로벌 슈퍼파워 가능성과 전망』. 서울: 동아시아연구원. 2011. 13-46쪽.

이상형.「중국의 WTO 가입이 한중경제에 미치는 영향분석」. 한국무역진흥공사(KOTRA) 해외시장, 1999.

이용욱.「중국의 선택: 위안화 국제화와 기축통화의 정치경제」. 김병국 · 전재성 외 공편. 서울: 동아시아연구원. 2012.

이종범 · 안문석 · 박통희 · 염재호 외(편).『딜레마이론: 조직과 정책의 새로운 이해』. 나남출판사. 서울. 1994.

전재욱 · 박상수 · 최의연.「중국의 WTO 가입이 한중경협에 미치는 영향」. 대외경제정책연구원 수시조사보고, 1999.

______.「중국의 WTO 가입전망과 우리의 대응」. 대외경제정책연구원. 1999.

정인교.「중국의 WTO 가입이 한중 교역에 미치는 영향분석: 중국 관세 인하의 영향을 중심으로」. 대외경제정책 연구원 수시조사보고. 1999.

정재호.「중국의 정책과정 연구」. 정재호 편.『중국정치연구론: 영역, 쟁점, 방법 및 교류』. 서울: 나남출판. 2001. 121-187쪽.

조영남.『21세기 중국이 가는 길』. 서울: 나남. 2009.

______.「중국 제4세대 지도자의 등장과 엘리트 정치」.『계간사상』 가을호. 2003.

주형민.「미중관계의 과거, 현재, 미래: 협력자 혹은 경쟁자」.『평화연구』 봄호. 2011.

최수웅.「중국의 WTO 가입이 대내외 경제관계에 미칠 영향」. 대외경제연구원, KIEP 주간세계경제동향. 1999.

『포스트 사회주의 시대의 중국문화』. 서강대학교 출판부. 2008.

한국무역협회.「중국의 WTO 가입과 한중경제에 미치는 영향」. 세미나자료. 1999.

한국은행 국제국.「중국의 WTO 가입의 영향」. 업무 참고자료 99-10. 1999.

한국은행 조사국.「우리나라와 중국의 수출구조 비교분석과 중국의 WTO 가입이 우리 수출입에 미칠 영향」. 한은조사연구. 2000.

한석희.「중국 제4세대 지도부의 대외정책분석: 화평굴기와 책임대국의 제2차 북핵문제에 대한 함의」. 김주찬 외. 『9.11 이후 국제관계변화와 남북한』. 서울: 오름출판사. 2004. 203-229쪽.

______.「중국의 책임대국론: 서구와 중국의 인식적 차이를 중심으로」. 『국제정치논총』 제44집 1호. 2004. 191-210쪽.

현대경제연구원.「중국의 WTO 가입과 그 영향」. 1999.

인과지도 분석을 위한 연설문 원문 자료 목록

中共中央文献编辑委员会编:『江泽民文选』第一卷, 北京: 人民出版社, 2006年.

______:『江泽民文选』第二卷, 北京: 人民出版社, 2006年.

______:『江泽民文选』第三卷, 北京: 人民出版社, 2006年.

______:『江泽民文选』第四卷, 北京: 人民出版社, 2006年.

朱镕基讲话实录编辑部编:『朱镕基讲话实录』第一卷, 北京: 人民出版社, 2011年.

______:『朱镕基讲话实录』第二卷, 北京: 人民出版社, 2011年.

______:『朱镕基讲话实录』第三卷, 北京: 人民出版社, 2011年.

______:『朱镕基讲话实录』第四卷, 北京: 人民出版社, 2011年.

______:『朱镕基答记者问』, 北京: 人民出版社, 2009年.

朱镕基上海讲话实录编辑组编:『朱镕基上海讲话实录』, 北京: 人民大学出版社, 2015年.

李鹏:『李鹏论宏观经济』上册, 北京: 中央文献出版社, 中国电力出版社, 2012年.

______:『李鹏论宏观经济』中册, 北京: 中央文献出版社, 中国电力出版社, 2012年.

______:『李鹏论宏观经济』下册, 北京: 中央文献出版社, 中国电力出版社, 2012年.

______:『市场与调控: 李鹏经济日记』上册, 北京: 新华出版社, 中国电力出版社, 2006年.

______:『市场与调控: 李鹏经济日记』中册, 北京: 新华出版社, 中国电力出版社, 2006年.

______:『市场与调控: 李鹏经济日记』下册, 北京: 新华出版社, 中国电力出版社, 2006年.

中共中央文献研究室编:『十四大以来重要文献选编』上册, 北京: 人民出版社, 1996年.

______:『十四大以来重要文献选编』中册, 北京: 人民出版社, 1996年.

______:『十四大以来重要文献选编』下册, 北京: 人民出版社, 1996年.

______:『十五大以来重要文献选编』上册, 北京: 人民出版社, 2000年.

______:『十五大以来重要文献选编』中册, 北京: 人民出版社, 2000年.

______:『十五大以来重要文献选编』下册, 北京: 人民出版社, 2000年.

______:『江泽民思想年编1989-2008』, 北京: 中央文献出版社, 2010年.

石广生主编:『中国加入世界贸易组织知识读本: 中国加入世贸组织谈判历程』, 北京: 人民出版社, 2011年.

中国政府工作报告 1991-2001

시스템 다이내믹스 관련 중국 자료

【美】丹尼斯 · 舍伍德:『系统思考』, 邱昭良, 刘昕译, 北京: 机械工业出版社, 2007年, 导言, 第11页, 27页, 结论.

王其藩:『高级系统动力学』, 北京: 清华大学出版社, 1995年.

______:『复杂大系统综合动态分析与模型体系』, 管理科学学报, 1999年, 第15-19页.

王其藩, 蔡雨阳, 贾建国:『回顾与评述—从系统动力学到组织学习』, 中国管理科学, 2000年, 第237-247页.

苏懋康:『系统动力学原理及应用』, 上海: 上海交通大学出版社, 1988年.

胡玉奎, 韩于羹, 曹铮韵:『系统动力学模型的进化』, 系统工程理论与实践, 1997年, 第132-136页.

胡玉奎:『系统动力学 — 战略与策略实验室』, 浙江人民出版社, 1989年.

______:『社会系统的结构变易研究』, 软科学研究杂志, 1988年.

钱学森:『系统思想, 系统科学和系统论』, 上海: 上海交通大学出版社, 2007年.

______:『我们要用现代科学技术体系建设有中国特色的社会主义』, 上海: 上海交通大学出版社, 2007年.

______:『人体科学与现代科学技术发展纵横观』, 北京: 人民出版社, 1996年.

许国志, 王寿云, 柴本良:『论系统工程一书前言』, 上海: 上海交通大学出版社, 2007年.

기타 중국 자료

贾庆国:『棘手的合作: 中美关系的现状与前瞻』, 文化出版社, 1999年.

李旭:『社会系统动力学: 政策研究的原理, 方法和应用』, 上海: 复旦大学出版社, 2009年, 第一, 二章.

韩玉贵:『冷战后的中美关系』, 北京: 社会科学文献出版社, 2007年, 第四章.

焦世新:『利益的权衡: 美国在中国加入国际机制中的作用』, 北京世界知识出版社, 2009年, 第58页.

王鸣鸣:『外交政策分析: 理论与方法』, 北京: 中国社会科学出版社, 2008年.

刘明:『博弈: 冷战后的美国与中国』, 中国传媒大学出版社, 2005年, 第25, 76页.

陶文钊:「布什当政以来的中美关系」,『同济大学社会科学报』2004年, 第15卷, 第二期.

杨洁勉:「布什连任和中美关系的走向」,『国际观察』, 2005年, 第一期.

王栋:「超越国家利益: 探寻对20世纪90年代中美关系的知觉性解释」,『美国研究』, 2001年, 第三期.

叶自成:『春秋战国时期的中国外交思想』, 香港: 社会科学出版社, 2003年.

阎学通:「对中美关系不稳定的分析」,『世界政治』, 2010年, 第12届.

陶文制, 何兴强:『中美关系史』, 中国社会科学出版社, 2009年.

王湘穗:『赶超与遏制 — 中美博弈的历史逻辑』, 长江文艺出版社, 2011年.

王缉思主编:『冷战后的美国外交1989-2000』, 北京: 时事出版社, 2007年.

王缉思, 余万里主编:『美国在东亚的作用: 观点, 政策及影响』, 北京: 时事出版社, 2007年.

熊志勇:『中美关系60年』, 北京: 人民出版社, 2009年.

刘阿明:『变动中的东亚与中美关系』, 知识产权出版社, 2012年.

马方方:『中国特色经济民主与中美关系』, 时事出版社, 2012年.

江泽民:『中国能源问题研究』, 上海交通大学出版社, 2008年.

王旸:『汇率战争』, 化学工业出版社, 2010年, 第45页.

赵晓:『人民币怎么办 — 中美经济冷战和未来大趋势』, 经济日报出版社, 2011年.

牛军:『中华人民共和国对外关系史概论: 1949-2000』, 北京大学出版社, 2010年.

国光外编:『中国广大吸收外商投资面临挑战』, 社会科学文选出版社, 2001年.

______:『1997年利用外资情况分析』, 社会科学文选出版社, 1997年.

剑宇凡:「中国与世贸」,『中国与世界』, 2000年, 第1届.

邵人:「追求加入世贸,还是争取自主发展」,『中国与世界』, 1999年, 第3期.

______:「中国加入世贸组织利弊再析」,『中国与世界』, 1999年 5月號.

岳健勇:「外资与中国经济增长—中国加入经济全球化的国内经济根源」,『战略与管理』, 2001年 第4期.

倪樂雄:「中美冲突的根源因素及不确定性」,『二十一世紀』, 2001年, 第67页.

王小东等主编:『全球化影响下的中国之路』, 社会科学文选出版社, 1999年.

剑国光編:『2000年中国利用外资走势及队2001年的预测』, 社会科学出版社, 2001年.

毅夫 · 劉培林編:「以加入WTO为契机推进国有企业改革」,『管理世界』, 2001年, 第2届.

郑永年:「世界体系: 中美关系和中国的战略考量」,『战略与管理』, 2001年, 第5期.

郑海抗:「入世: 改革与发展战略的新平台」,『管理世界』, 2001年, 第2届.

曹建海:「加入世贸组织与中国工业发展」,『管理世界』, 2001年, 第6期.

陳漫:「中国引进外商直接投资的实效分析」,『战略与管理』, 2001年, 第3期.

陳漫:「中国加入世贸组织的利弊: 动力机争论」,『中国与世界』, 2001年, 第10期.

韩流海:「全球化,还是资本主义?」,『十一世紀』, 1999年, 第4期.

시스템 다이내믹스 관련 영문 자료

Ackoff, R. L., Creating the Corporate Future: Plan or be Planned for, New York: Wiley, 1981.

______, The future of operational research, Journal of the Operational Research Society 30, 1979, pp. 93-104.

Axelrod. R. ed., Structure of Decision: The Cognitive Maps of Political Elites, Princeton University Press, 1976.

Banathy, B., Desinging Social Systems in a Changing World, New York: Plenum, 1996.

Barnard, C., Functions of the Executive, Harvard University Press, Cambridge, MA, 1938.

Bennett, P. G. and Cropper, S. A., Uncertainty and conflict: combining conflict analysis and strategic choice, Journal of Behavioural Decision Making 3, 1990.

______, Helping people choose: Conlict and other perspectives in Recent Development, eds., Belton, V. and O'Keefe, R. M., Pergamon, Oxford, 1986.

Boulding K. E., General systems theory: the Skeleton of Science, Management Science 2, 1956, pp.197-208.

Bryant J. W., Problem Management: A Guíde for Producers and Players, Wiley, Chichester, 1988.

Buckley, W., Sociology and Modern Systems Theory, Prentice Hall, NJ: Englewood Cliffs, 1967.

Burrell, G. and Morgan, G., Sociological Paradigms and Organisational Analysis, London: Heinemann, 1979.

Cai Yuyang, Wang Qifan, Jia Jianguo, Review: From System Dynamics to Organization Learning, Chinese Journal of Management Science 8, 2000, pp. 237-247.

Checkland, P. B. and Holwell, S., Information, Systems and Information Systems-Making Sense of the Field, Chichester: Wiley 1988.

Checkland, P. B. and Scholes, J. S., Systems Methodology in Action, Chichester: Wiley, 1991.

Checkland, P. B. and the systems movement: Mapping and conflicts, Journal of the Operational Research Society 34, 1983, pp. 661-675.

______, Systems Thinking, Systems Practice, Wiley Chichester, 1981.

Churchman, C. W., The Design of Inquiring Systems: Basic Concepts of Systems and Organisation, New York: Basic Books, 1971.

Eden, C., Cognitive mapping: A review of European Journal, Operational Research 36, 1988, pp. 1-13.

______, perish the thought!, Journal of the Operational Research Society 36, 1985, pp. 809-819.

______, Problem construction and the influence, Interfaces 12, 1982, pp. 50-60.

Eden, C., Jones, S. and Sims, D. Messing About in Problems, Pergamon, Oxford, 1983.

Eden, C. and Radford, K. J. eds., Tackling Strategic Problems: The Role of Group Decision Support, London: Sage, 1990.

Flood, R. L. and Jackson, M. C. eds., Critical Systems Thinking: Directed Readings, Chichester: Wiley, 1991.

______, Creative Problem Solving: Total Systems Intervention, Chichester: Wiley, 1991.

Forrester J. W., Industrial Dynamics: A Major Breakthrough for Decision Makers,

Harvard Business Review 36 (4), 1958, pp. 37-66.

———, Industrial Dynamics, Portland: Productivity Press, 1961.

Friend, J. K. and Jessop, W. N., Local Gov er nment and Strategic Choice: An Operational Research Approach to the Process of Public Planning, Pergamon, Oxford, 1969.

Friend, J. K. and Hickling A., Planning under Pressure, Pergamon, Oxford, 1987.

Gains, A. and Rosenhead, J., Problem structuring for medical quality assurance. Working paper 8, Operational Research, London School of Economics, London, 1993.

Habermas, J., Knowledge and Human Interests, London: Heinemann, 1972.

———, The Theory of Communicative Action, vol. I: Reason and the Rationalisation of Society, Cambridge: Polity Press, 1984.

———, The Theory of Communicative Action, vol. II: A Critique of Functionalist Reason, Cambridge: Polity Press, 1984.

H. J. and Quade, E. S. eds., Handbook of Systems Analysis, Vol, 1: Overview of Uses, Procedures, Applications and Practice, Wiley: Chichester, 1985.

Hoos I., A Critique: Systems Analysis in Public Policy, Berkeley: University of California Press, 1972.

Howard, N., The role of emotions in multi-organisational decision-making, Journal of the Operational Research Society 44, 1993, pp. 613-623.

———, Dealing with other parties, Insight 5, 1992, pp.18-24.

Hu Yukui, Han Yugeng, Cao Zhengyun, Evolution of System Dynamics Model, Systems Engineering—Theory & Practice 10, 1997, pp. 132-136.

Jackons, M. C. and Keys, P., Towards a systems of systems methodologies, Journal of the Operat ional Research Society 35, 1984, pp. 473-486.

Jacksons, M. C. Present positions and future prospects in management science, Omega 15, 1987, pp. 455-466.

Jackson, M. C., Sysems Methodology for the Management Sciences, NewYork: Plenum, 1991.

———, The nature of systems thinking, Journal of Applied Systems Analysis 9, 1983, pp. 17- 29.

Kast, F. E. and Rosenzweig, J. E., Organisation and Management: A Systems and Contingency Approch 3rd ed., McGraw-Hill, New York, 1979.

Katz, D. and Kahn, R. L., The Social Psychology of Organisations, NewYork: Wiley, 1966.

Keys, P. ed., Understanding the Process of Operational Resear ch, Collected Readings,

1995.

Kuhn, T. S., The Structure of Scientific Revolution, London: The University of Chicago Press, 1962.

Lee H. L., Padmanabhan V., Whang, S., Information distortion in a supply chain: The bullwhip effect Management Science 43 (4), 1997, pp. 546-558.

Linst one, H. A., Multiple Perspectives for Decision Making, New York: North-Holland, 1984.

______, Decision Making for Technology Executives: Using Multiple Perspectives to Improve Performance, Norwood MA: Artech House Inc., 1999.

Mason, R. O. and Mitroff, I. I., Challenging Strategic Planning Assumptions: Theory, Cases and T echniques, New York: Wiley, 1981.

Metz P. J., Demystifying Supply Chain Management, Supply Chain Management Review, 1998, pp. 46-55.

Mingers J., Questions and suggestions in using soft systems methodology, Systemist 14, 1992.

Mingers, J. and Gills, A. eds., Multimethodology: Towards Theory and Practice of Integrating Methodologies, Chichester: Wiley, 1997.

______, Recent developments in critical management science, Journal of the Operational Research Society 43, 1992, pp. 1-10.

Mingers, J. C., Towards an appropriate social theory for applied systems thinking: critical theory and sof t systems methodology, Journal of Applied Systems Analysis 7, 1980, pp. 41-49.

Minger S., J. and Taylor, S., The use of soft systems methodology in practice, Journal of the Operational Research Society 43, 1992, pp. 321-332.

Mitroff, I. I. and Linstone, H. A., The Unbounded Mind, Boston: Oxford University Press, 1993.

Potner, S. L., Systems Analysis, Penguin, UK: Harmondsworth, 1973.

Phillips, L. D., Requisite d ecision modeling, Journal of the Operational Research Society 33, 1982, pp. 303-312.

______, A theory of requisite decision modeling, Act a Psychologica 56, 1984.

______, People-centred group decision support in Knowledge-based Management Support Systems, Chichester: Ellis Horwood, 1989.

Phillips, L. D. and Phillips, M., Facilitated workgroups, Journal of the Operational Research Society 44, 1993, pp. 533-549.

Rander S., J. ed., Elements of the System Dynamics Method, Cambridge MA: MIT Press, 1980.

Ravetz, J. R., Scientific Knowledge and Its Social Problems, Oxford University Press, Oxford, 1971.

Richardson, G. P., Feedback Thought in Social Science and Systems Theory, Philadelphia: University of Pennsylvania, 1991.

Rittel, H. W. and Webber, M. M. Dilemmas in a general theory of planning, Policy Science 4, 1973, pp. 155-169.

Rosenhead, J. Custom and practice, Journal of the Operational Research Society 37, 1988, pp. 335-343.

Rosenhead, J. ed., Rational Analysis for a Problematic World: Problem Structuring Methods for Complexity, Uncertainty and Conflict, Wiley: Chichester, 1989.

Selznick, P., Foundations of a theory of organization, American Sociological Review 13, 1984, pp. 25-35.

Senge, P. The Fifth Discipline: the Art and Practice of the Learning Organisation, NewYork: Doubleday Currency, 1990.

Silveman, D., The Theory of Organisations: A Sociological Framework, London: Heinemann, 1970.

Special issue: Systems thinkers, systems thinking, System Dynamics Review 10, 1994, pp. 95-335.

Stevens G C., Integrating the Supply Chain, International Journal of Physical Distribution & Logistics Management 19 (8), 1989, pp. 3-8.

Tomlinson, R. and Kiss, I. eds., Rethinking the Process of Operational Research and Systems Analysis, Oxford: Pergamon, 1984.

Tomlinson, R. and Kiss, I. eds., Rethinking the Process of Operational Research and Systems Analysis, Pergamon, Oxford, 1984.

Tosoukas, H., The road to emancipation is through organisational development; a critical evaluation of total systems intervention, Systems Practice 6, 1993, pp. 53-70.

Troncale L., The Systems Science: What are they? Are they one, or many? European Journal of Oper ational Research 37, 1988, pp. 8-33.

Towill D. R., Industrial dynamics modelling of supply chains, International Journal of Physical Distribution & Logistics Management, 26 (2), 1996, pp. 23-42.

Van Gigch J. P., Applied General Systems Theory 2nd ed., New York: Harper & Row, 1974.

Vickers, G., Freedom in a Rocking Boat: Changing Values in an Unstable Society,

London: Allen Lane, 1970.

Von Bertalanffy L. General System Theory: Foundations, Development, Applications, New York: Braziller, 1968.

Wang Qifan, Comprehensive and Dynamic Analysis and Model Set of Large Complex System, Journal of Management Sciences in China 2 (2), 1999, pp. 15-19.

Watson, S. R., The presumption of prescription, Act a Psychologica 80, 1992, pp. 7-31.

Weinber g G. M., An Introduction to General System Thinking, New York: Wiley, 1975.

Zhu, Z., Conscious mind, forgetting mind, and the two approaches in multiethodology, Systemic Pra ctice and Action Research 11, 1998, pp. 669-690.

______, The practice of multi-modal approaches, The challenge of corss-cultural communication, and the search for responses, Human Relations 52, 1999.

기타 영문 자료

Alastair Ianin Johnston, "Cultural Realism: Strageic Culture and Grand Strategy in Chinese History," Princeton University Press, 1995.

Arrighi, Giovanni, Satoshi Ikeda, and Alex Irwan, "The Rise of East Asia: One Miracle or Many?," in Palat, Ravi Arvind(ed.), Pacific-Asia and the Future of the World-System, Greenwood Press,1993.

Barshefsky, Charlene, "Testimony Before the House Committee on Ways and Means -- Hearing on U. S.-Bilateral Trade Agreement and the Accesion of China to the World Trade Organization (February 16, 2000)," http://waysandmeans.house.gov, 2000.

Bingguo, Dai. "Closing Remarks for the U. S.-China Strategic and Economic Dialogue," Washington, D. C., May 10, 2011.

Bin yu, "The study of Chinese Foreign Policy: Problems and Prospect," World Politcs. January, 1994. pp. 235-261.

Bozhiyue, China's Elite Politics: Political Transition and Power Balancing. Singapore: World Scientific Publishing Co. Pte. Ltd., 2007.

Boucek Francoise, "Rethinking Factionalism: Typologies, Intra-Party Dynamics and Three Faces of Factionalism". Party Politics 15, No.4, 2009.

Budge, Iran and Lawrence Ezrow and Michael D. McDonald, "Ideology, Party Factionalism and Policy Change: An Integrated Dynamic Theory," British Journal of Political Science 40, No.4, 2010.

Christensen, Thomas J, "China, the U. S.-Japan Alliance, and the Security Dilemma in East Asia," International Security 23(4), 1999.

Chung, Chien-Peng. 'China's Approaches to the Institutioanlization of Regional Multilateralism," Journal of Contemporary China, Vol. 17, No. 57, 2008, pp. 747-764.

Coleman, J. S, "Social capital in the creation of human capital," American Journal of Sociology, vol.94, 1998, pp. 95-120.

Cui, Tiankai, "On the Theme of China-U.S. Relations in the New Era," Address at the Second Lanting Forum (Beijing, Janurary 14), 2001.

David Bachman, "Domestic Sources of Chinese Foreign Policy," In Samuel S.Kim, ed., China and the World: Chinese Foreign Relations in the Post-Cold War Era, Third Edition. Boulder: Westview Press, 1994, pp. 49-59.

______, "Structure and Process in the Making of Chinese Foreign Policy" in Samuel S. Kim, ed., China and the World: Chinese Foreign Policy Faces the New Millennium, Fourth edition. Bouder: Westview Press, 1998, pp. 34-54.

David M.Lampton, "China's Foreign Policy and National Security Policy-Making Process: Is It Changing and Does It Matter?" in David M. Lampton, ed., The Making of Chinese Foreign and Security Policy in the Era of Reform, 1978-2000. Stanford: Stanford University Press, 2001, pp. 1-36 and pp. 409-412.

______, "The Three Faces of Chinese Power: Might, Money and Minds," London: University of Califonia Press, 2008.

Dittmer, Lowell, "Patterns of Elite Strife and Succession in Chinese Politics," China Quarterly 123, July, 1990.

______, "Chinese Informal Politics," China Journal 34. July, 1995.

______, "The Changing Form and Dynamics of Power Politics," Jonathan Unger ed., The Nature of Chinese Politics. Newyork: M. E. Sharpe, 2002.

Debra P. Steger and Susan M.Hainsworth, "World Trade Organization Dispute Settlement: the First Three Years" JEIL, 1998, p. 199.

Doak Barnett, "The Making of Foreign Policy in China: Structure and Process," Boulder: Westview Press, 1985, pp. 1-17 and pp. 137-143.

Drysdale, Peter, "International Economic Pluralism: Economic Policy in East Asia and the Pacific," Sydney: Allen and Unwin, 1988.

Einhorn, Bruce et al, "China: Will it entry into the WTO unleash new prosperity or further destabilize the world economy," Business Week, 29 October, 2001.

Fernald, John G. and Oliver D. Babson, "Why has China Survived the Asian crisis so well? What risks remain?," Board of Governors of the Federal Reserve System: International Finance Discussion Paper No.633 (February 1999).

Fewsmith, Joseph, "China and the WTO: the politics behind the agreement," NBR Report, The National Bureau of Asian Research, November 1999. (http://www.nbr.org/publications/report.html)

______, "Elite Politics in Contemporary China. Newyork: M. E. Sharpe. Inc., 2001.

______, "The Impact of WTO/PNTR on Chinese Politics," NBR Analysis 11(2), The National Bureau of Asian Reserch, 2000.

______, "The Political and Social Implications of China's Accession to the WTO," The China Quarterly 167, 2001.

Fredrick C.Tewiwes, "The Politics of Succession: Previous Patterns and a New Process," John Wong and Yongnian Zheng (eds.), China's post-Jiang leadership succession: problems and perspectives(Singapore: Singapore University Press: River Edge: World Scientific), 2002.

______, "The Paradoxical Post-Mao Transition: From Obeying the Leader to 'Normal Politics', Jonathan Unger (ed.), The nature of Chinese politics: from Mao to Jiang (Armonk, N.Y.: M.E. Sharper), 2002.

Freeman, Charles W., and Wen Jin Yuan, "China's New leftists and the China Model Debate after Financial Crisis," A Report of the CSIS Freeman Chair in China Studies, July (Washinton D. C.: CSIS (Center for Strategic& International Studies), 2011.

Gao, Shuchao Henry, "China's Strategy for Free Trade Agreements: Political Battle in the Name of Trade," Research Collection School of Law 971, 2009.

Garrett, Geoffery, "Chinese-US Economic Relations After the Global Financial Crisis," Jane Golley and Ligang Song (eds.), Rising China: Global Chanllenges and Opportunities (Canberra: The Australian National University Press), 2011, pp. 149-172.

George, A., "The Operational Code: A Neglected Approach to the Study of Political Leaders and Decision Making". International Studies Quarterly 13, 1969, pp. 190-222.

______,"The Causal Nexus Between Cognitive Belifes and Decision-making Behavior: The Operational Code' Belief System, pp. 95-124, Westwiew Press, 1979.

Gillespie, Richard and Michael Waller and Lourdes Lopez Hieto eds., Factional Politics and Democratzation. Lodon: Frank Cass, 1995.

Goldman Schs Global Economic Research, "WTO Membership, What This Means for Greater China," Goldman Sachs Global Economics Paper No.14, 1999.

Hart.J, "Cognitive Maps of Three Latin American Policy Makers," World Politics, 30(1), 1977, pp. 115-140.

Helen V.Milner and Robert Keohane, "Internationalization and Domestic Politics: An Introduction," Cambridge University Press, 1996, pp. 15-17.

Holsti, O., "The Operational Code" Approach to the Study of Political Leaders: John Fster Dulles' Philosophical and Instrumental Beliefs. Canadian Journal of Political Science 3, 1970, pp. 123-157.

______, "The Operational Code as an Approcah to the Analysis of Belief Systems," Final Report to the National Science Foundation. Grat No.SOC75-15368, 1977.

Holmes, Kim R, "U.S.-Japan Cooperation and Ballistic Missile Defense,"http://www.heritage.org/views/2001/ed082801.htm), 2001.

Hughes, Christopher W., "Japanese policy and the East Asian currency crisis: abject defeat or quiet victory?," Review of International Political Economy 7(2), 2000.

Inayatullah, Sohail, "Multiple Narratives of the Futures of the Global Financial Crisis," Journal of Future Studies, Vol.14, No.3, 2010, pp. 109-128.

Institute for International Economics, "China and the World Trade Organization: An Economic Balance Sheet," International Economics Policy Briefs No.99-6, 1999.

JiaQingguo, "China's New Leadership and Strategic Relations with the United States," Strategic Insights. Vol.IV. Issue 9. September, 2005.

John H. Jackson, "Dispute Settlement and the WTO: Emerging Problems," JIEL, 1998, p. 329.

Joost Pauwelyn, 'Evidence, Proof and Persuation in WTO Dispute Settlement: Who Bears the Burden?', JIEL, 1998, p. 227.

Joseph Fewsmith, "Elite Politics," Merie Goldman, Roderick MacFarquhar (eds.), The paradox of China's post-Mao reforms (Cambridge, Mass.: Harvard University Press), 1999.

______, "The Evolving Sharpe of Elite Politics," Jonathan Uger (ed.), The nature of Chinese politics: from Mao to Jiang (Armonk, N.Y.: M.E. Sharpe), 2002.

Ki-Kwan Yoon, "The Effect of China's Participation in the WTO on Chinese Economy and World Economy: An Research of some Issues for its WTO Bid," International Business with China; Opportunities and Challenges, China Conference, Beijing, 1997.

Kim S., "Chinese Foreign Policy in Theory and Practice." S. Kim ed., China and the World, pp.3-33, Boulder, CO: Westview Press, 1998.

Klare, Michael T., "Congagement' with China?," Nation 272(17), 2001.

Langlois, John D. Jr., "The WTO and China's Financial System," The China Quarterly 167, 2001.

Leal-Arcas, Rafael, China's Attitude to Multilateralism in International Economic Law and Governance: Challenges for the World Trading System," The Journal of World Investment and Trade, 2010, pp. 11-12.

Lee Branstetter and Nicholas Lardy, "China's Embrace of Globalization" China's Great Economic Transformation, 16, 2008, pp. 633-682.

Levin, Sander M., "Remarks on China's WTO Accession," Statement on China and the World Trade Organization: A Conference Hosted by the Institute for International Economics, 29 June 1999.

Lobell, Steven E., "The Greand Strategy Of Hegemonic Decline: Dilemmas of Strategy and Finance," Security Studies, Vol. 10, No.1, 2000, pp. 86-111.

Lowell Ditter, "Modernizing Chinese Informal Politics" Jonathan Unger (ed.), The nature of Chinese politics: from Mao to Jiang (Armonk, N. Y.: M. E. Sharpe), 2002.

Martin, Will and Elena Ianchovichina, "Implications of China's Accession to the World Trade Organisation for China and the WTO," World Economy 24(9), 2001.

Ng-Quinn, M., "The Analytic Study of Chinese Forein Policy," International Studies Quarterly 27, 1983, pp. 203-224.

Ning, Lu, "The Dynamics of Foreign Policy Decision Making in China, Boulder, CO: Westview Press, 1997.

Nolt, James H., "China in the WTO: The Debate," Foreign Policy in Focus 4(38), 1999.

Pempel, T. J., "International finance and Asian regionalism," The Pacific Review 13(1), 2000.

Peter Van den Bossche, 'WTO Dispute Settlement in 1997 (Part 2)', JIEL, 1997, p. 695.

______, 'World Trade Organization Dispute Settlement in 1997(Part 1)' Journal of International Economic Law (JIEL), 1998, p. 161.

Ping, Wang, "Coverage of the WTO's Agreement on Government Procurement: Challeges of Integrating China and Other Countries with a Large State Sector into the Global Trading System," Journal of Interntional Economic Law, 2007, pp. 10-14.

Prasad, Eswar S., "Effects of the Financial Crisis on the U. S.-China Economic Relationship," The Cato Journal, Vol.29, No.2, 2009, pp. 223-235.

Robert Jervis, "Perception and Misperception in international Politics," Princeton University Press, 1976.

Ross, Robert, 1999, "The Geography of the Peace — East Asia in the Twenty-first Century," International Security 23(4).

Rovert G. Sutter, "Chinese Foreign Relations: Power and Policy since the Cold War," UK: Rowman& Littlefield Publishers, Inc., 2008

______, "U. S.-Chinese Relations: Perilous Past, Pragmatic Present," Rowman & littlefield Publichers, INC, 2010.

Rowemary Foot and Andrew Walter, "China, the United States, and Global Order," Cambridge Press, 2011.

Samuel S.Kim, "China and the World in Theory and Practice," in Samuel S.Kim, ed., China and the World: Chinese Foreign Relations In the Post-Cold War Era, Third ed. (Boulder: Westview Press, 1994), 1994, pp. 3-41.

Shambaugh, eds., "Chinese Foreign Policy: Theory and Practice," pp.481-505, Oxford, UK: Oxford University Press, 1998.

Stefan Halper, "The Beijing Consensus: How China's Authoritarian Model will Dominate the Twenty-First Century," Basic Books, 2010.

Stephan G. Walker, Mark Schafer, Michael Young, Presidential operational codes and foreign policy conflicts in the post-cold war world; The journal of Conflict Resolution, Beverly Hills; Oct; Vol.43. Iss.5, 1999, p. 610.

Susan L. Shirk, "China: Fragile Superpower: How China's Internal Politics Could Derail its Peaceful Rise," London: Oxford University Press, 2002.

Taeho Kim, "Leading Small Groups: Managing All Under Heaven," David M.Finkelstein and Maryanne Kivlehan, eds., China's Leadership in the 21st Century: The Rise of the Fourth Generation. Armonk: M. E. Sharpe, 2003, pp. 121-139.

Tanzer, Andrew, "Chinese Walls," Forbes 168(12), 2001.

Thomas L. Prewer and Stephen Young, 'Investment Issues at the WTO: the Architecture of Rules and the Settlement of Disputes' JIEL, 1998, p. 457.

Thomas W. Robinson and David Shambaugh, "Chinese Foreign Policy: Theory and Practice," NY: Oxford University Press, 1994.

UNCTAD, World Investment Report 2001 — Promoting Linkages, United Nations, 2001.

______, "Prospects Brighten for Foreign Investment in Asia — Mergers and acquisitions on the rise," UNCTAD Press Releases, 3 October 2000.

United State International Trade Commission, "Assessment of the economic Effects on the United States of China's Accession to the WTO," Publication 3229, 1999.

U.S. Trade Representative, U. S., "China Sign Historic Trade Agreement, USTR Barshefsky's Press Remarks Following Negotiations with China on the WTO," 1999.

Urata, Shunjiro. "Towards an East Asia Free Trade Area," OECD Development Centre Policy Insights, No.1., 2004.

Weick, K. E., "Cognitive Processes in Organizations," Research in Organizational Behavior, Vol.1, 1979, pp. 41-74.

______, "The Social Psychology of Organizations," Addison-Wesley Publishing Company, Masschusettes, 1979.

Valeric M. Hudson, "Foreign Policy Analysis: Classics and Contemporary Theory," U.S.: Rowman&Littlefield Publishers, Inc., 2006.

Walker, Schafer, Young, "Systematic Procedures for Operational Code Analysis: Measuring and Modeling Jimmy Carter's Operational Code," International Studies Quarterly. 42, 1998, pp. 175-190.

Wang, Shaoguang, "The Social and Political Implications of China's WTO Membership," Journal of Contemporary China 9, 2000.

Whiting, A. "Forecasing Chinese Foreign Policy: IR Theory vs. the Fortune Cookies," T. Robinson and D. Shambaugh, eds., Chinese Foreign Policy: Theory and Practice, pp.506-523. NY: Oxford Univeristy Press, 1998.

Xuanli Liao, Chinese Foreign Policy Think Tanks and China's Policy Towards Japan (Hong Kong: The Chinese University of Hongkong, 2006, pp. 15-52.

Yang, Xiaokai, "China's entry to the WTO," China Economic Review 11, 2000.

Zeng, Ka, "Domestic Politics and the U. S.-China WTO Agreement," Issues & Studies 37(3), 2001.

Zhang, Jialin, "Sino-US Trade Issues After the WTO Deal: a Chinese Perspective," Journal of Contemporary China 9(24), 2000.

Zweig, David, "China's Stalled 'Fifth Wave'—Zhu Rongji's Reform Package of 1998-2000," Asian Survey 41(2), 2001.

찾아보기